Weder Maas noch Memel

Wolf Jobst Siedler

Weder Maas noch Memel

Ansichten vom beschädigten Deutschland

Deutsche Verlags-Anstalt

CIP-Kurztitelaufnahme der Deutschen Bibliothek

Siedler, Wolf Jobst:
Weder Maas noch Memel : Ansichten
vom beschädigten Deutschland /
Wolf Jobst Siedler. – Stuttgart :
Deutsche Verlags-Anstalt, 1982.
ISBN 3-421-06116-5

© 1982 der Deutschen Verlags-Anstalt GmbH, Stuttgart
Alle Rechte vorbehalten
Lektorat: Ursula Locke
Satz: Bauer & Bökeler Filmsatz GmbH, Denkendorf
Druck und Bindearbeit: May & Co, Darmstadt
Printed in Germany

Inhalt

Vorwort 9

SPAZIERGÄNGE ZWISCHEN ODER UND NIRGENDWO

Auf den Seelower Höhen 13
Trauer um den verlorenen Schmerz 31
Roter Konservativismus 38

DIE MACHT DER ERINNERUNG

Preußens Auszug aus der Erinnerung 45
Kurzer Glanz und langes Vergessen 51
Preußens Wiederkehr 58

ABSCHIED VON ALTEUROPA

Der lange Weg in die Häßlichkeit 65
Raffinement des Verzichts 74

JAHRHUNDERTWENDE

Die Tradition der Traditionslosigkeit 83
Die Modernität des Wilhelminismus 94

Zu falschen Ufern

Gemordete Städte 105
Abschied von Ninive 111
Lust am Ungeordneten 118
Requiem für Putten 124

Welt ohne Schatten

Lob des Baums 133
Preis des Inkognitos 146
Alter und Würde 154

Figuren von Gestern

Der Untergang des Helden 161
Moralische Empfindlichkeit der Demokratie 170

Die Ästhetik der Barbarei

Die Schrecklichkeit des Normalen 179
Die Macht und die Trostlosigkeit 187
Unernstes Politikmachen 193

Jenseits der Wirklichkeit

Die schöne Literatur und zweimal Deutschland 205
Lob des Stotterns 211

Amerikanische Ausweglosigkeiten

Die Faszination des Todes 219
Grazie der Melancholie 224

VERBOTENE NEUGIERDEN

Lust am Schauer 231
Verrufenheit und Leidenschaft 240

KLEINE GÖTTER

Die Naivität der Naiven 249
Frevel am Denkmal 256

MISSVERSTÄNDNISSE

Das Friedenslied als Barmusik 265
Sympathie für Kriegslieder 270
Verteidigung des Fernsehens 279

Quellenverzeichnis 287

Viel ist hingesunken uns zur Trauer
und das Schöne zeigt die kleinste Dauer.

Heimito von Doderer

Vorwort

Die Beiträge dieses Bandes formulieren eher ein Lebensgefühl als eine Wahrheit. Sie gelten auseinanderliegenden Gegenständen und sind in jeweils verschiedener Lage geschrieben. Entstanden im Laufe von zwanzig Jahren, in denen sich die Atmosphäre des Landes von vermeintlichem Zukunftsbesitz zu erschreckter Ungewißheit wendete, müssen sie die Probe ablegen, ob sich mit der Zeit der Autor wandelte oder ob es ihm gelungen ist, einen Standort außerhalb der Dinge einzunehmen. Seine Anstrengung zumindest galt nie einer Position, sondern einem unverbundenen Blickwinkel. Beim auswählenden Durchlesen des in diesen Jahrzehnten Geschriebenen kam es ihm so vor, als dränge sich das Mißtrauen in die Gegenwart als durchhaltendes Element in den Vordergrund. Das mag Schwäche sein oder Gewinn; man kann jedenfalls nicht sagen, daß er Träumen angehangen habe. Teilen die Aufsätze dieses Bandes die Hoffnungen der jeweiligen Epoche nicht, so haben sie auch keinen Teil an ihren Illusionen.

Das mag daran liegen, daß ihm der Abschied stets deutlich war, den es von Vertrautem zu nehmen gilt – von dem eigenen Land in der Gestalt des Reiches, das verspielt wurde, von den Provinzen, die im Osten versunken sind, von den Städten und Landschaften, die dem Glücksverlangen der Gegenwart geopfert wurden. Der Geschmack des Unterganges, der in wechselnder Gestalt seit einem Jahrhundert über dem alten Kontinent liegt, hat die Anstrengung des Denkens und Fühlens dieses Bandes in höherem Maße bestimmt als der Elan der einander ablösenden Zuversichten.

So hält er sich an dem Bleibenden fest, Bäumen, Häusern, Vergangenheiten, kurz: an Erinnerung.

Dies will das Wort vom »beschädigten Deutschland« sagen, womit keine Untergänge gemeint sind, sondern Abschiede. Die Formen, in denen das alte Deutschland über so lange Zeit hinweg Selbstausdruck und Selbstfeier fand, sind vergangen, aber es werden neue kommen, von großer Notwendigkeit sogar und von hoher Rationalität. Aber es ist niemand verpflichtet, sie zu lieben. Denn man kann das Unabwendbare, um einem Kopf zu huldigen, dem dieses Buch viel verdankt, sehen, wissen und sogar wollen und doch bei seinem Anblick von großer Trauer ergriffen sein.

Spaziergänge zwischen Oder und nirgendwo

Auf den Seelower Höhen

Erste Etappe

Die Seelower Höhen ragen weit in die Oder-Niederungen hinein.
Der Hang des aus eiszeitlichem Geschichtlehm aufgebauten Pla-
teaus fällt steil zum Bruch hinab. Aus dem Glast der Ebene scheint
das silbrige Band der Oder auf, flach und langsam dahinströmend
und immer wieder Sandbänke freigebend, die so trivial-poetische
Namen wie Ziegenwerder und Große Plage tragen.

Der Bruch, bis in die Mitte des achtzehnten Jahrhunderts hinein
die längste Zeit des Jahres überflutet und stets versumpftes Gelände, aus dem sich hier und dort Haufen von Wenden-Katen erhoben, die sich mit Wällen aus Kuhmist vor dem Wasser schützten,
war seit Menschengedenken während vieler Monate nur mit
Kähnen passierbar, weshalb es denn die Sitte der Massentaufen
und -trauungen gab. Der Pastor kam, mit langen Stangen sich
vorwärts stakend, alle acht oder zehn Wochen im Boote und nahm
seine Geschäfte vor; dann versank das von Kürbis-Anbau und
Fischfang lebende und nur notdürftig dem Christentum und der
deutschen Sprache gewonnene Land wieder in seine wendische
Heidenwelt, die noch bis in die Mitte des folgenden Jahrhunderts
anschaulich wurde, weil der märkische Adel auf der alten Tracht
bestand, wie denn der Fürst-Kanzler Hardenberg auf Hardenberg
keinen städtischen Kattun duldete.

Hier wie überall zwischen Wallonien und Sizilien tritt die
Wahrheit in Erscheinung, daß die Erhaltung des Überkommenen

Anstrengung von oben und nicht Lebenszähigkeit von unten ist. Tradition ist Kunstgewächs und ein artifizieller Vorgang, was denn noch heute jede Fahrt durch die alten Landschaften Europas vor Augen führt: Neben der Vulgarisierung durch den Fortschritt steht die Banalisierung durch das nach rückwärts gerichtete städtische Verlangen, das sich in den Besitz der alten Häuser bringt.

Am Ende des achtzehnten Jahrhunderts ist dann der Oderbruch die Kornkammer der Mark; die von Friedrich noch vor dem Siebenjährigen Krieg dem Wasser abgerungenen Pfuhle, das fisch- und vogelreichste Gebiet Preußens, haben nur drei Jahrzehnte gebraucht, um ihre Fruchtbarkeit freizugeben. Die 130 000 Morgen neugewonnenen Landes werden an 1 300 Kolonisten vergeben, wozu man Pfälzer, Schwaben, Mecklenburger, Westfalen, Böhmen, Österreicher und Polen ins Land holt, das in königliche, städtische und adlige »Kolonistendörfer« aufgeteilt wird.

Wen die Berliner Gesandtschaften aus aller Herren Länder zum Eintritt in die preußischen Staaten bewegen können, wird für die Dauer von fünfzehn Jahren von allen Abgaben befreit und vor allem samt Kind- und Kindes-Kindern von aller Werbung freigestellt. In den neuen Dörfern aber sind die Kolonisten ihrem jeweiligen Herkommen entsprechend zusammengezogen, so daß denn selbst nach einem Jahrhundert hier der brünette, tausend Schritt weiter der blonde Menschenschlag überwiegt; dem Besucher fallen noch an der Wende zu diesem Jahrhundert in den alten wendischen Flecken die Mädchen der ausdrucksvollen dunklen Augen wegen auf.

Als der König stirbt, ist der Oderbruch Preußens reichstes Raps-, Gersten- und Rübenland. Fünfzig Jahre später, in der Mitte des Jahrhunderts, steht Fontane auf der Seelower Höhe und sieht, wie unten in der Ebene »die ohnehin dicht gelegenen Dörfer in dem endlosen Coulissenbilde immer dichter zusammenrücken und alles verschmilzt zu einer weitläufig gebauten Riesenstadt, zwischen deren einzelnen Quartieren die Fruchtfelder wie üppige Gärten blühen. Wer hier um die Sommerszeit seines Weges kommt, wenn die Rapsfelder in Blüte stehn und ihr Gold und ihren Duft über das Bruchland hin ausstreuen, der glaubt sich wie durch Zauberschlag in ferne Wunderländer versetzt. Die Feuchte des Bruchs liegt dann wie ein Schleier über der Landschaft, alles Friede, Farbe, Duft, und der ferne, halb ersterbende Klang von dreißig Kirchtürmen klingt in der Luft zusammen, als läute der Himmel selbst die Pfingsten ein.«

Die Landschaft, das Dauernde, hat viel von der weichen Milde bewahrt, eine Camargue an der Oder, nicht nur in ihrer wäßrigen Milchigkeit an das Rhône-Delta erinnernd. Überall Störche, auf manchem Dach zwei Nester, wie sonst nur an den großen ungarischen Flachseen, überall Sümpfe, Abzugsgräben, Pfuhle, »faule Seen« – Bruchland.

Aber viel fehlt und alles ist anders. Unten, im schimmrigen Weiß, kein Dorf an Dorf mehr, zur Stadt nahezu zusammenwachsend; nur verstreute, roh aufgeschichtete Gebäude, das ganze flache Drunten gibt nicht einen einzigen Kirchturm preis. Wer mit einem alten Meßblatt gekommen ist, sucht vergebens die kastanienumstandenen Alleen längs der Höhen und wie sie in der Ebene als Akazienreihen von Dorf zu Dorf führen. Nur Kropfweiden, hochgeschossene Pappeln, verwilderter Holunder, Niedergestrüpp. Niemand hier, der dem Nichts Träume abzwingt, kein *Kolonist*, der Linden vor sein Gehöft stellt, kein alter Derfflinger, der den Süden so liebt, daß er Zypressen und Zedern auf den Barnim holt, obwohl es in Wirklichkeit nur Taxodien sind.

Dies ist nicht Gutsland und nicht Bauernland mehr, nur landwirtschaftlich genutzte Fläche, erkennbar fruchtbar und ohne Geschichte. Nicht nur die »Schloß-Gesessenen« sucht die Erinnerung vergeblich, die sich an die Namen der alten Dörfer heftet; auch die Bauern fehlen, deren über Nacht gekommener Reichtum damals zum »Unsegen« geworden war, wie jene alten Berichte erzählen, die von bäuerlichen *Chaisen* sprechen, *Prunkgelagen* und allzu aufdringlich zur Schau getragener *Opulenz*.

Es fiel zu leicht euch in den Schoß,
»Zu glücklich sein« war euer Los.
Wie heißt der Spruch im goldnen Buch?
»Reichtum ist Segen und Reichtum ist Fluch.«

Sonderbar, das heute zu lesen. Längst ist alles verweht, der Segen wie wohl auch der Fluch. Mit der adligen ging die bäuerliche Kultur, auch die hochgebuffte. Agrarindustrie jetzt mit kargem Glück; kann sogar sein, daß es mit dem Auskommen der Landarbeiter besser als früher bestellt ist. Not gibt es jedenfalls nicht mehr, man darf sich durch die Freudlosigkeit, die sich wie Mehltau über alles gelegt hat, nicht täuschen lassen.

Vergebens jedoch sucht das Auge Freiheit, will sich an jenem Überfluß festhalten, der nicht aus dem Reichtum, sondern aus der Heiterkeit kommt. Aber keine Kirmes, kein Maibaum, kein Schützenverein, der im girlandengeschmückten Festsaal zum Tanz lädt; nur Spruchtafeln und Mauerplakate mit rituellen Losungen, in denen friedliche Ackerstädte versprechen, von der Erfahrung des ruhmreichen Brudervolkes zu lernen.

Woher kommt das Beharren auf der eigenen Unzulänglichkeit, die der Belehrung durch das ferne Rußland bedarf? Mit den Gefühlen des Volkes hat das nichts zu tun, so viel ist sicher. Ist es ein Singen im Keller, mit dem ein Regime sich zu sich selber Mut macht?

Gruß und Dank allen Werktätigen der DDR steht auf den Tafeln, die den Weg zur Oder begleiten. Dies ist die optische Entsprechung zu dem Beifall, mit dem überall im östlichen Reich der Redner sich selber applaudiert. Was für fremde, ferne Verhaltensweisen. *Der Sowjetunion auf ewig brüderlich verbunden,* lautet das Gelöbnis in Seelow. Nicht das Revolutionäre, das uns notfalls für sich einnehmen könnte, ruft das Staunen hervor, sondern die Willfährigkeit in der Selbstdemütigung, die nichts davon wissen will, wie das Ende der Gewaltherrschaft auch das des Landes brachte. Die Siegesmäler, die hier in jedem Dorf den Vormarsch des Gegners noch nach Jahrzehnten feiern, markieren ja nicht nur fremde Triumphe, sondern den übriggebliebenen Eltern auch die Stätten, wo ihre Söhne den Tod fanden.

Zur Herrschaft berufene Imperien legitimieren sich auch darin, daß ihre Lebensform die unterworfenen Regionen zu faszinieren vermag. Im zweiten Jahrhundert will man zwischen Atlantik und Schwarzem Meer römischer Bürger sein, trägt Toga und pflanzt Rebstöcke; im neunzehnten besteht die Welt darauf, englisch zu sein; Dudelsack und ham and eggs sind schneller noch als Kanonenboote. Nichts davon hier, es springt geradezu in die Augen, wie in jeden freien Raum die amerikanische Weltzivilisation einschießt.

Erfolgloser noch als in der Schaffung von Wohlstand ist das Großreich im Osten in der Vermittlung jenes Russentums gewesen, das ein Jahrhundert zuvor den Westen so bezauberte. Manche Länder sind zur Herrschaft nicht berufen; nach Deutschland macht nun Rußland die Erfahrung, daß die Ausbreitung seiner Herrschaft mit dem Verlust der Faszination bezahlt wurde. Niemand hier möchte Russe sein.

Nicht immer ist das Land das Bleibende; auch das kann Selbstbetrug sein, Geschichtsvergessenheit im Umgang mit Natur. Dies Land im Osten, östliches Land, was ein gefühlsbeladenes Wort ist, war in seiner melancholischen Eintönigkeit Menschenwerk, fern der kulturgesättigten Fülle des alten Römerlandes im Süden und Westen und eben darum auf ergreifendere Weise geschichtsgeprägt.

Fielen die alten Gemäuer am Rhein, so bliebe es der Rhein, Kulturland und zur Besiedlung auffordernd; die Oderabhänge ohne Kirchdörfer, Herrensitze und Ufergemeinden sind wieder Fluß im Osten geworden, nahezu Weichsel, träger Strom zwischen industrieagrarisch genutzter Fläche, geschichtsloses Land, gestaltloses Land. Fährt man abends die neunundsechzig Kilometer in das zur Grenzstadt gewordene Berlin zurück, hat die Empfindung nur Gedachtes, nichts Gesehenes zur Bewahrung.

Nach drüben, wo im Dunst der Oder das andere Ufer

17

aufscheint, auf dessen Höhen die versunkenen Namen von Kunersdorf und Zorndorf liegen, versperren Verhaue und Gestelle den Weg; nicht weit von hier gabelten sich die Straßen, tun es wohl immer noch. Bei Dirschau und Schneidemühl gingen sie nach Ostpreußen ab, Fontane fuhr mit dem Schaufel-Dampfer von Frankfurt nach Schwedt; über Küstrin führten sie nach Stettin und Breslau.

Wie weit ist das alles? Dreihundert, vierhundert Kilometer? Und dann von dort nach Tilsit und weiter nach Memel? Noch einmal fünfzig, einhundert Kilometer? Weiter jedenfalls als nach Flensburg oder Aachen. Reiste man nach Süden, hielte man in München, wenn man das Ende der Strecke erreicht hätte. Im Nebel versunken, nicht nur im wäßrigen Licht des Stromes, eher schon im Qualm der Geschichte. Verlorene, verspielte, verdorbene Geschichte.

Zweite Etappe

Seelow, zu Beginn dieses Jahrhunderts eine der reizenden »Ackerbürgerstädte« des zum Stift Lebus gehörenden Landes, eine Sommerfrische mit dem ländlichen Gasthaus »Schwarzer Adler«, der mit seinen acht Zimmern und zwölf Betten bei 1,50 Mark Logis und 3 Mark Pension erfolgreich gegen das »Norddeutsche Haus« und den »Weinberg« bestand (denn im sechzehnten Jahrhundert waren die Hügel hier bis herauf nach Schwedt alles Weinberge), die von den gärtengesäumten Höhenrändern den Blick auf die tief gelegenen Flure und den Strom frei gaben, war von der Oderebene her nur mit Mühe zugänglich: ein Ort, gut zum Rekognoszieren und Barrikadieren.

So nimmt es denn nicht wunder, daß die malerische Bastion ihrer Lieblichkeit zum Trotz ein Platz des Ernstfalles ist. Als Preußens Existenz auf der Schneide steht, ziehen sich die Dinge mehr als einmal an der Oder, und zwar an diesem Punkt, wie in einem Brennspiegel zusammen. Dreimal geht es, so mißlich es auch bisweilen aussehen mag, am Ende glimpflich, sogar gut aus; nach dem vierten Mal gibt es Preußen nicht mehr.

Trüge das Auge im Dunst der Feuchte weiter, würde es gleich jenseits des Stromes die flache Erhebung von Zorndorf sehen, wo Friedrich am 25. August 1758 in verlustreicher Schlacht die russische Flut zum Stehen brachte, die das ganze Land in eine Wüste verwandelt hatte, wie der Marquis Montalembert nach Paris berichtet: »Alles ist eingeäschert, tot, geflohen; man findet keine Menschen, kein Pferd, kein Herdenvieh mehr.«

Die russische Flut, immer wieder. Das Wort reicht in wechselnde Vergangenheiten, geht tiefer ins Gewesene zurück als in die Erfahrung des letzten Anbrandens, das den heillosen Großreichstraum beantwortete und das Land seine Geschichte gekostet hat. Andere Staaten mochten um ihr Recht, um ihre Provinzen kämpfen, für Preußen stand immer sein Bestand auf dem Spiel, Aufteilungspläne gab es in Petersburg, Wien und Paris genug, in Gedanken waren seine Provinzen mehr als einmal verteilt.

Anderes kam hinzu. Die Erfahrung des Kolonisten, Grenzland zu bestellen, Nachbar von unübersehbaren Räumen mit fremdartigen Landstrichen und Völkerschaften zu sein, hat sein Bewußtsein nie losgelassen, in Sehnsucht und Schrecken. Es bedurfte dazu nicht des Gegners, auch der Verbündete blieb unheimlich.

Da er nichts tut als erobern,
Wird er uns nicht übersehn,
Gerne wird er seinen Lobern
Eine kleine Kette drehn,

notierte Graf Platen uralte Bedrohungsängste, als Petersburg mit der Billigung Europas, das sein vernünftiges System über seine romantische Empfindung stellte, Anfang des Jahrhunderts die polnische Erhebung niederwarf.

Als der Reichskanzler Bethmann Hollweg 1910 sah, wie in seinem Schloß zu Hohenfinow auf der Allee neue Linden gepflanzt wurden, winkte er müde ab, das lohne sich nicht mehr: *»In ein paar Jahren stehen doch die Russen hier.«*

Unten blinkt der Fluß auf, der einst »Mitte der Monarchie« genannt wurde und jetzt die Grenze Deutschlands darstellt, weshalb denn Fontanes »lachende Landschaft« Sperrgebiet ist und man die halbe berittene Stunde stromaufwärts nach Kunersdorf nicht kann, wo der König fast auf den Tag genau ein Jahr später, nämlich im August 1759, um ein Haar in die Hände von Kosaken fiel und von dem Major Prittwitz nur mit Mühe über die Schiffsbrücke bei Oetscher hierher aufs linke Ufer gerettet wurde.

Und noch einmal Seelow, wieder Kosakenhemden. Hier oben, wo es am unzugänglichsten ist, haben versprengte Regimenter der *grande armée* unter Nansouty Posto gefaßt, und drunten gelingt der Vorhut des General Czernicheff der Ritt über das brüchige Eis der Oder. Der jüngere Marwitz ist von Friedersdorf, das zwei Meilen flußaufwärts liegt, heruntergeritten und beschwört den in russischen Diensten stehenden Oberst Tettenborn, entweder nach Frankfurt zu gehen oder *die Seelower Höhen zu nehmen*; aber der scheut den Kampf und sucht den Ruhm, läßt Seelow oben liegen und unternimmt unten mit seinen Kosaken Streifzüge auf Berlin. »Mit solchem Kroop muß ich mich schlagen?« hatte Friedrich bei Zorndorf gesagt, als ihm die ersten gefangenen Kosaken vorgeführt wurden. An der unheimlichen Fremdartigkeit hat sich nicht viel geändert, als sie »auf struppigen Gäulen mit Pelzmützen und Piken« am 18. Februar 1813 die Oderabhänge hinaufreiten; noch Goethe erschreckt sich, als »Kirgisen, Baschkiren und Kosaken« einige Wochen später Weimar befreien. Die abziehenden Offiziere Napoleons hinterlassen die Erinnerung an Requirierungen, Festivitäten und Liebschaften.

Räumliche und zeitliche Ferne verschwimmen ineinander; es bedarf nicht des milchigen Lichts, daß einem Litewkas und Kosakenhemden, Waffenröcke und Russenblusen durcheinandergehen.

Am 16. April 1945, als im Morgengrauen die zweieinhalb Millionen Mann der 1. Weißrussischen und der 1. Ukrainischen Front, denen schon am 4. Februar der Oderübergang gelungen ist und die nun seit nahezu zehn Wochen im überfluteten Bruch zu Füßen der Oderberge stehen, zum Sturm ansetzen und in wenigen Tagen Berlin erreichen, ist hier oben auf den Seelower Höhen der letzte Beobachtungsstand der dünnen deutschen Linien. Der Angriff hat mit einem Trommelfeuer begonnen, wie ihn der russische Krieg noch nicht gesehen hat, und da man nicht zu Unrecht auf den Hügelrändern Gefechts- und Artilleriebeobachtungsstände vermutet, schießen sich Tausende von Geschützen auf die flachen Mulden der Anhöhen ein, die seit Jahrhunderten, lange vor der Urbarmachung der sumpfigen Niederung da drunten, den reizenden Kranz der Randdörfer tragen.

Am Abend ist alles vorüber, nicht nur der Gefechtslärm. Die ganze Strecke des Landes längs der Oder ist ausgelöscht. Von Frankfurt nach Küstrin und weiter nach Bad Freienwalde hinauf gibt es kein Dorf mehr, fast kein Haus. Was Geschichte war an diesem Landstrich, ist nicht mehr. Vorbei Wendenspuren und Askaniersteine, Ordensmauern und Adelssitze. Noch einmal ist Kolonistenzeit über das Land gekommen, aber wie anders jetzt. Kein »Schwarzer Adler« mehr und kein »Norddeutsches Haus«, nirgendwo mehr Akazienalleen und Kastanienwäldchen; verstreute, schmucklose Landarbeiterhäuser, anfangs, in den ersten Nachkriegsjahren, aus den Steinen der alten zerschossenen Gehöfte und der niedergerissenen Gutshäuser hochgemauert, umstanden von Niedergestrüpp, Fliedergebüsch; kaum ein Baum hier, der älter als dreieinhalb Jahrzehnte ist. Fremdes Neuland, fern von Vergangenheit. Die beiden Restaurants im Oder-Frankfurt heißen »Witebsk« und »Polonia«.

> *Nun längst zu Ende*
> *graue Herzen, graue Haare*
> *der Garten in polnischem Besitz*
> *die Gräber teils-teils*
> *aber alle slawisch,*
> *Oder-Neiße Linie*
> *für Sarginhalte ohne Belang*
> *die Kinder denken an sie,*

die Gatten auch noch eine Weile
teils-teils
bis sie weiter müssen.
Sela. Psalmenende.

Sah so der Untergang aus, von dem sie all die Jahre über gesprochen hatten, die in der Reichskanzlei am Tage des Kriegsbeginns und die im Bendlerblock, als sie in letzter Stunde das Land zu retten suchten? Was meinte Hitler, als er am 22. April 1939 zu Dönitz von *finis Germaniae* sprach, wenn es Krieg mit England gebe? Was hatten sie im Auge im Hauptquartier der Heeresgruppe Mitte im Osten und im Stab des Militärbefehlshabers Frankreich in Paris, was stellten sich Tresckow und Stülpnagel vor, wenn sie den Untergang des Landes beschworen, in den die Gewaltherrschaft Deutschland führe? Den Untergang des *Reiches*, dessen Traum man bewahrt hatte, über das problematische Zweite und das miserable Dritte hinweg? Den Verlust von Provinzen, den Abschied von der Nation? Oder ganz konkret: den Ruin des Landes und seiner Menschen?

Nach dem Kriege wußten sie es nicht mehr, sofern sie überlebt hatten. Fragte man sie danach, die Schlabrendorffs, Gersdorffs und Speidels, so versuchten sie sich zu vergegenwärtigen, was sie damals bewegt und zu verzweifelter Tat getrieben hatte und fanden nur allgemeine Auskunft: den Ruin habe man gesehen, auf den alles hintrieb, den äußeren und inneren; aber wie der aussehen werde, habe man sich nicht ausgedacht und wohl auch nicht ausmalen wollen. Nur zu begreiflich.

Wer davongekommen ist oder nachgeboren wurde, dem ist das fern wie der Tag von Zorndorf oder Kunersdorf. Unfaßbar das alles, das Sterben wie das Überleben. Was ging in dem jungen Albedyll vor, der die Höhen von Wuhden einen Steinwurf weit zu Lebus hin, noch bis zum Mittag jenes 16. April hielt, auch weil der Familiensitz Klessin wenig hinter der Front lag, und der dann wenig später am Stadtrand von Berlin fiel? Die davon erzählen, einst Bauern, jetzt Landarbeiter, sind ein, zwei Mal in die Stadt gefahren, um sein Grab zu besuchen, obwohl das sinnlose Heldenstück das Feuer einen halben Tag länger auf sie zog, so daß von ihren Häusern nicht einmal die Grundmauern blieben. Dorf und Schloß Klessin sind ausgelöscht. Wiese jetzt, die Karte verzeichnet den Namen nicht mehr, wo einst zweihundert »Seelen« lebten.

Ist der Untergang tatsächlich gekommen, sieht es so aus, wenn die Geschichte ihr *Finis* schreibt? Oder ging alles weiter, kleiner zwar als früher, aber besser? Hat hier das Land zur sozialistischen Nation gefunden, und drüben das andere Land, das einst dasselbe war, zur freiheitlichen Demokratie, die doch so viele immer wollten, auch wohl manche von denen, die jetzt hier irgendwo liegen müssen? Aber die letzte große Offensive des Krieges hat keinen Soldatenfriedhof hinterlassen; vergeblich sucht man in den Dörfern längs der Oder nach den Opfern des Untergangs.

Fragen über Fragen, unbeantwortbar alle. Dämmerung zieht herauf, auch Wolken und Schauer. Die Oder ist verschwunden wie das Land hinter ihr. Nun plötzlich zeigt sich, daß nur das Blinken des Lichts auf dem Wasser sie kenntlich gemacht hat; die Ebene, der Bruch ist weiter als gedacht.

Dritte Etappe

Seelow bleibt zurück; immer nur Beobachtungsposten von Geschichte, selber ohne Geschichte, der Name nicht eines Seelowers ist überliefert.

Der Weg zurück nach Berlin ist ein Weg zurück auch in die Vergangenheit; jeder Name hier ruft Erinnerungen an Menschen, Ereignisse, Geschichten herauf, die man gestern noch in der Schule lernte. Friedersdorf, von wo damals im Februar 1813 Marwitz herüberritt, liegt kaum fünf Minuten weit. Erst der Augenschein macht deutlich, wie hier alles auf ein paar Dutzend Meilen beisammen lag; es war ein kurzer Ritt von Massows

Steinhöfel, dem Lieblingsort Tiecks und Gillys, zu Finckensteins Matschdorf oder von der Lietzener Komturei Hardenbergs zu den Lestwitz auf Cunersdorf, immer nur bestenfalls eine Stunde. Dergleichen sieht man nicht, wenn man liest, daß Bismarck von Kniephof am Abend nach Trieglaff hinüberritt, um bei Marie von Thadden zu sein.

Also Friedersdorf. Reizlose Landschaft, gestaltloses Dorf; war es wohl immer. Was den Platz wichtig machte, waren die Marwitz, die hier seit Jahrhunderten saßen und fast in jedem Glied in die Geschichte des Landes verwoben waren. Im alten Herrenhaus, das auf wunderliche Weise das Wohngefühl der Renaissance in barocken Formen ausdrückte, bis dann Schinkel einen gründlichen Umbau vornahm, hängen sie alle in nachgedunkelten Porträts: Johann Friedrich Adolf, der sich dem Befehl Friedrichs verweigerte, als Antwort auf die Plünderung des Schlosses Charlottenburg durch sächsische Truppen das sächsische Schloß Hubertusburg zu verheeren, und der, weil es gegen die Ehre ging, lieber den Abschied nahm. Friedrich August Ludwig, der nach der Katastrophe von Jena und Auerstedt in den revolutionären Ideen des Freiherrn zum Stein und den ökonomischen Theorien seines Gutsnachbarn Hardenberg eine Bedrohung der ständischen Grundlagen des alten Preußen sah und seinen anderen Nachbarn, den Finck von Finckenstein gewann, namens der lebusischen Stände gegen die umstürzlerischen Vorhaben keine *Petition*, sondern einen *Protest* einzulegen, und der dafür auf die Festung Spandau ging; und Alexander, der aristokratische Freund der Rahel Levin, Schwarmgeist und Staatsdenker, »in sieben Sprachen und fünf Wissenschaften zu Hause«. Als er mit siebenundzwanzig fällt, hinterläßt er Konvolute fragmentarischer Schriften zur Philosophie, zur Geschichte, zum Recht.

> *Das ist die schwere Zeit der Noth,*
> *Das ist die Noth der schweren Zeit,*
> *Das ist die schwere Noth der Zeit,*
> *Das ist die Zeit der schweren Noth,*

schrieb Chamisso, Flüchtling aus Paris, seinem Freunde Hitzig in den Tagen der Todesnachricht. Übrigens saß Chamisso gleich nebenan, nämlich bei Itzenplitz auf Cunersdorf, wo er ein Herbarium über die Flora des Oderbruchs anlegte und den »Schlemihl« schrieb. Als vom Felde Schreckensnachricht nach Schreckensnachricht kam, half der Refugie den Landsturm exerzieren. »Mit euch unterzugehen, will ich nicht verneinen«; so an Varnhagen in diesem Mai 1813.

Der unscheinbare Ort, vierzig Insthäuser und ein ländlicher Herrensitz, und dann Kartoffeln und Roggen, war Preußen auf unnachahmliche Weise – pauvre und idealisch, geistgetrieben und voller Standesgefühl.

Die Literatur ritt an der Téte, soviel sah man und liebte man, dichtete auch wohl selber. Aber besser war es schon, wenn auch die Schreibenden Aristokraten waren, wie Achim von Arnim auf Wiepersdorf, Friedrich de la Motte Fouqué auf Nennhausen, Friedrich von Hardenberg, der sich Novalis nannte, die Schwerins auf Tamsel drüben jenseits der Oder oder eben Adalbert von Chamisso. So ganz war Goethe doch kein Standesherr. Als der ältere Marwitz ihn 1806 beim Herzog von Weimar trifft, gibt er ein allerliebstes Urteil: »Wenngleich der natürliche freie Anstand des Vornehmen sich vermissen ließ.« Es gebrach eben, kommentiert Fontane, ein unaussprechliches Etwas, vielleicht die hohe Schule des Regiments Gensdarmes.

Und dennoch, was für eine Welt, diese ländlichen Gutshäuser, mit jedem von ihnen ein halbes Dutzend Namen verbunden, die etwas bedeuten, meist Generäle, oft Minister, auch Diplomaten oder Kammerherren. Alle mit hochfliegenden Ideen und kargen Mitteln, keine ungarischen oder schlesischen Magnaten, große Verhältnisse auf kleinem Grund. Alles hier hat Allüre, selbst der Gartensaal, der eigentlich nur ein Zimmer zum Park ist.

Es ist nichts mehr da. Nichts hier in Friedersdorf, kein Schloß mehr, keine Bibliothek und keine Ahnenbilder. Nur die Erinnerung hat sie heraufgeholt, der Platz selber ist leer. Das Gutshaus, an jenem

4. Februar, als sie bei Seelow über die Oder gingen, nur mäßig beschädigt, ist ein paar Jahre nach dem Kriege, fast gleichzeitig mit den Stadtschlössern von Berlin und Potsdam gesprengt worden, wie auch die ländlichen Schlösser von Cunersdorf und Schulzendorf, wo die Pfuels saßen; Finckensteins Reitwein wurde erst vor ein paar Jahren abgebrochen. Die Steine sollten an die Neusiedler aus Schlesien, Ostpreußen und Pommern verteilt werden, wozu es aber nicht mehr kam; da war schon die Kollektivierung da. Aus der alten Feldsteinkirche noch aus der Ordenszeit hat man gleich nach dem Krieg die Marwitzsche Gutsloge gebrochen wie gleich nebenan im Kloster Friedland auch.

Inzwischen hat die Zeit ihr Werk getan. Die Kirche, die für Fontane in den Marken nicht ihresgleichen hatte, weil das Braun der die Empore tragenden Pfeiler mit dem Weiß des Marmors der Sarkophage und Büsten und dem Bunten der Gemälde »ein glückliches Sichvermählen« eingegangen war, so daß die Gottesstätte *etwas heiter Anregendes hatte,* ist wieder verfallene Feldsteinkirche geworden und mit rostiger Kette versperrt. So sah sie wohl aus, als nach der Askanierzeit das schreckensvolle Interregnum die blühende Mark in eine Wüste verwandelt hatte. Nur vierzig Jahre, und auf dem Friedhof kein Grabstein mehr und kein Kreuz, nicht einmal gestürzt, zerbrochen und überwachsen. Alles eingeebnet, Waldboden mehr als Gottesacker, verwilderte Natur.

Nur draußen, vor dem verriegelten Tor ein gepflegtes Efeu-Geviert mit polierter Marmortafel: *»Ruhm und Ehre den Helden der Sowjetunion.«.* Nebenan, im zerschossenen Podelzig, danken die Märker auf metergroßem Spruchband *Dem Marschall G. K. Shukow.* Gleich gegenüber der Gedenkstein für die Toten des ersten Krieges ist abgebrochen wie überall hier. Deutsche Tote gibt es nicht.

Wählte Ungnade, wo Gehorsam nicht Ehre brachte. Auch dieser Stein ist nicht mehr da, nur noch Erinnerung. Vielleicht ist es genug.

Was für heiter stimmende Namen an jeder Weggabelung. *Pimpinellenberg, Beresinchen, Gottesgabe, Güstebiese, Berlinchen* und dann der prosaische *Zickenberg*, der um die Jahrhundertwende poetischer Monte Caprino wird. Neues Land, Kolonistenland, man muß sich Namen finden, gestern waren ja hier noch Hochflächen im Luch. Auch scheint man ein gelassenes Verhältnis zu sich selber gehabt zu haben; daß Belvedere zum Bruch nicht paßt, wußte man.

Das Poplige ist geblieben, das Poetische dahin. Nun gibt diese Welt nichts mehr her, nur Gerste und Kartoffeln; nicht einmal die Wirtshäuser sind mehr da, die Gartenwirtschaften und Sommerfrischen. Kiesslings »Wanderbuch für die Mark Brandenburg« von 1914 zählt sie noch alle auf: »Bothes Gasthaus« in Güstebiese, gleich drei Hotels und zwei Restaurants in Berlinchen und die »Villa Bergfrieden« auf dem Zickenberg.

Wo sind sie geblieben, was haben sie angerichtet, daß sie dem Neuen geopfert wurden? Nun hat man zwischen Oder und Spree Mühe, auch nur eine Wirtschaft zu finden, wo man einkehren könnte. Erst am Stadteingang nach Berlin, wo sich der Wegweiser nach *Slubice* findet (69 km), was der jenseits der Oder gelegene Teil Frankfurts ist, finden sich Gaststätten. Schwer zu begreifen, weshalb mit den Schlössern auch die Wirtshäuser fallen mußten, neben der hohen Poesie auch die geringe. Nur die verdrießliche Prosa blieb.

Keine Karte, kein Wegweiser gibt die Richtung nach Neu-Hardenberg an, dem Sitz des Fürst-Kanzlers, Geschenk des Monarchen nach den Befreiungskriegen. Was Fouqués Nennhausen auf der anderen Seite des Stromes war, literarischer Mittelpunkt der Romantik, Salon im Bruch, war Neu-Hardenberg auf dieser Seite des Barnim – Bühne und Text zugleich des Stücks, das Klassizismus hieß. Langhans hatte den ländlichen Gutshof Quilitz 1785–90 in antikischer Manier umgebaut, Schinkel ihn dann 1820 aufgestockt, Pückler den Lennéschen Garten in einen englischen Park verwandelt; die Skulpturen von Schadow und Rauch. Nicht ein Name preußischen Stilwillens zwischen 1780 und 1820, der an diesem Gesamtkunstwerk nicht beteiligt gewesen wäre.

Es kann nicht sein, daß mit dem Schloß auch der ganze Ort verschwunden ist. So folgt man, der Karte von damals vertrauend, der alten Landstraße, die von Seelow über Gusow, wo der achtzigjährige Derfflinger – sein Epitaph von Schlüter – die letzten Jahre seines Lebens mit seinen Zedern und Zypressen zubrachte; dann macht sie eine Biegung und führt nach Cunersdorf, das Friedrich dem Lestwitz schenkte, weil der ihm die Schlacht von Torgau gerettet hatte.

Aber kein Neu-Hardenberg, nur ein Angerdorf namens Marxwalde. Lange baumgesäumte Straße, die eingeschossigen alten Häuser geben den Blick auf die Felder frei. Nicht malerisch, aber voller Charakter; Anlage nicht des achtzehnten Jahrhunderts, sondern früherer, wendischer Zeiten. Aber merkwürdig klassizistisch die axiale Gliederung, so sah die Landbaukunst Gillys aus.

Plötzlich eine Vision: das Schloß, Hardenbergs Neu-Hardenberg. Kein märkischer Adelssitz, kein englisches Landhaus, kein aus der Landschaft gewachsenes Chateau, das noch seine Steine aus den umliegenden Bergen geholt hat. Ganz *Schloß*, sentimentalischer Wille zur Klassik, fremd in die Äcker gebaut, strenge Gesimse, heller Putz, nichts von draußen aufnehmend, alles stolz verneinend und überhöhend, draußen der Barnim, drinnen Athen.

Der Anblick macht lächeln, wie hinten auf dem Vorwerk auch Schinkels Molkenhaus in Form einer Basilika. Welche Anstrengung der Empfindung und des Gedankens, wie verlangend das Sehnen nach der Antike, Traum in die Rüben gestellt. Hier also saß der Reform-Kanzler Preußens zwischen Jena und Waterloo, ein großer Kunstsammler, der auf die Rückführung seiner nach Paris entführten Sammlungen ausdrücklich verzichtete, weil er auf dem Wiener Kongreß die Restitution der geraubten Kunstgüter nicht mit Entschiedenheit verlangen könne, wenn er mit den öffentlichen Interessen zugleich seine eigenen fördere.

Was blieb, kann mehr schmerzen, als was versunken ist. In Friedersdorf kommen einem Phantasie und Erinnerung zu Hilfe, hier bleibt nur verhunzte Gegenwart. Das Schloß, leer und ruiniert, in der Auffahrt eine fünf Meter hohe Pyramide als Erinnerungsmal für die fremden Gefallenen, davor eine Spruchtafel, die der ruhmreichen Roten Armee für die Befreiung dankt und ewige Waffenbrüderschaft gelobt. Wo Hardenbergs geliebter französischer Garten im Geschmack des achtzehnten Jahrhunderts war, ein Postament mit dem übergroßen Kopf von Karl Marx, der englische Park Pücklers verwilderte Wiese, Haselnußgestrüpp, verfallene Gartenarchitekturen, Baracken für allerlei Gerätschaften, zerbrochene Brunnenschalen. Aus dem Teich mit seinen von Blechen gezeichneten Schwänen ist inzwischen morastige Wiese geworden.

Keine Melancholie über allem, auch nicht Poesie des Verfalls, nur Heruntergekommensein. Wahrscheinlich ist es gut, daß es Marxwalde heißt; es gibt Neu-Hardenberg nicht mehr.

Unwirkliche Gespensterauffahrt vor dem Schloß. Räder drehen sich, der Kies knirscht. Ist es der Wagen Friedrichs, der dieses Gut seinem Retter vor den Kosaken bei Zorndorf schenkte und jetzt befremdet die Aufführung eines Herrensitzes sieht: »Prittwitz, er baut sich ja ein *Schloß*?«, woraufhin der gleich das Dach auf das Erdgeschoß setzt und den Ausbau seinem Nachbesitzer überläßt? Ist es die Kutsche, die Humboldt, Schinkel und Rauch aus Berlin hierher bringt, wo sie der Hausherr und sein Schwiegersohn, der Fürst Pückler, schon erwarten? Oder der Wagen, der, bald nach dem 20. Juli, den letzten Hardenberg auf Neu-Hardenberg abholt und nicht mehr zurückbringen wird?

Kein Rad auf Kies, längst ist die Auffahrt zu überwachsenem Pfad geworden, nur ein paar Kinder spielen. Zerstoben, was diese Schlösser einst bevölkerte, keine preußischen Aristokraten mehr, die Schlachten und Verse machen, keine geistreichen Jüdinnen, die lange Briefe an märkische Junker richten. Wo die Handwerkersöhne aus den umliegenden Landstädten, Schadow aus

29

Saalow, Schinkel aus Neuruppin, Hackert aus Prenzlau, Humboldt aus Königsberg in der Neumark, jetzt polnisch?

Konstantinopel steigt herauf, um 1500, eine Generation nach dem Fall. Weithin unbeschädigt hatte die Kaiserstadt den türkischen Sturm überstanden, aber die Menschen waren gegangen, die Nobilität und die Beamtenschaft, Kaufleute und Künstler; nur die Kirche war auch damals geblieben. Noch heute zeugen die byzantinischen Mosaiken in Ravenna von den Zugewanderten aus der eroberten Stadt. Sie selber war nur noch ein Schatten, ferne Erinnerung ihrer selbst. Der Traum von Rom an der Grenze Asiens war ausgeträumt.

Abgeräumte Bühne, verbrannte Kulissen, die Spieler sind gegangen, das Publikum auch. Schemenhaft sinkt das unbewohnte Schloß zurück. Über fremde Straßen geht es in die Stadt. Irgendwo weisen Schilder nach Wroclaw und Szeszin.

Was, wenn nicht dies, ist ruinierte Geschichte?

Trauer um den verlorenen Schmerz

Die großen Niederlagen gliedern die Geschichte in ähnlichem Maße wie die großen Siege, deren andere Seite sie oft, aber durchaus nicht immer sind. Tatsächlich sind es die Untergänge, die sich der Erinnerung der Nationen am tiefsten einprägen, und die verlorene Schlacht markiert die Epoche noch kräftiger als die siegreich zu Ende geführte.

Dies mag damit zusammenhängen, daß Reiche an einem Tage zerbrechen können, aber nur in Jahrzehnten und Jahrhunderten zusammengefügt werden. Die Gründung von Imperien vollzieht sich niemals als Eklat, ihr Ausgang aber oft als Debakel, wie kennzeichnenderweise einer der großen politischen Romane, Zolas Epos über den Untergang des zweiten Kaiserreichs, heißt. Der Aufstieg Roms läßt sich in Daten schwer fassen; der Untergang Karthagos steht auf den Tag genau fest.

Zu den bewegenden Erfahrungen eines Umgangs mit den Dokumenten des deutschen Widerstands gehört der Einblick in den Schmerz, der die Handelnden des 20. Juli angesichts des heraufziehenden Verhängnisses erfaßte. Wenn es nicht ihre Tat wäre, die ihnen eine so einzigartige Stellung zuweist, so wäre es die Leidensfähigkeit, die sie vor dem Schicksal des Landes beweisen. Noch einmal und zum letzten Mal gewinnen hier die romantisch-anachronistischen, weil ungesellschaftlich unpolitischen Vokabeln »Deutschland« und »Vaterland« Würde; sie tauchen in den Debatten der Verschwörer und in den Protokollen der Gefolterten immer wieder auf.

Während sich die herrschenden Mächte in den Besitz der Begriffe »Staat« und »Volk« gesetzt haben, treten unter dem Schatten der hereinbrechenden Katastrophe die ihrer Emotionalität wegen längst unaussprechbar gewordenen Worte »Nation« und »Land« noch einmal nach vorn: Auch dies ist es, was jenen Gestalten um Stauffenberg die Farbe des Jünglingshaften und Vergangenen gibt.

In diesen Monaten vor dem Sturz begreift die Masse ganz plötzlich und vorübergehenderweise, daß das Land auf etwas zutreibt, was die Geschichte Untergang nennt. Das Volk weiß es auf seine derbe Manier, die dumpfen Empfindungen stets im Zynismus Ausdruck gibt: »Nach dem Kriege kaufe ich mir ein Fahrrad und sehe mir Deutschland an. – Und was machst du nachmittags?« Das deutlichste Gefühl und die schmerzlichste Empfindung, daß es auf anderes zuläuft als auf eine Kapitulation und eine Niederlage, aber haben vielleicht die nach draußen Geflüchteten und Verfolgten.

Es ist dies ein Aspekt des Leidens, der an der deutschen Emigration meist übersehen wird, weil immer nur ihres Hotel-Schmerzes gedacht wird. Doch drängt er sich bei der Lektüre der Briefe und Schriften Reuters und Unruhs, Heinrich Manns und Brünings geradezu auf; das Zugrundegehen der Nation und das Verspieltwerden des Landes werden von Kalifornien aus schärfer und ohnmächtiger noch empfunden als im Hotel Majestic in Paris.

Den von Ernst Jünger dort so deutlich gesehenen Zusammenhang zwischen den Schinderstätten des Regimes und dem Sturz des Reichs hat niemand so scharfsinnig interpretiert wie im selben Jahr 1944 Theodor Adorno im amerikanischen Exil: »Es drängt sich der Gedanke auf, das deutsche Grauen sei etwas wie vorweggenommene Rache. In den Konzentrationslagern und Gaskammern wird gleichsam der Untergang von Deutschland diskontiert. Während sie alles gewannen, wüteten sie schon als die, welche nichts zu verlieren haben.«

An der deutschen Entwicklung seit jenen Tagen des Sturzes in die Tiefe hat vieles die Welt überrascht. Die oberflächliche Verwunderung galt der wirtschaftlichen Wiedergeburt und das äußerliche Staunen dem lautlosen Verschwinden der Ideologie, die sich eben noch angeschickt hatte, die Welt zu unterwerfen. Die eigentliche Verblüffung hat dem leidenslosen Gleichmaß zu gelten, mit dem es sich dieses Volk im Untergang bequem gemacht hat. Die tiefste Bestürzung betrifft die Unempfindlichkeit des Landes für einen staatlichen Kollaps, wie ihn die neuere Geschichte nicht gesehen hat.

Es macht dies die Bitterkeit aus, die den Beobachter angesichts der Opfer der Verschwörung erfaßt: Nicht nur von ihrer Tat ist nichts geblieben, sondern auch die Anstrengung der Empfindung ist vergangen, aus der sie handelten. Dergleichen wird Schleswig-Holsteins erster Nachkriegs-Ministerpräsident Theodor Steltzer, einer der wenigen Überlebenden des Kreisauer Kreises, im Sinn haben, wenn er von dem neuen Kreisauer Kreis spricht, der in der Bundesrepublik not tue.

Blickt man mit dem Abstand von zwei Jahrzehnten aus der seelischen Landschaft der Bundesrepublik auf die Gefühlswelt des Winters 1944 zurück, nimmt das Vokabular, in dem damals von dem Bevorstehenden gesprochen wurde, einen pathetischen, gespenstischen und unwirklichen Klang an. Der *Untergang Deutschlands*, die *nationale Tragödie, das Ende des Reiches* – das alles hat stattgefunden, trotz jener fünfundsiebzig Divisionen in der Weichselstellung und der zwanzig Verschwörer in der Bendlerstraße. Die Katastrophe ist von so verschiedenartigen Opfern nicht abgewendet worden, aber an ihrem Ende steht das Behagen.

Der Wohlstand, der bei solcher Gelegenheit, seiner rhetorischen Ergiebigkeit wegen, meist ins Feld geführt wird, ist in diesem Zusammenhang durchaus unerheblich; eine Nation läßt sich nicht auf Armut festlegen, nur um ihre Trauer zu artikulieren. Wien hat trotz allen mit der Industrialisierung hereinbrechenden Glanzes den Verlust der Lombardei durch Solferino schwer verschmerzt, und Paris leidet bei aller Richesse der Belle Epoque unter dem Verlust des Elsaß noch um die Jahrhundertwende. Nicht ihr Nationaleinkommen spricht gegen die Deutschen, sondern daß ihre betäubte Empfindungslosigkeit heute so würdelos ist wie gestern ihre nationale Ausschweifung.

Tatsächlich ist die Unbeweglichkeit des Gemüts das eigentlich Beängstigende an der Epoche; hinter solchem Gleichmut können sich seltsame Dinge tun. Diese Gelassenheit, die mehr die Züge der Unbekümmertheit als die der Kälte zeigt, ist bisher nur an dem Verhalten gegenüber den Schrecken der gestrigen Lagerwelt beobachtet worden; unbeachtet blieb, daß sie auch die Stellung zum heutigen Geschick des Landes kennzeichnet. Was dort das Gesicht der Verdrängung trägt, gibt sich hier als eine Selbstvergessenheit zu erkennen, die von den Politikern beider Parteien vielleicht nicht ganz zutreffend als Mündigwerdung des Volkes begrüßt wird.

Nicht nur die Robustheit erstaunt, die nach Auschwitz vom Unrecht an Deutschland zu sprechen wagt; auch das Selbstverständnis ist unbegreiflich, das sich nach Jalta und Potsdam als unter glücklicheren Umständen wiedergeborenes Weimar begreift.

Es hätte sich während der letzten Kriegsmonate voraussehen lassen, daß die Sorge der gegnerischen Koalition vor einer deutschen Résistance unbegründet war; die siegreichen Armeen zogen in zerschmetterte Regionen ein, und die Gefahr der Lähmung war größer als die der Rebellion. Undenkbar aber schien, daß nach dem letzten Schuß das Bewußtsein der Katastrophe und die Empfindung des Untergangs ausbleiben würden, und daß jenes Ende der Tyrannei nicht auch als tiefer Einschnitt in der deutschen Geschichte verstanden und gefühlt werden würde. Ist denn so, nach Issos, auch Persien, und auf diese Weise, nach Zama, auch Karthago untergegangen, mit der seelischen Unberührtheit eines Heloten?

Alle Geschichte hat eine Vorliebe für das Tragische, und den Götterdämmerungen wendet das romantische Bedürfnis des Volkes sich mit sonderbarer Sehnsucht zu: Im brennenden Troja und in Etzels Palast hält sich die Phantasie der Sänger am liebsten auf. Ist es so, daß sie von den Kindstaufen in den renovierten Palästen nur nicht erzählen?

Deutschland hat sich, nach einer Phase der Benommenheit, wiedergefunden. Es ist, und dies unterscheidet das postfaschistische vom nachwilhelminischen Land, weit davon entfernt, seine Niederlage zu leugnen. Der Erste Weltkrieg lebte, in der Erinnerung des Staates zumindest, in der nach klassischen Regeln geschlagenen Feldschlacht von Tannenberg, im Haudegen-Bravourstück Lettow-Vorbecks, im Kaperglück Graf Luckners weiter; dieser Zweite zieht sich in den glücklosen Namen der 6. Armee und des Schlachtschiffes »Bismarck« zusammen: Noch das traurige Verklärungsbedürfnis schafft sich Besiegte.

In verblüffendem Maße fixiert sich dieser zweiten Nachkriegszeit der hinter einem Schleier zurückgetretene Krieg in den erlittenen Vernichtungsschlachten und in den unverhinderten Frontdurchbrüchen; auf eine nach 1918 undenkbare Weise richtet sich das Denken der Überlebenden und Nachgeborenen auf die verlorenen Schlachten Stalingrad, Invasion, Oder-Stellung. Aber damals ist der 9. November 1918 zum Trauma geworden; was am 8. Mai 1945 geschah, weiß heute kaum einer zu sagen. Es ist noch viel weniger in das Bewußtsein getreten, daß jene erste Niederlage das Ende des Kaiserreichs brachte, diese zweite aber ein Ereignis, wie es Europa seit den polnischen Teilungen nicht gesehen hat. Es ist nicht einmal das Bewußtsein von Cannae da; geschweige denn das von Zama.

Zu den Winken, mit denen uns eine Zeit zu verstehen gibt, wie man es mit ihr zu halten hat, gehört auch das Vokabular, das sie verwendet, wenn sie von sich spricht. In diesem Zusammenhang ist die Vokabel Zusammenbruch aufschlußreich, die heute – und zwar von Bevölkerung und Geschichtsschreibung gleichermaßen – verwendet wird, wenn vom Jahre 1945 die Rede ist. Denn dieses Wort, das die zur Bezeichnung verlorener Schlachten und Kriege üblicherweise verwendeten Begriffe verdrängt und ersetzt hat, ist nicht nur entschiedener und endgültiger als die Vokabel Niederlage: Es verlegt den Vorgang aus der Ebene des Konflikts in die der eigenen Ohnmacht. Es ist eine überraschend passive und teilnahmslose Wendung; man ist nicht niedergeworfen worden, sondern man ist zusammengebrochen.

Es ist die Unbeteiligtheit, die an einem Wort auffällt, das zwischen der Gegenwart und dem Gewesenen eine Barriere aufrichtet, die nicht zufälligerweise die Stunde Null genannt wird. Der Zusammenbruch trennt das Heute vom Gestern, und er begründet für die heute Lebenden jene Verantwortungslosigkeit für die Vergangenheit, die an der Haltung zu der Lagerwelt des Regimes ja ebenso auffällt wie an der Stellung zu dem abgetrennten Teil des Rumpfstaates und die natürlich nur eine so noch nicht vorgekommene Identitätsverweigerung ist.

Mit der Wendung vom »Zusammenbruch« wird nämlich Distanz zur Geschichte hergestellt und damit Leidenslosigkeit vor der Katastrophe. Es ist ja nicht die *Tragödie*, die *Katastrophe*, der *Untergang* Deutschlands eingetreten, den sie alle von Adorno bis Witzleben in jenem gespenstischen Sommer 1944 hilflos hereinbrechen sahen; es kam nur der *Zusammenbruch*. Sarkasmus könnte die Formulierung finden, dies sei das Satyrspiel nach der Tragödie, auf das niemand gekommen wäre: Oktoberfest und Pauschalreise.

Hat Stauffenberg vorm Erschießungspeloton, wie berichtet wird, wirklich »Es lebe das ewige Deutschland!« gerufen oder sich der Georgeschen Wendung vom »heiligen« Deutschland erinnert, wie Edgar Salin aus der geistigen Physiognomie jenes letzten vom George-Kreis geprägten Aristokraten vermutet? Vielleicht ist verbitternder noch, als daß er nicht retten konnte, wofür er starb, daß nicht vermißt wird, was er nicht retten konnte. Unter den Umdüsterungen des Volkes nennt die Meinungsbefragung das Schicksal des Landes an letzter Stelle.

Vor solcher Unberührtheit vom Untergang einer Nation drängt sich das Wort vom Ende der nationalstaatlichen Ära auf, und wirklich scheinen nationale Schmerzen im erkennbaren Bereich heute nicht mehr empfunden zu werden. Vieles deutet darauf hin, daß gerade die Jugend mit entschiedenerem Drängen der Einigung Europas als der Teilung Deutschlands zugewendet ist. In welchem Sinne wir das Zeitalter der Nationen verlassen haben, gibt sich auch darin zu erkennen, daß staatliche Katastrophen zu Recht vor Ereignissen zurücktreten, die nicht mehr die Völker, sondern den Menschen betreffen: Die tiefere Tragödie hat auch den tieferen Schmerz im Gefolge.

Tatsächlich verletzt die Sorge um verlorene Landstriche den Maßstab, wo Schrecken vor ganz anderem Grauen geboten ist. Das empfindlichere Bewußtsein scheut die Erinnerung an die Trecks der Flüchtlinge, weil mit ihnen auch die Waggons der Häftlinge aus dem Dunkel steigen; die größere Sensibilität nähert sich nur vorsichtig dem Gedächtnis an einen Osten, wo nicht nur die Namen der verlorenen Städte, sondern auch die der vergessenen Lager zu suchen sind. Dies macht die Fluchtberichte der Gräfin Dönhoff und des Grafen Lehndorf nobel, daß sie so ganz Abschied und so wenig Klage sind.

Doch soll auch gesagt sein, daß der Verweis auf die eigene Schuld, womit Gleichgültigkeit sich ein moralisches Alibi für ihre Kälte zu sichern sucht, vor der Instanz des Leidens nicht zählt; der Schmerz vor dem Zustand des Landes und vor einer vertanen Geschichte wird nicht geringer, weil gestern oder vorgestern falsche Politik gemacht worden ist.

Und dennoch mag es sein, daß noch die Abneigung gegen die herrschende Unempfindlichkeit in der Sprachlosigkeit die Tugend des Tages erkennt. Es macht den vornehmen Konservativismus stumm, daß er von den Größenordnungen des Schmerzes weiß, und es macht ihn vornehm, daß er stumm ist.

In diesem Sinne läßt sich sagen, daß die Gewaltherrschaft nicht nur die Provinzen verspielt hat, sondern auch die Trauer um sie.

Roter Konservativismus

Der Schritt über die Zonengrenze ist der Übertritt in eine andere politische und soziale Landschaft. Das Gesicht dieser Welt jenseits der Mauer ist oft und mit wechselndem Scharfsinn beschrieben worden, doch scheint es eher zu gelingen, über das Maß an Freiheitseinengung und über den Stand der Versorgungslage Auskunft zu geben, als die Trennung eines Landes im Alltäglichen und Bagatellhaften aufzufinden.

Tatsächlich liefern die meisten Berichte aus Brandenburg, Neustrelitz oder Eisenach nur Tatsachen, die ohnehin bekannt sind. Der Autor hört zu fragen auf, wenn er das Erwartete: das unzureichende Konsumgüter-Angebot, die schlechte Straßenbeleuchtung und einen reglementierten Theaterspielplan in Augenschein genommen hat. Immer wieder fällt auf, wie gering die Fähigkeit ist, auch Beiläufiges zu sehen und das Geschehene zu verstehen.

Denn die Gegenüberstellung der Parkplätze vor den Walzwerken von Watenstedt-Salzgitter und der Arbeiterfrühzüge zum Stahlwerk Henningsdorf gibt nur über die hinreichend bekannte Tatsache der zurückgebliebenen Motorisierung der Zone Auskunft. Einen Schlüssel zur Aufschließung der Wirklichkeit im anderen Teil Deutschlands gibt diese Beobachtung nur dann ab, wenn man in Erfahrung zu bringen sucht, inwieweit sich Lebensgefühl und Empfindungswelt der Besitzer von Kleinwagen und der Benutzer von Arbeiterrückfahrkarten unterscheiden. Die

Lektüre der westlichen Berichte von der Leipziger Messe ist in dieser Hinsicht aufschlußreich. Es tritt nur immer wieder das Bekannte in das Blickfeld: die reichere Hotelspeisekarte oder die Sonderzuteilung an Hausputzfarbe und Zwiebeln. Das Vokabular ist nicht nur auf Standardbegriffe, sondern auch auf Standardfragen zusammengeschrumpft, und auch die erzählerische Zutat kehrt immer wieder: die offenherzige Vermieterin im Privatquartier und die freimütige Stammtischrunde in der Weinstube. Dabei liegt auf der Hand, daß nicht der politischen Unbotmäßigkeit der Wirtin Aufmerksamkeit zukommt, sondern ihren Lebensgewohnheiten, und daß wichtiger als die Politik des Stammtischs seine sonntägliche Wanderung durch den Thüringer Wald ist.

In dieser Hinsicht geben die Zonen-Reportagen des letzten Jahrzehnts nur Ansätze, und so läßt sich vermuten, daß unser Bild von diesem Teil unseres Landes von ebenso ungenauer Richtigkeit ist wie die in der verlassenen Heimat spielenden Romane der deutschen Emigration, die ja noch in ihrem bedeutendsten Werk, in Thomas Manns genialem Fehlschlag »Doktor Faustus«, an diesem Problem gescheitert ist.

Natürlich haben die Berichterstatter das zwiespältige Gesicht einer Welt gesehen, die aus wilhelminischen Requisiten, sozialistischen Anstrengungen und westlichen Zutaten lebt und die sich mit Samtportieren, Dampflokomotiven, Lüstern, Jazz-Festivals und Milchkannen in einem gespenstischen Zwischenreich aufhält. Es drängt sich auf, wie dieser Staat nicht nur in seinen Doktrinen beharrend ist, sondern auch mit der Spitzengardine in der Grenzwächter-Baracke die Welt zur Erscheinung bringt, der seine Lehre entstammt.

An der Autofahrt von Berlin nach Hamburg ist daher nicht der Einblick in die wirtschaftliche Misere der Mark oder Mecklenburgs aufschlußreich, sondern daß sie den Betrachter Einblicke in die Lebenswirklichkeit dieses Teils unseres Landes tun läßt. Das Auge des Reisenden sucht in Grabow oder in Ludwigslust die Großtankstelle, den Selbstbedienungsladen und die Peitschenlampe, aber es findet den kellergeschossigen Kolonialwarenhändler mit HO-Schild, das Spruchband und die Eckdestille; aus der Glühlampenfabrik machen sich die Arbeiter nach Einbruch der Dunkelheit nicht mit Kleinwagen, sondern mit Fahrrädern auf den Heimweg. In solchen ebenso tristen wie belanglosen Bagatellen liegt der Geheimschlüssel zur Öffnung einer uns ferngerückten Welt.

Hier nämlich läßt sich das Wichtige in Erfahrung bringen: nicht die Dürftigkeit der Fettzuteilung, sondern die Vertrautheit der in der Schlange Stehenden mit der Verkäuferin; nicht die Unerreichbarkeit des Automobils für den Dorfschullehrer, sondern der Familienausflug mit dem Fahrrad; nicht das Fehlen von Snackbars und Espressostuben, sondern das Festhalten an familiärer Geselligkeit. Die ökonomische Unfähigkeit eines gescheiterten Kommunismus hält Formen am Leben, die sonst schon beim Anbruch der industriellen Welt zerbrochen sind.

Darauf hätte schon die Besichtigung der Dörfer und Marktflekken entlang der Landstraße aufmerksam machen sollen, die noch eingebettet in die Landschaft liegen, weil die Armut des Staates und seiner Bewohner nur hier und da neue Siedlungen entstehen ließen: Noch kennt man die Landzerstörung der Bundesrepublik nicht, wo die Physiognomie der Natur und der Stadt unter auswuchernden Eigenheimquartieren erstickt. Dieses graue Reich Ulbrichts wird ja bald der einzige Teil Deutschlands sein, der noch von Domen und Kirchen beherrscht wird, weil das Geld für Hochhäuser nicht langt. Es ist auf völlig überraschende und schon lächerliche Weise konservativ.

Dieses kaum je gesehene paradoxe Antlitz der Zone hat mit der Mentalität der Herrscher ebenso zu tun wie mit dem Widerstand der Beherrschten. Auf der einen Seite drängt sich das Naturell der Regierenden in den Vordergrund, die eine Vorliebe für Frühsport haben und für Mädchenzöpfe und für Seidentapeten: Die Arbeitswelt des Kommunismus stellt sich als Reservat des Gestrigen dar, das nach der Zerschlagung des Großbürgertums die Züge seiner Machthaber trägt: der Kleinbürger.

Daneben dann aber drängt die wirtschaftliche Unzulänglichkeit des Systems seine Bürger in die Atmosphäre der Kaiserzeit.
Vom Schrankenwärter, der die selbsttätige Signalanlage ersetzen
muß, bis zum Milchladen, in dem noch mit der Hand in Blechge-
fäße abgeschöpft wird, ist dies eine sonst längst versunkene Welt
mit Gewohnheiten und Freuden, die für uns in den Romanen
Wilhelm Raabes aufgehoben sind. Die Bewohner von Anger-
münde und von Apolda leben nicht nur in der müden und grauen
Sphäre einer verbrauchten Revolution – sie leben zugleich als
einzige noch in der Welt der Väter und Großväter.

Das Sonderbare ist, daß weder sie es merken, noch wir. Einen
Fingerzeig gibt nur die Verlorenheit des aus Pommern nach dem
Rheinland verschlagenen Flüchtlings und das irritierte Verhalten
westlicher Intellektueller, deren Mißmut über die Welt der Dreh-
türen, Pauschalreisen und Sportwagen nicht ohne Beimengungen
von Sehnsucht nach der Welt jenes Deutschlands ist, das nichts
von Charterflügen und Einkaufszentren weiß. In der nicht unbe-
greiflichen Abneigung vieler Intellektueller gegen ihre Umwelt ist
viel von Flucht vor einer geheimnisvollen und anonymen Massenzivilisation, die unser aller Zukunft ist.

Tatsächlich bringt die Besichtigung Mitteldeutschlands neben
Momenten der Depression auch Empfindungen des Wiederer-
kennens, des Zurücksinkens ins Gewesene. Die Fahrt in die Ferien
geht dort noch mit der Eisenbahn vonstatten, und die Zubereitung
des Reiseproviants geht der Fahrt zum Bahnhof voraus: Noch ist
die Thermosflasche das Feldzeichen der Urlauber. Aber auch der
Wagenbesitzer ist auf Selbstversorgung angewiesen, wenn er
nicht im HO-Gasthaus einkehrt: Das Fehlen der Autobahn-Rast-
stätte hat das Picknick am Leben erhalten, und für die Schnellgast-
stätte kommt das Butterbrotpaket im Strandkorb auf. Unter den
VEB- und LPG-Parolen läuft das Leben von 1927 ab.

In diesem Sinne ist die Zone nicht nur die Region des Bedrohli-
chen und der Trostlosigkeit, sondern auch das Rückzugsgebiet
des Altmodischen und sogar des Behaglichen, wobei sogleich

hinzugefügt werden muß, daß sie es wider Willen ist. Bei dem allen ist Zwang, Resignation und Protest gleichermaßen im Spiel: Der Zwang, der das Überschreiten der Grenzen nicht zuläßt, die Resignation, die den Konsumanspruch nicht befriedigen kann, der Protest, der vor dem Reglement auf die private und familiäre Sphäre ausweicht und Zuflucht im Individuellen sucht. Nur in jener Welt, die »den Sozialismus aufbaut«, sind die Parks noch voller Menschen und die Wohnstuben voller Familien.

Die herkömmlichen Berichte aus Halle und Magdeburg erzählen von dem Requisit der Macht vor der Kulisse der Armut; die Aufmerksamkeit der Beobachter gilt der Versorgungsleistung des Staates und der inneren Widerstandsfähigkeit der Bürger. Die Fahrt von Berlin nach Hamburg ist nicht nur die Fahrt durch das Herrschaftsgebiet einer Volksrepublik. Sie ist, in vielerlei Betracht, eine Reise in alte Zustände und damit in Deutschlands Vergangenheit. Es ist ein Unterwegssein mit Depressionen, aber auch voller melancholischer Wiedersehensempfindungen.

Die Macht der Erinnerung

Preußens Auszug aus der Erinnerung

Nicht nur in der Optik des Ostens gilt die Bundesrepublik als ein Staat der Restauration, also der Bewahrung, der Wiederherstellung, der Erneuerung des Gewesenen. Dieser Staat selber akzeptiert eine solche Kennzeichnung: Er sieht sich im Grunde nicht anders. Apologeten und Kritiker stimmen darin überein, daß sie die bewahrend-wiederherstellenden, also die restaurativen Tendenzen in den Vordergrund rücken; die Beschreibung ist dieselbe, die Bewertung weicht voneinander ab. Hört man genauer hin, haben sie alle dieselbe Meinung von ihrem Staat.

Es läßt sich bezweifeln, ob damit die Verteilung der politischen Macht zutreffend verstanden wird. Die Tatsache, daß dieser Staat seit annähernd zwei Jahrzehnten von rechts regiert wird, hat den Blick für das Abtreten einer Ordnungsmacht getrübt, die Deutschland seit Freiherr vom Stein zumindest regiert hat. Mit 1933 ist nicht nur die bürgerliche Demokratie untergegangen, sondern die bürgerliche Welt als Herrschaftsschicht abgetreten. Beide sind so nicht wiedergekommen.

Der Blick auf rechts wählende Massen und konservativ argumentierende Politiker hat unbemerkt gelassen, daß zwar Worte und Formeln wiedergekehrt sind, aber keine traditionelle Führungsschicht. Mit Konrad Adenauer, Eugen Gerstenmaier, Heinrich Lübke, Franz Josef Strauß und all den anderen sind die Söhne von Regierungspräsidenten, Kammergerichtsräten und Professoren durch die Enkel von Angestellten, Unteroffizieren und Handwerkern abgelöst worden: Jeder Blick in das Parlamentshandbuch

45

zeigt, daß die aristokratisch-hochbürgerliche Welt aus der Führung des Staates und aus dem Apparat gerade der »restaurativen« Partei ausgeschieden ist, womit eine neue und oft überraschende Art von Regiment und ein neuer und zuweilen ungewohnter Stil von Repräsentanz zusammenhängt. Eher kann dieser Staat reaktionär als konservativ genannt werden.

Dieser unkonservative und traditionslose Zug des Staates, dessen Außenpolitik sich daher nicht zufällig mehr an Machtfragen als an Nationalfragen orientiert hat, hängt jedoch nicht nur mit dem Auszug eines sozialen, sondern auch eines geographischen Elements aus der deutschen Politik zusammen.

In einer sehr auffälligen Weise ist Preußen als geistige Landschaft erst in der Stunde seines Untergangs in das Bewußtsein der Deutschen getreten; dies sogar für das eigene Bewußtsein. Preußisches Selbstbewußtsein im äußeren Sinne, Wissen also vom Eigenrecht, hat es spätestens seit dem Großen Kurfürsten gegeben. An Liedern und Schulfibeln der letzten drei Jahrhunderte läßt sich ablesen, wie das Brandenburgische ins Preußische allmählich übergeht und wie über diesem Wandel der Selbstbehauptungswille des historischen Nachzüglers sich in das hochfahrende Selbstgefühl des Vorwärtsdrängenden verwandelt.

Selbstbewußtsein im eigentlichen Sinne, Bewußtsein von der eigenen Problemlage also und Erkenntnis der eigenen geistigen Physiognomie tritt erst später hinzu; im Grunde, als die Sache selber fraglich geworden ist. Das macht die Aggressivität jener Bücher aus, in denen das Preußische nach 1914 zum ersten Mal als Lebensform polemisch gesetzt wird: Es geht im Grunde nur um die Formulierung einer geistigen Position, die man an einem Exempel verdeutlicht. Moeller van den Brucks »Preußischer Stil« und Oswald Spenglers »Preußentum und Sozialismus« meinen nicht das damals gegenwärtige oder das gewesene Preußen, und Stimmlage und unvornehmes Auftrumpfen des Solingers und des Blankenburgers sind denn auch denkbar unpreußisch. Es ist Literatenwerk im großen Stil.

Tatsächlich fällt an der deutschen Entwicklung seit dem französischen Krieg das Zurücktreten des Preußischen auf. In die Potsdamer Garderegimenter, deren Offizierskorps sich seit einem Jahrhundert aus dem preußischen Adel speist, drängen die Prinzen West- und Süddeutschlands, was sich nicht nur an den Ranglisten, sondern auch an der Literatur der Epoche ablesen läßt. Noch Fontane, der im »Stechlin« parodistisch die märkischen Familien aus der Gegend um Rheinsberg als das einzige Honette gegen den baltischen und schlesischen Adel (»*zuviel jeuen und zuviele französische Gouvernanten*«) ausspielt, formuliert das Mißtrauen gegen die ganzen Hoheiten, die plötzlich den neuen, den vornehm gewordenen Stil der Armee bestimmen. Es ist nicht mehr viel die Rede von den Familien, die Preußen groß gemacht haben und die sich denn auch um 1910 noch trotzig königlich-preußisch statt kaiserlich-deutsch nennen.

Sie spielten im groß gewordenen Reich keine hervorgehobene Rolle mehr, im Frieden nicht und im Krieg auch nur teilweise. Das hängt natürlich damit zusammen, daß bis in das Ende hinein Artillerie-, Pionier- und Ingenieurkorps nicht standesgemäß sind, womit die Aristokratie wider Willen die neuen Schichten in die Schlüsselstellungen eines mechanisierten Staates und einer technisierten Armee drängt. Wichtig ist aber auch, daß die Person des letzten Herrschers in der Tiefe unpreußisch ist und aus dem Abstand eines halben Jahrhunderts geradezu als Verkörperung des reichsdeutschen Stils erscheint.

Dennoch ist schon während des Ersten Weltkrieges der preußische Feind das Hauptziel der gegnerischen Propaganda, wobei aus Tagebüchern, Briefen und Dokumenten hervorzugehen scheint, daß man die Identifizierung von kaiserlichem Imperialismus und preußischer Tradition ebenso unbefangen vornahm wie ein Vierteljahrhundert später die zwischen dem preußischen Generalstab und der Hitlerschen Reichskanzlei.

In einer grotesken Verkennung der Situation ist Preußen seit 1941 der eigentliche Gegner nicht nur der Russen, sondern auch der westlichen Alliierten, und seit 1943 ist die Zerschlagung nicht allein der preußischen Macht, sondern der staatlichen Existenz Preußens das erklärte Kriegsziel der Verbündeten. Auch ist diese Forderung der Militärs und Politiker in den gegnerischen Ländern überaus populär, und als 1945 Preußen staatsrechtlich ausgelöscht wird, zeigen sich konservative, liberale und sozialistische Leitartikler in den westlichen Hauptstädten gleichermaßen befriedigt.

Dieses sonderbare Mißverständnis, das trotz aller Spezialuntersuchungen – etwa über Seeckt und die Rolle der Reichswehr in der Republik oder über die Haltung der Generalität angesichts der Hitlerschen Kriegspolitik – ungebrochen weiterlebt, hat nach 1945 jedoch nicht nur die Siegermächte bestimmt. Die Vorbehalte gegen das Norddeutsch-Protestantische haben Stalin, Churchill, Roosevelt oder de Gaulle kaum weniger beeinflußt als die deutsche Nachkriegspolitik.

In einer kaum glaublichen, wenn auch selten gesehenen Weise ist das preußische Element aus der politischen Apparatur des wiedererstandenen Staates ausgeschieden und durchs Rheinische, Bayrische, Schwäbische ersetzt worden. Es wird nur immer vom Verlust der Landschaften und Städte gesprochen; fast unbemerkt blieb, daß trotz Millionen von Flüchtlingen der Menschenschlag der ostelbischen Gebiete ins zweite Glied getreten ist.

In achtzehn Jahren Nachkriegszeit hat kein Berliner, kein Preuße, kein Ostpreuße, kein Schlesier einen nennenswerten Einfluß auf die Geschichte der deutschen Politik gehabt, eigentlich überhaupt keine Norddeutschen, also aus den im weiteren Sinne zur preußischen Einflußsphäre gehörenden Gebieten. Das gilt für Konrad Adenauer wie für Strauß, für Brentano wie für Gerstenmaier, für Heuss wie für Erhard: Man wird auch solche Gesichtspunkte bei einer Analyse deutscher Politik nicht ganz übersehen dürfen.

Es gehört zu den überraschenden Entdeckungen solcher Blickweise, daß eigentlich nur einmal in diesem Jahrhundert das preußische Element in entscheidender Lage nach vorn tritt. Während Hitler München zur »Hauptstadt der Bewegung«, Nürnberg zur »Stadt der Reichsparteitage« macht und Linz zu seiner Altersresidenz bestimmt und seine Antipathie gegen Berlin noch in den Tischgesprächen des Hauptquartiers formuliert, treten die Preußen – Berliner Arbeiterführer und märkisch-schlesischer Adel – am 20. Juli 1944 auf die Szene. Das ist den Handelnden damals nicht deutlich geworden und auch von den Historikern des Widerstandes bisher nicht beachtet worden. Der einzige, der in seiner Verhandlungsführung immer wieder darauf anspielt, ist der Präsident des Volksgerichtshofes, Roland Freisler.

Die Namen, die für zweihundert Jahre preußischer Geschichte stehen, fehlen in beiden Weltkriegen fast ganz: Ferdinand Schörner, Eduard Dietl, Walter Model, Kurt Zeitzler, Wilhelm Keitel, Alfred Jodl, Albert Kesselring sind die Heerführer, die mit dem Fortgang der Ereignisse die alte Generalität immer mehr in den Hintergrund drängen, bis dann in der letzten Phase des Krieges Figuren wie Heinrich Himmler, Sepp Dietrich und Karl Wolff höchste militärische Kommandostellen an der Front übernehmen.

Mit dem Register der Gehenkten und Erschossenen aber ziehen plötzlich noch einmal die Namen von Fehrbellin, Leuthen, Tauroggen und Königgrätz herauf und die Landschaften des Riesengebirges, der Masurischen Seen und der Pommerschen Ebenen. Denn auch dies ist ja an den Protokollen der Hitlerschen »Lagebesprechungen« und »Tischgespräche« aufschlußreich, daß sich die Runde in der Wolfsschanze in der tiefen Abneigung gegen die Eintönigkeit der norddeutsch-östlichen Landschaft mit ihren Dörfern und Städten einig ist, so daß dann Hitler noch nach der Einleitung des russischen Feldzugs davon spricht, daß alle seine Sympathie in die Richtung Süddeutschlands gehe und nur die Vernunft ihn zwinge, sich nach dem verhaßten Osten zu wenden.

Mit dem 20. Juli 1944 aber tritt noch einmal der Osten Deutschlands nach vorn, kurz vor seinem Untergang: das von August Bebel geschulte Arbeitertum, die norddeutsche Geistlichkeit mit manchen pietistischen Beimischungen, das mittlere und höhere Beamtentum, alle jene Landräte, Regierungsassessoren und Reservemajore, die Jahrzehnte hindurch Zielscheibe des Spotts waren, und dann die Witzlebens und Moltkes, die Schwerins und Kleists, die Schulenburgs, Yorck von Wartenburgs und all die anderen. Als Preußen untergeht, fehlt in der Liste der Gehenkten kaum ein Name von jenen, die Preußen groß gemacht haben.

Thomas Mann hat das schöne Wort gefunden, daß das Unglück nicht großtun und von Tragik sprechen solle, aber als das Stück, das Preußen hieß, von der weltgeschichtlichen Bühne abgesetzt wird, treten wie in einer Tragödie seine Akteure noch einmal aus den Kulissen, um sich vom Publikum, von der Mit- und Nachwelt zu verabschieden. Es ist ein erstaunlicher Abgang, den Preußen von der Geschichte nimmt: der noble Abschied nun ganz als Opfer und nicht als Täter.

Es läßt sich voraussehen, daß dies Zusammenhänge sind, die in den nächsten Jahren und Jahrzehnten sich zur Geltung bringen werden, in der Geschichtsschreibung wie in der Politik. Vorläufig hat die Literatur von Preußen noch überwiegend apologetischen oder verklärenden Charakter, was den harten und herrischen Zügen dieses Landes nicht gerecht wird. Wo sich der Osten aber politisch zu Wort meldet, geschieht es im unpreußischen Stil Theodor Oberländers und Hans Krügers, die am 20. Juli 1944 nicht zufällig auf der anderen Seite der Barriere gestanden haben.

Preußen ist seit jenem 20. Juli 1944 stumm geblieben. Die deutsche Politik seit 1945 hat damit zu tun.

Kurzer Glanz und langes Vergessen

Preußen ist seit Jahrzehnten kein Gegenstand des Fragens mehr. Einige Verklärungen, die aus dem Trotz leben, wie die von Spengler und Moeller van der Bruck, dann eine rechtfertigende Chronik, die von Schoeps, und schließlich Dinge vorzüglicher Fachgelehrsamkeit. Das Beste wurde vor den Katastrophen geschrieben, Hinrichs »Friedrich Wilhelm I.« noch vor dem Hochkommen Hitlers – den man, seines unpreußischen Stils wegen, nicht zu Unrecht Österreichs Rache für Königgrätz genannt hat – und vor allem natürlich Hintzes Preußenbuch, zum Jubiläum Wilhelms II. am Vorabend des Ersten Weltkrieges erschienen.

Wie sonderbar, Preußen hat sich als Gegenstand des Denkens abgeschafft, längst bevor es selber abgeschafft wurde. Es ist der einzige der Geschichte bekannte Staat, der zu Lebzeiten seiner Bürger ausgelöscht wurde. Was sonst in Jahrhunderten, ganz allmählich, fast unmerklich vor sich geht, das Absterben und Verlöschen eines staatlichen Zusammenhangs, fand hier im hellsten Licht der Geschichte statt. Selbst der Totenschein ist korrekt ausgestellt worden, er trägt vier Unterschriften, einen Ausstellungsort und ein Datum: 25. Februar 1947. Aber sein Verschwinden wurde kaum bemerkt.

Die kurzlebige Reichsschöpfung Bismarcks, die gerade ein dreiviertel Jahrhundert vorgehalten hat, bewahrt zäheste Lebenskraft. Preußen, das es bei vorsichtiger Zählung auf ein paar Jahrhunderte, seine lange Vorgeschichte mitgerechnet auf ein dreiviertel Jahrtausend gebracht hat, vergeht wie ein Meteor, folgenlos und fast ohne Erinnerung. Nicht einmal das Leiden im Untergang gilt ihm. Von den Preußen, die in der letzten Phase noch einmal nach vorn treten, von all den Yorcks und Moltkes, den Schulenburgs und Hardenbergs, den Kleists und Tresckows, ist kein einziger Satz überliefert, der ihrem alten Staat gilt. Die Anstrengung ihrer Tat und ihres Opfers galt einzig Deutschland.

Das Reich, mühselig und nicht ohne Umwege zustande gekommen, ist schon fünf Jahrzehnte später nicht mehr wegdenkbar. Preußen dagegen denkt sich sogar selber weg. Nach dem Sturz der Monarchie, im Jahre 1918, ist es die preußische Landesversammlung, die der Regierung die Abschaffung der Länder und die Herstellung eines Einheitsstaates vorschlägt. Aber die anderen Länder wollen sich selber erhalten und erhalten damit ein Preußen, das zu seiner Selbstabschaffung bereit gewesen war. Das Stück, das Preußen hieß, wird nur ein paar Akte lang gespielt, und der Vorhang fällt so schnell, wie er hochgegangen war.

Preußens eigentliche Geschichte dauert nicht viel mehr als zwei Jahrhunderte, ziemlich genau die Spanne zwischen Fehrbellin und Sedan. Was davor liegt, Ordensrittertum, Markgrafenschaft und Herzogtum, sind ein langes Werden, drei oder fünf Jahrhunderte, je nachdem wohin man blickt, nach Brandenburg oder Preußen. Was folgt, Kaiserreich, Republik und Diktatur, ein langes Sterben oder ein kurzer Tod. Ganze fünfundsiebzig Jahre dauert das.

So kurz also das Spiel – andere von Bayern bis Schwaben bringen es mühelos auf ein Jahrtausend – und so groß das Aufsehen; erst das Staunen, dann der Beifall, schließlich der Schrecken.

Woher das alles und warum? Es sind eine ganze Reihe Antworten denkbar, aber sie laufen am Ende doch alle auf den einen Gesichtspunkt hinaus, daß dieses Preußen in einer bestimmten Epoche der Geschichte an der Tête Europas ritt. Hatte Österreich seinen Charme, Sachsen seine Eleganz und Bayern seine Urwüchsigkeit, so war Preußen für eine ganze Spanne Zeit der modernste Staat, und zwar nicht nur unter den deutschen Ländern, sondern ebenso und vielleicht noch mehr unter den europäischen Mächten.

Heimito von Doderer liebte davon zu sprechen, daß man die Geschichte danach gliedern könne, in welchen Epochen bestimmte Länder über die Fähigkeit verfügten, ihre Umwelt zu faszinieren – ein Gedankengang, der in seinen Roman »Die Strudlhofstiege« eingegangen ist. Das war das ganze 16. Jahrhundert hindurch Italien oder doch die Toscana. Das 17. Jahrhundert gehörte Frankreich, wie das 19. Jahrhundert England. Das 18. aber war zu guten Stücken das Jahrhundert Deutschlands, erst wohl Österreichs, als es nach der Abwehr der Türkengefahr eine Macht und einen Glanz entfaltete, von dem noch heute Schönbrunn, die Hofburg und Stift Melk zeugen. Die zweite Hälfte aber besaß Preußen, anfänglich der kecken Selbstbehauptung wegen und um des Schlachtenglücks willen, dann aber aufgrund seines Avantgardismus, der erst die trockene Vernünftigkeit seiner Staatsmaschinerie betraf, dann die kulturelle Zurüstung, die das alles sekundierte und legitimierte.

Preußen hat keine Lebensform ausgebildet, von der eine besondere Faszination ausging, wie Frankreich mit dem *gentilhomme* ganz Europa und England mit dem *gentleman* die Welt prägten. Nie wäre ein Russe oder Italiener auf den Gedanken gekommen, preußische Lebensformen nachzuahmen oder sich auf Reisen gar für einen Preußen auszugeben. Aber die kühle Zweckmäßigkeit seiner Staatsorganisation erregte Staunen, und die gleichgültige Menschenfreundlichkeit einer Regierung, die vor allem aus Kalkül und Notwendigkeit tolerant war, fand am Ende so etwas wie Zuneigung weit über die Grenzen hinaus. Sonst wäre man nicht aus aller Herren Länder in die Dienste der Hohenzollern getreten. Zahlen tat man am Hofe der Habsburger oder Wettiner wahrlich besser.

Es hat kurz gedauert, Gott sei's geklagt. Aber dies ist vielleicht deutsches Schicksal mehr noch als preußisches. Fünf Jahrzehnte Dürerzeit, dann die fünf Jahrzehnte von 1770 bis 1820, und schließlich noch einmal jene fünf Jahrzehnte, die mit 1933 enden; dann ist immer alles vorüber. Eine sonderbar punktuelle Nation, wo die anderen es doch auf Jahrhunderte bringen und es in Frankreich von Montaigne und den Moralisten über Montesquieu bis zu Voltaire und Rousseau gar nicht aufhören will. Preußen, der Außenseiter, der Fremdling auf der Szenerie der Zeit, ist darin ganz deutsch, daß es keine Dauer kennt. Wie das Reich, dessen Geschichte bis zum heutigen Tage Brüche und Neuansätze hat, von denen die anderen Länder nichts wissen, verändert es alle paar Jahrzehnte sein Gesicht.

Eben noch ist es nach den Niederlanden orientiert, woran noch heute in der Mark all die Orte erinnern, die auf die Oranier verweisen; dann greift es in den Osten aus und nimmt eine halbpolnische Färbung an, für die bis ins 19. Jahrhundert die Raczinskis und Lichnowskys in Armee und Diplomatie Preußens zeugen. Vielleicht war dies, die Öffnung nach Osten, sogar die eigentlich deutsche, die europäische Mission des Landes, von der es gegen seinen Willen abgebracht wurde. Mit der Abtrennung Ostpreußens, Schlesiens und Pommerns hat die Geschichte dann endgültig Deutschland nach Westeuropa gestoßen. So soll man die Kürze seiner Engagements gegen Preußen nicht ausspielen: Dies ist mehr deutsches als preußisches Schicksal.

Auch mit den ausgreifenden Eroberungskriegen, die man gegen den Parvenü aus dem Norden ins Feld geführt hat, ist es so weit nicht her. Darin fügt Preußen sich ganz dem Jahrhundert ein, das nach dem Dreißigjährigen Krieg seine neue Ordnung suchte. Zwischen dem Großen Kurfürsten und Friedrich Wilhelm II. ist Preußen, was man immer wieder vergißt, ein Staat des Barock, und aus dem großen König hat nur die Friedrichs-Legende mit ihrer Vergegenwärtigungstendenz eine Figur aus der Nachbarschaft gemacht. Weit eher steigert der König den Typus des Rokokofürsten auf seinen suggestiven Höhepunkt. Erst die sehr persönliche Neigung zur aufgeklärten Philosophie bringt den Widerspruch in eine Existenz, die den Enthusiasmus für den Fortschritt durch die Vernunft mit leidender Misanthropie unverwechselbar verbindet. Friedrichs politische Unmoral hat die Umwelt kaum empfunden. Wunder nahm nicht so sehr die Unverfrorenheit des schlesischen Raubzuges, als daß dieser Zwerg unter den Staaten alle Auseinandersetzungen durchhielt, einige gewann und andere überstand.

Mit der wirklichen Macht Preußens war es eher bescheiden bestellt, nie war es ernsthaft eine Bedrohung der europäischen Mächte; dazu mußte es erst Deutschland werden. Den Siebenjährigen Krieg überdauerte es mit Mühe und Not, und während der Napoleonischen Kriege hat es eine eher zweifelhafte Figur gemacht; die Verherrlichung der Freiheitskriege nimmt es mit dem Ablauf der Ereignisse nicht so genau. Erst die schnelle Niederlage und der moralische Zusammenbruch, doch nach dem gemeinsamen Sieg ist man nicht viel mehr als Juniorpartner der Koalition. England steht Jahrzehnte allein gegen Frankreich, Rußland hat fast ganz Europa gegen sich, und Österreich tritt nach jeder Niederlage neu auf den Plan. Preußen stellt – nachdem es mächtige Verbündete hat – seine militärische Ehre einigermaßen wieder her, aber man soll den Anteil nicht überschätzen, den es an Leipzig und Waterloo gehabt hat.

Auf dem Wiener Kongreß spielt es dann auch ziemlich genau die Rolle, die Frankreich nach dem Zweiten Weltkrieg unter den großen Drei zukam. Nicht Preußen selber entschied, wie es für seine Verluste an Ländern und Menschen entschädigt wurde; das taten die anderen. Seine polnischen Provinzen nahm sich der Zar, das begehrte Sachsen rettete der Kaiser. So bekam es zum Schluß, was es gar nicht hatte haben wollen: Am Rhein erhielt es einen Ausgleich für seine östlichen Abtretungen, weil England dort ein Gegengewicht zu Frankreich brauchte. Oft genug standen während des Kongresses die wirklichen Großmächte – Österreich, England, Rußland und natürlich auch Frankreich – gemeinsam auf der einen Seite, und Preußen, die große Mittelmacht, oder die kleine Großmacht, mußte lavieren und gute Miene zum Spiel der anderen machen, bis man ihm schließlich die Rheinlande zusprach. Da nun sah sich Preußen, dessen einzige außenpolitische Kontinuität seit dem Großen Kurfürsten das Bestreben gewesen war, seine zusammenhanglosen Territorien in der östlichen Mitte Europas zu arrondieren, zerrissener als je zuvor.

Adenauer zeigte seinen Blick für historische Dimensionen, als er den britischen Hochkommissar kurz nach dem Kriege nach Englands folgenreichstem politischen Fehler fragte. Der Diplomat dachte an München oder Jalta. Adenauer aber hatte den Wiener Kongreß im Auge. »Preußen wollte doch nur Sachsen. England hat es gezwungen, an den Rhein zu gehen und damit den Schwerpunkt preußischer Macht nach Westen verlagert. Das war es, was erst Deutschland und dann Europa zerstört hat!«

Denn zwanzig Jahre später waren die neuen, ungeliebten Provinzen auf dem Wege der Industrialisierung. Als die drei alliierten Monarchen in Paris eingeritten waren, stellte Preußen in allem, was Bevölkerungszahl, Länderfläche, Staatshaushalt und Güterproduktion anlangt, den Habenichts unter den siegreichen Mächten dar. Ein halbes Jahrhundert später, vor Königgrätz, war es auf friedlichem Wege zu dem geworden, wozu ihm weder die Vision des Großen Kurfürsten noch das Verwaltungsgenie Friedrich Wilhelms I. oder die Unbedenklichkeit Friedrich II. hatten verhelfen können. Friedrich hatte noch gespottet, daß Preußen statt des Adlers einen Affen im Wappen haben solle, weil es die Großmächte nachäffe, ohne selber eine zu sein. Nun war es eine, sogar eine Hegemonialmacht. Siebzig Jahre später existierte es nicht mehr.

Eine melancholische Geschichte. Wird man sie tragisch nennen können, wenn es denn diese Sache in der Staatenwelt wirklich gibt? Das ist schwer auszumachen. Vielleicht soll das düstere Wort doch den Menschen vorbehalten bleiben, die das Land groß gemacht haben und mit ihm untergingen, ihm gedient hatten und mißbraucht worden waren, in vielerlei Hinsicht geopfert, auch für schlechte Dinge, und schließlich aus einem Land ziehend (um den Vorgang zurückhaltend zu benennen), in das sie sieben Jahrhunderte zuvor gekommen waren und aus dem sie einiges gemacht hatten.

Hätten die Dinge anders laufen können? Natürlich, immer wieder.

Ganz zum Schluß, in der Frühzeit der ersten Republik, scheint Adenauer mit dem Gedanken einer Auflösung Preußens in seine Bestandteile gespielt zu haben. Weshalb er in den Geruch eines Separatisten kam, war der erste Schritt in diese Richtung: Die Rheinlande sollten aus Preußen, beileibe nicht aus Deutschland gelöst werden. Das hätte Möglichkeiten eröffnet, die den Beobachter in einiges Sinnen bringen, und die heute, wo Katalanen, Schotten und Bretonen um ihre Unabhängigkeit streiten, höchst modern anmuten. Es ist nicht so gekommen, Preußen blieb erhalten, und das Deutsche Reich blieb erhalten, und beide gemeinsam gingen sie in den Abgrund.

Was bleibt, ist eine große Erinnerung – die Schaffung eines Staates, nicht aus der Armee, sondern aus dem Gedanken. Erst der trockene Rationalismus, dann eine auf Zwecke gerichtete Aufklärung und schließlich der preußische Klassizismus, die wohl staunenswerteste Kulturleistung der Neuzeit. Ein Staat ohne Volk und ohne Territorium, eine Herrschaft nur aus Krone, Militär und Beamtenschaft, zehn Provinzen, die weder rechtlich noch konfessionell oder sprachlich und schon gar nicht durch gemeinsame Traditionen verbunden waren – und doch ein halbes Jahrhundert lang große Herrscher und große Staatsmänner, aber auch Kant und Hegel, Schleiermacher und Schelling, Kleist und Novalis, Savigny und Ranke, Clausewitz und Humboldt, Schadow, Rauch, Gilly und Schinkel.

Den Namen Spree-Athen trug dieses Berlin wohl mit größerem Recht als Dresden den eines Elb-Florenz, wozu ihm über aller Schönheit dann wohl doch eines fehlt: die Renaissance.

Sehr früh schon, in einem Privatbrief, schrieb Bismarck: »Gott wird wissen, wie lange Preußen bestehen soll. Aber leid ist mir's sehr, wenn es aufhört, das weiß Gott!«

Preußens Wiederkehr

Sonderbarer Staat, dessen Abschaffung die ganze Zeit seiner Dauer gedacht wird. Als er im eigentlichen Sinne die europäische Bühne betritt, hält sein König Preußens Beseitigung durchaus für denkbar, und seine Auflösung wird, Muster der späteren polnischen Teilungen, tatsächlich ernsthaft erwogen. Genau ein halbes Jahrhundert später geht der korsische Imperator mit konkreten Aufteilungsplänen um, und Preußens leitender Minister, Freiherr vom Stein, spricht den merkwürdigen Satz, daß Preußen unbetrauert und ohne Nachruhm vergehen werde.

Das ist wiederum eindreiviertel Jahrhunderte her, und es gibt Preußen nicht mehr; aber plötzlich ist das vergessene Gebilde wieder aus der Tiefe der Geschichte aufgetaucht und hat noch einmal Emotionen in Bewegung gesetzt. Das zu Ende gehende Jahr ist, auf dem Felde der Selbstvergegenwärtigung, von dem Nachdenken über Preußen geprägt worden.

Der Vorgang, der übrigens entgegen mancher Erwartung ein innerdeutsches Ereignis geblieben ist, das draußen bestenfalls in ein paar unbesorgt-interessierten Berichten verzeichnet wurde, hat das Wort von der Preußen-Nostalgie aufkommen lassen, wobei sich alle Welt einig zu sein schien, daß das erinnernde Heraufrufen des untergegangenen Staates, das in der Tat in beiden Teilen Deutschlands stattgefunden hat, erstens ganz und gar verblüffend und zweitens beunruhigend, wenn nicht gar gefährlich sei.

Solche Überraschungen und solche Sorgen sind höchst sonderbar. Es war doch viel merkwürdiger, daß Preußen so viele Jahrzehnte im Bewußtsein der Deutschen keine Rolle gespielt hat, als daß man sich ein Vierteljahrhundert nach seinem Untergang des glanzvoll-problematischen Staates wieder erinnert. Als die Siegermächte von 1945 erst den größten Teil seiner Territorien an sich rissen und an seine Nachbarn verteilten und dann die staatliche Existenz Preußens für ausgelöscht erklärten, war eigentlich alles zu erwarten, nur dies nicht: daß die fünfzehn Millionen Preußen aus den östlichen Teilen des Landes – vergleichbar der gesamten Bevölkerung Schwedens, Dänemarks und Norwegens –, die als Flüchtlinge in den Westen gekommen waren, dort nach der denkbar kürzesten Anpassungszeit heimisch würden und ruhige Bürger eines neuen Landes.

Man muß nachlesen in den deutschen und ausländischen Zeitungen jener unmittelbaren Nachkriegszeit, um sich die Befürchtungen dieser Epoche in die Erinnerung zu rufen – daß nämlich das Heer dieser Entwurzelten einen sozialen und politischen Sprengstoff abgeben würde, der auf Generationen die Stabilität jedes Nachfolgestaates des ehemaligen Deutschen Reiches bedrohen werde. Das Gegenteil ist geschehen, ein sonderbar friedliches Gemeinwesen ist entstanden, das seine Nachbarn ein Vierteljahrhundert hindurch bestenfalls durch die Exportkraft seiner Wirtschaft und durch die Solidität seiner Währung erschreckt hat. Und das soll nun durch eine Ausstellung und ein paar Dutzend Bücher gefährdet werden können, von denen sich die meisten ihrem Gegenstand noch dazu mit großer Vorsicht und abwägender Skepsis näherten?

Die Nervosität angesichts der puren Erinnerung an Preußen ist das eigentlich Auffällige und Überraschende an dem, was man sehr zu Unrecht Preußen-Verklärung nennt. Ist es mit dem politischen und geistigen Fundament des neuen Staates so bedenklich bestellt, daß vom bloßen Erinnern des ein für allemal Vergangenen schon Bedrohung ausgeht? Drei Dutzend neue Bücher über Napoleon in Frankreich, ein halbes hundert über das ebenfalls zerbrochene Empire in England, aber bei uns ein einziger Band über Friedrich, den den Großen zu nennen fast schon anrüchig ist, und schon wanken die Grundlagen des Staates?

Das alles gibt nur Sinn, wenn die Macht der Erinnerung Kräfte freisetzen kann, die Gewalt über die Geschichte haben, und tatsächlich ist es dies, was im zurückliegenden Jahr geschehen ist. Im Preußen-Jahr ist Deutschland nicht Preußen, sondern sich selbst begegnet.

Damit ist nur am Rande die Faszination gemeint, über die die verblichene Größe des alten Preußen noch heute verfügt, wenn auch ein Gefühl des eigenen Mangels in dem bewundernd-erschreckten Staunen vor dem Gewesenen zu stecken scheint, und insofern sagen denn die heutigen Emotionen zumindest ebensoviel über die neue Republik aus wie über Preußen, das ja schon längst vergangen war, als die alliierten Totengräber es 1946 zu Grabe trugen. Eine Empfindung der eigenen Dürftigkeit, der glanzlosen Nüchternheit, der geschäftigen Ungeistigkeit ist ja unverkennbar in der gegenwärtigen Erörterung preußischer Zustände, und alles Freilegen von sozialen Gebrechen hat es ja auch schwer vor dem geistigen Glanz, der von dieser Welt zwischen Schlüter und Schinkel, Schadow und Rauch, Novalis und Kleist ausgeht, von Kant und Humboldt zu schweigen.

Nur Oberflächlichkeit kann hinter den Preußen-Unternehmungen beider Teile Deutschlands preußische Renaissance heraufziehen sehen. Dazu fehlt hier wie drüben alles – eine in Aristokratie, Heer und Beamtenschaft gegliederte Führungsschicht, rationalistische Zweckmäßigkeit, pietistische Frömmigkeit und eine herrische Sozialdisziplin, die die Wohlfahrt nur der Effizienz wegen meint. Die autoritäre Zentralisierung der Verwaltungsapparatur aber hat am Ende doch mehr mit dem Ordnungsgefüge aller totalitären Volksdemokratien als dem aufgeklärten Absolutismus von Potsdam zu tun. Eher gleichen die Handlungsabläufe in

Ostberlin denen in Budapest und Sofia als denen von Potsdam. Eine Emotion aber, die sich auf kein Staatsterritorium und kein Staatsvolk beziehen kann, bringt es nicht einmal zur Nostalgie, bestenfalls zum Sentiment.

Wer Formen für Inhalte und Inhalte für Lebensweisen nimmt, mag vor Schimären erschrecken, der Wachablösung dort und der Fridericus-Vitrine hier. Beides aber sind historische Dekorationen, Schaustellungen und Ausstellungen, Formen, die nicht mehr geraten wollen. Drüben unter sowjetischen Flachhelmen ein heruntergekommener Stechschritt, sibirische Fellmützen auf sächsischen Arbeiterköpfen: Ein Vasallenstaat, vorwiegend von Sachsen, Thüringern und Mecklenburgern bewohnt, muß wie ganz Osteuropa die Karte der russischen Waffenbrüderschaft ausspielen, weil es fremder Herrschaftswille verlangt. Hier eine Ausstellung, die geistig nichts will und zu nichts Mut hat, nicht zur Verführung und nicht zur Verweigerung, und die am Ende nur den englischen Satz belegt, daß ein Kamel ein von einem Gremium entworfenes Pferd ist.

Es ist, im zu Ende gehenden Jahr, etwas ganz anderes aufgebrochen als Preußen. Ein zutiefst unpreußisches Mitteldeutschland, das die Modernisierungsenergie einer überkommenen Führungsschicht durch einen hinterwäldlerischen Staatssozialismus ersetzt hat, und ein hocheffizientes Westdeutschland, dessen historische Berührungsangst jahrzehntelang nur noch Revolutionspathos und Unterschichtenproblematik kannte, sind eingeholt worden von der Geschichte. In Preußen ist die Nation auf sich selber gestoßen.

Das macht den merkwürdig historischen Charakter aller Preußen-Bemühungen des Jahres aus. Preußen ist, in all diesen Büchern, Ausstellungen und Diskussionen, voller Melancholie betrachtet worden und mit Mißtrauen; immer aber als etwas ganz und gar Vergangenes. Es hat, zu aller Überraschung, ein archäologisches Unternehmen stattgefunden, das einen Körper freilegte, den die einen verwest fanden und die anderen von unvergänglicher Schönheit. Aber es hat keinen Augenblick ein Zweifel bestanden, daß es ein Katafalk war, dem die Andacht galt. Es hat keine Wiederbelebung gegeben, und es wird keine geben, nach dem Schauerstück in der Garnisonskirche war dies das letzte und endgültige Leichenbegängnis.

Es hat etwas anderes stattgefunden im Preußenjahr. Eine Nation, die am Fehlen der Leidenschaft gesundet ist, überraschte die Welt und sich selber durch das Hochkommen der deutschen Frage und durch das Hin- und Herwenden des Nationbegriffs.

Preußen, unter dem Fluch seiner Geographie geboren und vom ersten Moment an auf das *corriger la figure de la prusse* angewiesen, konnte tatsächlich immer weggedacht werden: Darin teilte es das Schicksal der anderen europäischen Zwischenmächte Hannover, Sachsen und Polen. Es blieb, solange ein europäisches Interesse an seiner Erhaltung bestand. Da es zu weit ausgriff und das Unglück hatte, erst in die Epoche des Nationalen zu geraten und dann Spielball des Völkischen zu werden, kann es, anders als Polen, nicht zurückgedacht werden. Was es, über eine grandiose Erinnerung hinaus, zurückgelassen hat, ist nicht so sehr seine hinfällige Idee als *die preußische Lage*. Nicht durch seine Gegenwart hat es noch einmal Macht über die Geschichte, sondern durch sein Fehlen.

Ausstellungen bewirken nichts; sie spiegeln etwas. Die Preußen-Ausstellung hat nichts in Bewegung gesetzt, sondern etwas deutlich gemacht: daß die Nation sich ihrer geschichtlichen Lage nicht entziehen kann, indem sie sich eines Staates entledigt.

Abschied von Alteuropa

Der lange Weg in die Häßlichkeit

Zu den ins Auge fallenden Erscheinungen jener Epoche, die nach der Französischen Revolution kam, gehört die fortschreitende Unsicherheit in allem Geschmacklichen. Dies gilt für alle Bereiche, von der Selbstdarstellung des Staates, der – wie jeder Blick auf den viktorianischen oder wilhelminischen Hofstil lehrt – seit der Mitte des neunzehnten Jahrhunderts mit sich nicht ins reine kommen kann, bis zum Lebens- und Wohngefühl des Bürgers, der in denselben Jahrzehnten anfängt, seine heiteren Biedermeierwohnungen mit Vertikos und Buffets zuzustellen.

Besonders auffällig ist diese Kunsteinbuße im Falle der Hersteller von Kunst. Jahrhunderte hindurch hatte der Künstler sich eine Arbeits- und Wohnwelt geschaffen, die den Anspruch seines Werkes auf sehr exakte Weise spiegelte. Das galt nicht nur für die Künstlerinterieurs der Renaissance oder des Barock; noch an den Arbeitsstuben von Schiller oder Humboldt war der Zuschnitt ihres Werkes abzulesen gewesen. Nun plötzlich sind Nietzsche, Fontane und Thomas Mann von Mobiliar umgeben, dessen ästhetische Banalität ihre formale Kunstanstrengung dementiert. Die Erfindungen der Tiefenpsychologie, Zwölftonmusik und Relativitätstheorie finden in Zimmern statt, die sich nur im Zuschnitt von der Portierenwelt Wilhelm II. unterscheiden.

Diese geschmackliche Verarmung, die geradezu das Signum der Moderne ist, wurde mitunter gesehen, kaum je aber zureichend interpretiert. Die landläufige Auskunft weiß von der Maschinenwelt, die an die Stelle der alten Handwerksarbeit getreten sei, und tatsächlich beginnt ja in diesen ersten Jahrzehnten des neunzehnten Jahrhunderts jene serienweise Produktion von Gebrauchsgütern, die bis dahin in der Nachfolge Roentgens allein der Möbelfabrikation privilegierter Hofhandwerker vorbehalten gewesen war. Aber dies erklärt nicht, weshalb der strenge Biedermeiertisch um 1840 gedrechselte Beine und Löwenfüße erhält und die klare Lehne des Stuhls Schnitzwerk erhält, welches das Sitzen unbequem macht.

Die ästhetischen Folgen frühindustrieller Produktionsprozesse halten sich während der ersten Jahrzehnte in engen Grenzen und bringen nicht selten eine geschmackliche Verfeinerung mit sich. Nie sind die Intarsien auf den Möbeln des Dixhuitième so raffiniert gewesen wie in jenen Möbel*manufakturen*, in denen man zur spezialisierenden Arbeitsteilung zwischen Schreinern, Schnitzern, Spiegelmachern und Vergoldern übergegangen war. Der Schmuck aus Eisen aber wird in Berlin und Schlesien in regelrechten Fabriken hergestellt, in denen Scharen von Gesellen die Formen ausgießen, die von den ersten Künstlern der Epoche, von Schadow bis Schinkel, gezeichnet worden waren.

Die Fabrikwelt war der Anhebung des Niveaus fähig, wie auch die Eisenkonstruktionen zeigen, die als gläserne Gewächshäuser an die Stelle oft plumper Orangerien treten; gegossene Brückengeländer mit Akanthus- und Palmettenmotiven geben der Überspannung von Teichen und Bächen eine Grazie, von der die alten hölzernen oder steinernen Stege nichts wissen.

Anderes muß im Spiel sein. Weshalb sinkt der Geschmack auch da ab, wo die Herstellungsweise unverändert bleibt? Wie kommt es, daß der Dorfschreiner um 1860 mit den Proportionen eines gegliederten Fensters nicht mehr umgehen kann, und weshalb weiß um 1870 kein ländlicher Maurer mehr, wie Tore, Türen und Fenster über eine Fläche zu verteilen sind? Noch zehn Jahre weiter, und der städtische Baumeister hat jedes Gefühl für das Volumen von Gesimsen und die Proportionen von Dachgauben verloren. Fällt der Blick auf ein nobles Haus in den Straßen des späten neunzehnten Jahrhunderts, so lehrt die Eintragung im Grundbuch zumeist, daß es ein siebzigjähriger Baumeister zeichnete, der noch aus der Architekturwelt vom Anfang der Epoche kommt.

Die traditionellen Hersteller von Serienware aber, die großen Porzellanmanufakturen, spiegeln die Einbuße an Geschmackssicherheit am deutlichsten. Nichts hat sich an der Technik der Produktion geändert, und doch verlieren die Formen ihre Eleganz und die Bemalungen ihre Sensibilität für die Zulässigkeit von Farb- und Goldkombinationen – weshalb denn bis zur Entdekkung des Trödels die Kunsthäuser keine Objekte nach der zweiten Hälfte des Jahrhunderts führten.

Erst die emotionale Flucht aus der Industriewelt hat jene Ware hochkommen lassen, mit der sich die Techniker der Mikroprozessoren und Roboter umgeben, und die für kein Geschmacksverlangen, sondern für eine Fluchtmentalität steht, so daß denn der Flohmarkt das deutlichste Signal des Überdrusses der Epoche an sich selbst ist.

Der Häßlichkeitsprozeß, der in sich beschleunigendem Maße die hundert Jahre zwischen 1880 und 1980 prägt und nur von vorübergehenden Kunstanstrengungen wie dem Jugendstil und dem Bauhaus unterbrochen wird, bis dann die zweite Gründerzeit nach diesem Kriege auf nahezu jedem Gebiet, von der Möbelindustrie bis zum Städtebau, den Bestand an Schönheit auslöscht, kommt nicht aus technischen, sondern aus geistigen Prozessen, die ja auch auf jedem anderen Feld zur Auflösung von Formen geführt haben. Es ist der Untergang jener alten Handwerkskultur Europas, die über ein Jahrtausend durchgehalten hatte und nun längst hinter dem Horizont versunken ist.

Nur die Stile hatten sich ja zwischen Gotik, Renaissance und Barock gewandelt, aber die Arbeitswelt war in all dieser Zeit so unverändert geblieben wie Auftragsvergabe und Absatzprozedur. Jede Betrachtung von Werkstattbildern des fünfzehnten oder achtzehnten Jahrhunderts zeigt, wie gleich sich das Machen wie das Verkaufen geblieben war. Der Kunde betrat die Werkstatt und gab eine Truhe, einen Schrank oder eine Bettstatt in Auftrag, die dann nach neuestem Geschmack gefertigt wurden – der des Zunftverbots von Import und Export wegen regional gefärbt war, weshalb denn der Würzburger Dielenschrank anders als der Frankfurter Wellenschrank aussah, und das geübte Auge die Kommode, die späteste Erfindung der Möbelkultur übrigens, aus Schwerin auf einen Blick von der aus Potsdam oder Weimar zu unterscheiden weiß.

Nicht anders war es beim Künstler, der ein *Auftragnehmer* war; der Kunde entschied nicht nur über Bildformat und Gußmaterial, sondern nicht selten auch über das Motiv. Schadow erfüllt ganz selbstverständlich die inhaltlichen Wünsche seiner fürstlichen Besteller, und Schinkel gibt den Bildhauern der Schloßbrückenfiguren durch exakte Vorzeichnungen die Beinstellungen und Armbewegungen der gewünschten Heldenjünglinge an.

Tiefer als alle technischen Neuerungen greift die zunehmende Anonymität von Herstellung und Verkauf in die überlieferte Handwerkskultur ein – auch, wenn dahinter natürlich der aufkommende Massenkonsum steht, der seinerseits durch Serienherstellung möglich gemacht wird.

Im achtzehnten Jahrhundert kommen die Akademie-Ausstellungen auf, im neunzehnten die Galerien. Der Sammler geht nicht mehr zum Künstler, kennt ihn nicht einmal mehr. An drittem Orte betrachtet er Kunstwerke, um das ihm Zusagende zu erwerben. Dies *entbindet* den Künstler, der ja auch ein »freier Künstler« sein will. Freiheit aber ist stets Gewinn und Schwächung zugleich. Die Ferne vom Auftraggeber überläßt ihn der Isolierung, bis er dann in unserer Zeit in den Häusern nicht mehr verkehrt, für die seine Arbeiten gedacht sind. Am Ende stehen ausgreifende Bildformate und raumfressende Blechgestänge, die in der Welt der Kleinappartements nur das Museum will oder niemand.

Die Möbellager aber halten seit der Wende des achtzehnten zum neunzehnten Jahrhunderts *Ware* bereit, sofern sie nicht längst dazu übergegangen sind, Angebotslisten zu verschicken, so daß Unzusammengehöriges und einander Fremdes zusammengetragen werden kann. Das gilt für oben wie für unten. Die Kommerzienrats-Einrichtung spiegelt das Sammelsurium ebenso wie das Meublement der Herrscherhäuser; das alle dreißig Jahre ausgetauschte Mobiliar des Berliner Stadtschlosses oder der Wiener Hofburg zeigt, daß um 1900 der vorläufige Tiefpunkt erreicht ist.

Der Einschnitt um 1800 wird nicht durch die Abfolge von Louisseize, Empire, Klassizismus und Biedermeier gekennzeichnet. Solche Wandlungen hatte es immer gegeben, um 1100 wie um 1400. Es wandelt sich, was immer gleich geblieben war, die Gebundenheit in Form- und Geschmacksüberlieferungen. Die Ära der Revolutionen bringt Befreiungsprozesse der Produzenten wie der Konsumenten, die so tief in das Gefüge eingegriffen haben wie die Ideen von 1789.

Auch wer die Vulgarisierung sieht, die schließlich zu altdeutschen Imbißstuben in stählernen Hochhäusern geführt hat, darf das andere nicht vergessen. Die Blüte zwischen Reformation und Revolution setzte eine »Knappheitsgesellschaft« voraus, in der noch um 1830 nur etwa fünf Prozent der Bevölkerung an der Wohn- und Lebenskultur ihrer Epoche teilhatten. Ganze weitere fünfunddreißig Prozent hatten wenig mehr als eine Tannenholztruhe und ein wenig Linnen; sechzig Prozent besaßen noch in der ersten Hälfte des Jahrhunderts nichts, über das sich testamentarisch verfügen ließ. Armut und Elend bestimmten das halbe Jahrtausend zwischen dem Bamberger Dom und Schinkels Altem Museum; aus dieser Welt, in der zwei von drei Menschen auf dem Lande wohnen, während neunzig Prozent der Produktion in der Stadt stattfinden, ist vorzugsweise deshalb nichts überkommen, *weil es nichts gab.*

Das war das Unaufhörliche – Katen aus Weidengeflecht oder Lehm, eine Liege aus Stroh, einen Haken für die Arbeitskleidung (Schränke und Truhen sind Großbauerngut), der Napf aus Holz oder – ein Zeichen von Wohlstand – aus irdenem Material. Das Bleibende war der Wechsel von Dürre und Überschwemmung zu starkem Frost und zu heftiger Hitze, Fäulnis auf dem Halm und verqueckter Boden. Wenn man ohne allzu große Not über den Sommer kam und bis zur neuen Ernte überdauerte, war es schon ein Geschenk. Die periodisch wiederkehrenden Hungerepidemien sorgten für eine nur wenig schwankende Bevölkerung und also für das Dauernde. Der Wechsel des Natürlichen bestimmte den Rhythmus des Lebens. Burgen, Dome und Schlösser – und zwar in dieser Reihenfolge – spiegelten nicht nur eine jenseitige Welt; sie waren sie, fern und unwirklich.

Jahrhunderte hindurch hatte es in der aristokratischen und patrizischen Sphäre ein ausgeglichenes Verhältnis zwischen Produktion und Kaufkraft gegeben. In Zeiten guter Ernte sank der Getreidepreis, und also blieb mehr Geld für den Erwerb von Luxusgut, und dann blühte das Handwerk auf; nach Mißernten, wie der »kleinen Eiszeit um 1700«, machte der Kornpreis die Anschaffung nur des Allernotwendigsten möglich, und die Werkstätten blieben ohne Auftrag. Der Bestand an Antiquitäten macht heute noch sichtbar, in welchem Maße jeweils Geld verfügbar war, das in den schönen Lebensdekor floß; der Dreißigjährige und der Siebenjährige Krieg sind auch in diesem Betracht ein großer Einschnitt. Für das hochkunstvolle und gebrechliche Gleichgewicht zwischen Produktion und Nachfrage hatte das System der Zünfte gesorgt, das mit Niederlassungsverboten die Konkurrenz abwehrte, um gleichmäßige Beschäftigung zu sichern. Der Meister durfte nur zwei Gesellen und einen Lehrling beschäftigen, weshalb denn der Weg zur eigenen Werkstatt für den Gesellen nicht selten über das Bett der Meisterswitwe führte; er war schon glücklich, wenn es das der Meisterstochter war.
Die Zunftregeln waren nicht nur die Arbeits-, sondern auch die Lebensform Alteuropas gewesen, und wenn sie auch zunehmend als bedrückend empfunden wurden, so hatten sie doch mit der wirtschaftlichen Sekurität des Handwerks auch die künstlerische

Solidität des Hergestellten verbürgt. Keine moderne Qualitätskontrolle kennt die Rigorosität der Zunftprüfungen; das Reglement war streng und konnte die bürgerliche Existenz vernichten.

Diese mit tausend Gebrechen behaftete Handwerkskultur bricht in den Jahrzehnten der Revolutionen zwischen 1790 und 1830 zusammen; die vergleichsweise kleine Produktion ist dem Markt nicht mehr gewachsen, der durch wachsende Bevölkerung bei sich ausbreitendem Wohlstand geprägt wird. Zudem drängte neben das alte städtische Patriziat das neue Bürgertum, bald auch der untere Mittelstand. Das Fallen des Zunftzwangs, die *Gewerbefreiheit*, war eine unvermeidbare Konsequenz. Daß dies in jeder Hinsicht, auch in der des Traditionszusammenbruches, ein revolutionärer Prozeß war, wurde früh schon gesehen, und zwar nicht nur von ständischen Gruppen, sondern auch von geschmacklichen Eliten. Neben dem Verlust des Adelsprivilegs für Heer und Beamtenschaft steht gleich folgenreich der Abbau des Vorrechts der Zünfte.

Jetzt drängen Werkstätten mit Dutzenden, in Paris und London mit Hunderten von Gesellen auf den Markt und befriedigen fabrikmäßig die Nachfrage. Wo der Geselle einst Jahrzehnte in der Werkstatt des Meisters gearbeitet hatte, machte er sich nun nach kürzester Zeit selbständig; frei zwar, aber ungeborgen, in materieller wie in geistiger Hinsicht. In wenigen Jahrzehnten zerbricht mit der Organisationsform auch der Traditionszusammenhang des Handwerks; es ist alles möglich, weil alles verfügbar ist.

Es ist die *Bourgeoisie*, die hochkommt und deren Verlangen weder nach dem Vorbildhaften, noch nach dem Prestigehaltigen geht. Nun plötzlich werden Bronceappliken an Möbeln montiert, wo sie nichts zu suchen haben, und die *nouveau riche* will auf dem Porzellan die prächtige Bemalung, die den edlen Scherben nahezu zudeckt. Eben noch hatte der Meister mit dem Auftraggeber kennerisch die Entwürfe für das Rocaille durchgesprochen, und Langhans legte sieben Entwürfe für das märkische Gutshaus vor, dessen Besitzer Erinnerungen an italienische Aufenthalte wieder-finden wollte. Auch der König wollte ja in Berlins Kirchen fernen Reminiszenzen an oberitalienische Campanili begegnen. Nun wußten weder Bauherr noch Baumeister um das Raffinement erinnernden Geschmacks. Produzent und Konsument stehen sich gleich ahnungslos gegenüber, beide einander würdig. Mit der Erfindung des Preisgerichts notifiziert der Bauherr seine Abdan-kung.

Die Maschinen sind unschuldig, sie könnten strenge Lehnen leichter als geschnitzte herstellen. Es ist der Geist, der verdorben ist und seine Unschuld nie wieder gewinnen wird. Was danach kommt, ist Industrie. Das Bauhaus gibt seine Legitimität auch darin zu erkennen, daß es ungleich Jugendstil und Art deco keinen neuen Möbelstil mehr sucht, sondern ihn abschafft. Schränke, Kommoden und Truhen werden in Wandräume verbannt, und zum Sitzen sind Gurtgestelle da. *Es geht nicht mehr.* In die freien Räume aber drängt der Tand von gestern.

Das neue Jahrhundert hat viel gegeben und viel genommen. Der ungeheure Befreiungsprozess, der über Europa gekommen ist, hat Versklavungen mit sich gebracht, von denen sich das alte nichts träumen ließ. Die kaum glaubliche Vermehrung von Wohlstand wurde mit einer Verarmung bezahlt, die spät erst ins Bewußtsein trat. Die hilflose Verweigerungsgeste ländlicher Kommunen ist nur der armselige Ausdruck dafür, daß der Rechnungsbetrag für den Fortschritt eingetrieben wurde. Aber die Einbringung gerin-ger Hektarerträge, die Herstellung unbrauchbarer Gerätschaften und die Verfertigung handgesponnener Röcke sind kein Ergebnis von Denken, sondern ein Anlaß zum Denken. Welche Empfin-dungen und Einbußen bringen sich hier zur Geltung?

Über einander ablösende Zuversichten und wechselnde Glücks-verheißungen hinweg ist spät erst in das Bewußtsein getreten, daß mit dem inspirierenden Elan der Revolutionen nicht ein Stil und eine Epoche endigte, sondern eine Welt. Es ist die Welt Alteuro-pas, das mit seiner Not auch sich selber abschaffte. Es war eine

Welt, in der es über ein Jahrtausend hinweg zur Ernährung eines Menschen der Ackerfläche von vier Morgen Land bedurfte und das scheinbare Gleichmaß des ländlichen Lebens vom ständigen Wechsel zwischen zuviel Trockenheit und zuviel Regen bestimmt gewesen war, und ein harter Winter – nach Michael Stürmers kräftiger Wendung – »fleischlose Suppen, Teuerung, Auflösung von Recht und Gesetz, Arbeitslosigkeit und Wanderung ins Nirgendwo« bedeutet hatte. Aber darüber hatte sich auf der obersten, der schmalsten Spitze die Entrücktheit der Kathedralen, die Zuflucht der Klöster, der Glanz der Schlösser und in der Ferne irgendwo auch *la douceur de vivre* erhoben – von unwirklicher und grausamer Schönheit.

Raffinement des Verzichts

Zu den Signalen, mit denen sich das Endigen einer Epoche ankündigt, gehören auch Veränderungen in jenem Formenreservoir, das ihr zum Selbstausdruck und zur Selbstfeier dient. Längst bevor die Wende da ist, pflegen sich neue, meist aus weiter Ferne kommende Stilelemente ins Spiel zu bringen, in denen sich eine neue Philosophie zu Wort meldet. Die Erschöpfung des Überkommenen findet im Bewußtsein eher als in der Wirklichkeit statt, und in diesem Sinne zählt das Hochkommen eines neuen Stils stets zu den Warnungen erster Ordnung.

Im achtzehnten Jahrhundert hat es an seismographischen Mitteilungen solcher Art nicht gefehlt. Der Wille zur Klassik, der schon in den Renaissancen des neunten, zwölften und fünfzehnten Jahrhunderts Epochenwenden markiert, ist fast gleichzeitig mit der Revolution um 1790 voll etabliert und beherrscht dann Europa bis zur Mitte des nächsten Jahrhunderts. Es sollen noch Jahrzehnte vergehen, und der höfischen Kultur stehen ihre letzten Verfeinerungen erst bevor, aber der Traum von der logischen Einfachheit und der Gesetzlichkeit der Vernunft wird nicht mehr versinken. Hinter dem Rankenwerk des Rocaille ist die Verführung der reinen Linie, des rechten Winkels und des Kreises aufgetaucht – Säule, Kubus und Pyramide.

Nicht nur in den Hexenprozessen des untergehenden Mittelalters werden die Instrumente vor dem Vollzug gezeigt; auch die Revolution gibt die Maße zu erkennen, mit denen sie den Tempel der Vernunft aufzuführen gedenkt, vor dem dann die Guillotine

74

errichtet wird; die Heiterkeit Alteuropas wird der Reinheit und dem Strengen weichen; das Einfache ist das Schöne, und das Schöne ist das Wahre, das die Vernunft ist.

Auf den englischen und kontinentalen Pastellen des frühen neunzehnten Jahrhunderts sind mitunter Damen zu sehen, die statt glitzernder Colliers Schmuck aus fahlem und schwarzem Material tragen, obgleich ihre Toilette zu erkennen gibt, daß es sich nicht um Portraits von Trauerfällen handelt. Es ist jener filigranhafte Schmuck aus Eisen und Stahl, der seit kurzem aus langem Vergessen auf die Dekolletés der Damen und in die Vitrinen der Sammler zurückgekehrt ist.

Die herkömmliche Meinung, die biedermeierliche Schätzung des neuen Materials sei ein Erzeugnis der europäischen Verarmung in der Epoche der Napoleonischen Kriege, die notgedrungen Eisen für Gold genommen habe, weiß von geschichtlichen Vorgängen so wenig wie von Wandlungen des Bewußtseins, das der Notdurft stets voraus ist.

Der englische *cut-steel,* als *Birmingham toys* um 1760 entwickelt, erlebt nämlich seine künstlerische Blüte in dem Jahrzehnt vor der Französischen Revolution, und das Berliner Eisen ist nie raffinierter gewesen als im Jahr der Schlacht von Jena und Auerstedt, die Preußens Dixhuitième an sein Ende brachte und seinen Haushalt ruinierte. Schon 1788 besucht Friedrich Wilhelm II. die Gußstätten von Gleiwitz, zwei Jahre später tragen sich Goethe und Karl August in das Gästebuch ein, und 1798 führt Friedrich Wilhelm III. Königin Luise durch die oberschlesischen Gießereien, die das Staunen Europas sind. Der Zusammenbruch des preußischen Staatshaushaltes wird erst ein Jahrzehnt später stattfinden.

In all diesen Fällen laufen die äußeren Dinge den inneren Entwicklungen hinterher, und als das *Berlin-iron* oder *fonte de Berlin* sich dann die Gesellschaft von London und Paris erobert – wo man, wie in ganz Europa, vergeblich Gußtechniken zu entwickeln suchte, um das *ferre de Berlin,* jene gazeartig aus Eisendraht geflochtenen Colliers selber herzustellen und sich so von den Werkstätten in Gleiwitz und Berlin unabhängig zu machen –, hat sich Europa von der Epoche der Revolutionen und Kriege längst wieder erholt.

Schon kurz nach Waterloo bricht um 1820 in England und dann 1830 in Paris, Wien und schließlich auch in Berlin ein Jahrzehnt der Hochkonjunktur an, das eine vordem ungekannte Massenkaufkraft schafft. Es ist jenes Jahrzehnt, in dem – bei nachlassender Eleganz – Produktion und Absatz von englischem Stahl und preußischem Eisen auf den Höhepunkt kommen. In keinem Schmuckkasten von London, Paris und St. Petersburg fehlen um 1840 Dinge aus kühlem, glattem Eisen, das mitunter mit glänzendem Stahl kombiniert wird; als die Epoche geschmacklich herunterkommt, werden hervortretende Ornamente gern vergoldet.

Nicht die Armut schafft sich ihr Material für künstlerischen Ausdruck, sondern seelische Erschöpfungen und geschmackliche Verfeinerungen suchen das Raffinement der zurückgenommenen Wirkungen, auf das auch Gillys Pavillons und Schinkels Gartenhäuser setzen. Die *nouveau riche* trägt Gold, als Bürgertum und Aristokratie das schwarze Metall auf weißer Haut wollen.

Es ist nicht die Abkehr von Luxus, die den Reifen aus massivem Gold durch das eiserne Diadem mit Akanthus-Ranken ersetzt, für das Schinkel die Vorlage zeichnete; und nicht puritanische Verweigerung gibt statt der silbernen Gürtelschließe das eiserne Tüll-Bracelet, die schwarze Schmetterlings-Brosche, die Bandeaux mit Palmetten-Elementen und die »fallenden Rosen«, die zartes Fleisch durch härtestes Metall zur Geltung bringen; eher ist es umgekehrt.

Tatsächlich ist etwas Unstatthaftes einschlägig, das auf fragwürdige Wirkungen setzt. Dies ist ja die Epoche Restif de La Bretonnes und des Marquis de Sade, die von nervlichen Reizen etwas weiß und Laszivität und Eisenspangen zusammenbringt. Das der Vernunft gewidmete unzüchtige Werk de Sades, zu Teilen in der Bastille geschrieben, ist eine der großen literarischen Hervorbringungen der Revolutionsära, mit der das arkadische Europa abgeschlossen wird.

Der große Geschmackswandel ging vor der großen Umwälzung vor sich, und der endliche Umbruch war nur der Gerichtsvollzieher des Zeitgeistes. Michael Stürmer hat in anderem Zusammenhang die geistvolle Bemerkung gemacht, daß die Paläste stets erst gestürmt werden, wenn sie längst unbewohnbar geworden sind, »Gehäuse für Gespenster«. Tatsächlich haben sich die Salons jener anderen *belle époque* bereits entleert, als durch die Straßen von Paris die Marktweiber ziehen, derer man am vierzehnten Juli gedenkt.

Längst bevor die Blumen welken, haben sie ihren Duft verloren, und nicht der moralische Rigorismus der nach oben Drängenden räumt die Salons des Rokoko ab, sondern die nach neuen Geschmackssensationen suchenden Eliten, die zum Mäzen eines Raffinements werden, welches Verfeinerung und nicht Verarmung meint. Es ist die Geistesgeschichte des Klassizismus, die damit anfängt.

Aller Klassizismus ist Sehnsucht nach rückwärts und Hoffnung nach vorne zugleich: Es ist die Kunst der heraufdrängenden Schichten, auch wenn sie davon nichts wissen. Natürlich machte der neue Geschmack, der intarsierte, geschwungene Möbel gegen glatte Flächen aus Mahagoni und Ebenholz eintauschte und im neuen Jahrhundert dann im bürgerlichen Milieu zu Birke, Esche und Obstholz überging, Serienfabrikation möglich und Herstellung aus Elementen, und insofern war er die Voraussetzung der massenhaften Verbreitung von Kunstgütern, die das neunzehnte Jahrhundert von allen vorausgegangenen Epochen abhebt.

Dies gilt auch für den Schmuck aus Eisen, den nun nicht mehr die Meister in jenen kleinen, ebenerdigen Werkstätten fertigen, die in der Cardillac-Erzählung E.T.A. Hoffmanns beschrieben werden, sondern in fabrikhaften Gießereien, in denen Gesellen die Modelle Schadows oder Schinkels in Gußformen umsetzen, so daß auch hier Serienfertigung Ergebnis und Voraussetzung der neuen Epoche ist. Das Handwerk verfällt, aber die Fabrikation kommt auf ihren Höhepunkt, weil die ersten Künstler der Zeit die Entwürfe zeichnen.

Aber niemand hat soziale Ideen im Auge, wenn er Entwürfe *à la grecque* zeichnet, man will nicht Bürgerstuben ausstatten, indem man den Feuersalamander und die Sphinx auf das Kamingesims bringt. Der Siegeszug des neuen Dekors wurde von Aristokraten und reichen Kaufleuten getragen, die übermüdete Nerven mit kühnen Gedanken verbanden. Es ist das Pathos der Philosophie, das sich an die Säulen von Paestum und die Architrave von Rom heftet, weil nur das Einfache das Vernunftgemäße ist.

Das Auftauchen des *griechischen Styhls* auf den Porzellanen, Möbeln und Bijouterien des Jahrhunderts signalisiert, daß die Epoche ihrer selbst überdrüssig geworden ist. Hinter all diesen Lehnen mit Lyra-Motiven, mythologisierenden Stahl-Medaillons, den Proserpina-Ketten und Leuchtern in Karyatiden-Form steht der Vers Stefan Georges – der nicht zufällig die herausfordernden Zeilen auf die Spange aus »kühlem glatten Eisen« geschrieben hat – *Wie bin ich der Blumen müd, der schönen Blumen müd!* Er kommt aus einem anderen Jahrhundert, aber aus derselben Seelenlage.

Das alles gilt auch für die neuen Materialien, hinter denen ohnehin die Faszination des technisch Machbaren steht, seien es die Manufakturen von Sèvres und Wedgwood oder die Gießereien von Gleiwitz, Sayn, Lauchhammer und Berlin. Dem einfachsten Stoff, gebranntem Ton und flüssiggemachtem Eisen, ringt man die zartesten und delikatesten Wirkungen ab, und die Mechanik des Herstellens fordert die Vervielfachung geradezu heraus.

Die Treibenden aber waren die Spitzen der höfischen Gesellschaft, die von den Frivolitäten des Rokoko zur antikisierenden Simplizität der Gedankenkunst trieben, während man unten noch die Kunst des Vortages repetierte. Aber die Logik von Material und Form drängte zur Maschinenwelt, wie denn die jetzt entstehenden Serienmanufakturen mit Arbeitsteilung und Teileproduktion die Fabrikstätten des nächsten Jahrhunderts vorweg nehmen.

Nur ein paar Jahrzehnte später, und aus dem gleichen Stoff werden Lüster und Lokomotiven gegossen, Figurinen und Isolatoren. Der Schmuck, verfertigt aus glänzendem Stahl oder aus schwarzem Eisen, ist alles das zugleich: lüstern und streng, gewollte und erzwungene Verweigerung von Luxus und außerdem höchstes Raffinement, sentimentale Huldigung an die Götter Griechenlands und Roms und selbstgewisses Ausspielen modernster Möglichkeiten, romantisches Spiel und blutiger Ernst – wie das neue, das eiserne Zeitalter, das mit ihm heraufzieht und das nun schon wieder hinter dem Horizont versinkt.

Das sind Dinge, von denen wir etwas verstehen. Der schmerzliche Geschmack von Untergang liegt über dem alten Europa: Großbürgervillen, die längst unbewohnbar geworden waren, bevor das artifizielle Lumpenproletariat sie besetzte; Avenuen und Boulevards, die zwischen der Fifth Avenue, der Via Veneto, den Champs-Elysées und dem Kurfürstendamm der Gesellschaft ermangeln, die sie einst bevölkerte und rechtfertigte, und dann ein zur Bourgeoisie heruntergekommenes Bürgertum, dessen Söhne und Töchter von den Heiterkeiten des Genusses so wenig wissen wie von dem Rigorismus des strengen Denkens: Das biodynamische Gemüse verschreckter Romantiker ist das selbstgemahlene Mehl aus dem Weiher von Marie Antoinette; und beide Male geht man in Jeans zum letzten Tanz.

Jahrhundertwende

Die Tradition der Traditionslosigkeit

Zu den Traditionen Berlins gehört die Geschichtsvergessenheit im Umgang mit sich selbst. Natürlich erneuern sich alle großen Städte durch den Verbrauch ihrer Substanz, und auch das Rom des Augustus hatte nur wenig Ähnlichkeit mit dem der Scipionen. Aber das Alte ragt doch sonst überall in das Neue hinein, und wie uns in Paris ganze Quartiere aus dem siebzehnten Jahrhundert überkommen sind, so drängen sich noch heute um die Hofburg die Palais des theresianischen Zeitalters.

Einzig in Berlin verzehrt jede Epoche die vorausgegangene: Die Stadt entwirft sich alle dreißig Jahre neu. Das friderizianische Berlin hält kaum bis zum Ende des Jahrhunderts vor; dann ist die vorwiegend zweigeschossige Bebauung durch Abriß oder Aufstockung verwandelt. Aber auch dieses Berlin des Übergangs vom Rokoko zur Vorklassik ist um die Mitte des nächsten Jahrhunderts nahezu unkenntlich geworden. Wie die Veduten Kloses oder Hintzes zeigen, nimmt die Stadt in der kurzen Spanne Friedrich Wilhelms III. ein klassizistisches Gepräge an. Vom Kopfbau des Prinzessinnenpalais bis zur Neuen Wache schieben sich Bauten »in griechischem Stile« in die Anlage des achtzehnten Jahrhunderts hinein. Eben noch hatte Chodowiecki das Brandenburger Tor mit ländlicher Seitenbebauung gezeichnet, jetzt halten die Aquarelle des Biedermeier am Pariser Platz die Adels- und Bürgerhäuser Schinkels und Stülers fest.

Die deutschen Künstler in Rom leben um 1900 in denselben Straßen und Häusern wie um 1800; Begas und Tuaillon verkehrten in eben den Ateliers, die schon Schadow und Rauch gesehen hatten. In Berlin sind die Häuser, in denen Lessing und Jean Paul wohnten, schon nach wenigen Jahrzehnten abgerissen und durch Gebäude »im neuen Geschmack« ersetzt. Die Tagebücher der Berlin-Reisenden im achtzehnten und neunzehnten Jahrhundert geben denn auch alle paar Jahrzehnte das Porträt einer anderen Stadt; selbst jene Bauwerke, die erhalten bleiben, nehmen ständig ein neues Gesicht an. Der kurfürstliche Marstall, 1690 von Nehring erbaut, ist schon 1749 durch Boumann »embellezziert« und beherbergt nun auch die Akademie, woher der Ausdruck kommt, daß in Berlin die Mulis neben den Musis wohnen. Die Domkirche am Lustgarten, gerade erst unter Friedrich Wilhelm II. an die Stelle der alten Hofkirche getreten, wird schon 1817 durch Schinkel fast gänzlich umgestaltet, und ähnlich ergeht es fast allen Palais zwischen Wilhelmsplatz und Neuem Markt.

Aber dieses Nebeneinander so verschiedenartiger Bauten wie Schlüters Schloßfront, Langhans' Lindenpalais und Schinkels Altes Museum fügte sich dennoch bis über die Mitte des vorigen Jahrhunderts zu einem unvergleichlichen Prospekt zusammen – der *glänzendsten Perspektive*, wie man die »Linden« nach Petersburger Vorbild nannte. Das kam daher, daß hier ohnehin alles auf Rom und die Antike bezogen gewesen war und barocke Rom-Verehrung und klassizistische Griechenland-Schwärmerei so weit voneinander nicht waren.

Die Hedwigskathedrale – ein prononciert politischer Bau, der den katholischen Adel Schlesiens für Preußen gewinnen sollte – hatte Friedrich selber nach dem Modell des Pantheon, der Maria rotonda, gezeichnet, und so ist sie das eindrucksvollste Beispiel friderizianischer Antikenrezeption. Das Brandenburger Tor war eine märkische Replik auf die Propyläen, wie auch Gillys Friedrichsdenkmal hellenische Erinnerungen heraufbeschworen hatte. Für die Domkirchen auf dem Gendarmenmarkt aber waren das Vorbild die Zwillingskirchen der Piazza del Popolo, die städtebaulich ja schon die Erschließung der Südlichen Friedrichstadt durch die vom »Rondeel« ausgehenden Alleen inspiriert hatte.

Schaut man näher zu, so schimmert durch das Straßen- und Platzgefüge Berlins überall das antike und römische Muster durch, und zu den Tragödien des Wiederaufbaus nach dem letzten Kriege gehört die Unkenntnis oder Rücksichtslosigkeit, mit der sich die Planenden über die Tatsache hinweggesetzt haben, daß der westliche Teil Berlins einzig in der Südlichen Friedrichstadt an der städtebaulichen Erbschaft der ersten beiden Könige und damit an der Substanz des preußischen Berlin teilhatte.

Vielleicht sollte man sagen, daß Berlin einzig in dieser Vernichtung des Überkommenen sich selber treu geblieben ist. Als Friedrich im Siebenjährigen Krieg Dresden durch ein Bombardement in Schutt und Asche legte, dem an Bedenkenlosigkeit nur die Zerstörung Kopenhagens durch die englische Flotte gleichkam, galt die sächsische Residenz als die prächtigste Stadt nördlich der Alpen; ein halbes Jahrhundert später hatte Berlin nicht nur den Ruhm Weimars verdunkelt, sondern auch den Glanz Dresdens. Für eine flüchtige Stunde war es dabei, Europas schönste Stadt zu werden.

Berlin hat dies alles selber zunichte gemacht, in der Politik wie in der Architektur. Denn die eigentliche Vernichtung der alten Hohenzollernstadt kam mit der Gründung des Reiches. Der *Renaissancismus*, der in den sechziger Jahren über Berlin hereingebrochen war und der nun wieder die klassizistische Stadt demolierte, hatte zwar schon deutliche Fremdkörper in die Physiognomie Berlins gebracht, aber doch ein gewisses Maß an ästhetischer Diskretion bewahrt, was das Gefüge von Stadträumen und die Erlaubtheit von Baumassen anlangte. Noch immer beherrschten die Massen des Schlosses und des Zeughauses die Stadt, und was Stüler, Persius und Strack einfügten, zeigte eine Sensibilität für das Zulässige, die über das Formenrepertoire hinaus vielleicht die größte Leistung der Schinkel-Schule war. Dem Lustgarten wie dem Pariser Platz wurden auf diese Weise sogar räumliche Fassungen gegeben, die sie vorher nicht besessen hatten.

Erst mit den achtziger Jahren des vergangenen Jahrhunderts geht dieser Sinn für das Angemessene verloren. Darin, daß Raschdorff für seinen Dom Schinkels Domkirche und Wallot für das Reichstagsgebäude das Palais Raczynski abreißt, gleichen beide Knobelsdorff und Schinkel, die auch für ihre Planungen das Vorausgegangene beseitigt hatten. Aber deren Genie hatte sich doch auch darin zu erkennen gegeben, daß der eine mit der Oper das Forum Fridericianum im Auge hatte und der andere mit dem Alten Museum den Lustgarten. Nobles war für ihre Dinge gefallen, aber Bedeutenderes war an dessen Stelle getreten. Das Wichtigste war gewesen, daß die jeweiligen Platzräume und Raumgefüge bewahrt und gesteigert wurden. Damit war es jetzt vorbei. Dom, Reichstag und Staatsbibliothek brachten jenseits dessen, was sie für sich selbst bedeuteten, eine schwere Beschädigung ihrer Nachbarschaft. Daß es anders gegangen wäre, zeigten gleichzeitig Messel mit der Museumsplanung und dem Wertheim-Gebäude am Leipziger Platz, das noch Erinnerungen an Schinkels unausgeführtes Linden-Kaufhaus heraufrief; Behrens mit der ganz auf die Umgebung bezogenen Botschaft in St. Petersburg und Bruno Paul mit den Magazinen in Dahlem. Es wäre gegangen, aber es ging nicht.

Wie in die altmärkischen Regimenter zum Mißvergnügen Fontanes die westlichen Prinzen und östlichen Magnaten drängten, so schob sich jetzt in die Kargheit der alten Residenzstadt der Geist der neuen Metropole, deren Sinn auf »Prachtgebäude« ging, wie eine der Lieblingsvokabeln in Robert Springers Berlin-Führer aus dem Jahre 1877 lautete. Heute wird immer wieder davon gesprochen, daß der Zweite Weltkrieg das alte Berlin ausgelöscht habe. Es war auf weite Strecken hin längst vernichtet, bevor man vom Ersten sprach. Vergleicht man die Stahlstiche aus dem Beginn der siebziger Jahre mit den Photographien vom Vorabend des Weltkrieges, so springt es in die Augen, wie das alte Berlin der fünf Residenzstädte von der Königstadt im äußersten Osten bis zur Dorotheenstadt im weitesten Westen in der kurzen Spanne zwischen Deutsch-Französischem Krieg und Erstem Weltkrieg ausgelöscht worden ist.

Vom Belle-Alliance-Platz kann man schon um 1900 bis zum Alexanderplatz gehen, ohne mehr als ein halbes Dutzend Häuser aus klassischer Zeit zu finden. Einzig das Kollegienhaus, das spätere Kammergericht und jetzige Berlin Museum erinnert noch daran, daß dies eine Anlage ist, die Friedrich III. als Kurfürst entworfen hatte und nach seiner Krönung als König Friedrich I. ausführen ließ. Am Gendarmenmarkt aber wird die friderizianische Randbebauung, die ganz auf die Masse der zentralen Bauten bezogen gewesen war, niedergelegt, und Schinkels Schauspielhaus wie Gontards Domkuppeln werden eingezwängt zwischen sechsgeschossigen Geschäftsgebäuden. So wird in wenigen Jahrzehnten ein Raumgefüge zerstört, das eben noch mit der Place des Vosges und der Piazza Navona um den Ruhm stritt, Europas schönster Platz zu sein. Der Alexanderplatz, einst als »Ochsenplatz« zu den ländlichen Barockräumen Berlins zählend, ist bis in das Platzgeviert hinein nicht mehr erkennbar. Die erste Republik hatte alles Recht, die besten Köpfe des zeitgenössischen Bauens für seine Erneuerung zu bemühen. Die idealistische Utopie Mies van der Rohes, die Bomben der Alliierten und der provinzielle Avantgardismus Ost-Berlins haben dann gemeinsam jene öde Großmannssucht zustande gebracht, die den heutigen Alexanderplatz kennzeichnet.

Die Stadt, die sich anschickte, den älteren und legitimeren Kapitalen Europas den Rang abzulaufen, gibt es schon zwei Generationen später nicht mehr. Das Paradoxe ist, daß eben der Monarch, der in der Siegesallee die mittelalterliche Geschichte seines Hauses beschwört, dessen steinerne Hinterlassenschaft fast vollständig zerstört.

Natürlich hat dieser Vandalismus, der gegen sich selber gerichtet ist, mit der Jugendlichkeit der Spreestadt zu tun. Von Rom über Paris und London bis nach Wien sahen die Metropolen sonst überall auf alte Größe zurück, und die Bourbonen konnten so gut wie die Bonapartes, die Orléans und die Präsidenten der Republik in den Schlössern der Valois residieren. Berlin dagegen mußte sich ja tatsächlich alle paar Generationen neu konzipieren. Eben noch war es Markgrafenstadt gewesen, dann brandenburgische Kurfürstenresidenz, jetzt preußische Königsstadt und über Nacht nun Kapitale des Reichs. Am Ende sollte es zur Welthauptstadt Germanias gemacht werden.

Anfang der sechziger Jahre des neunzehnten Jahrhunderts, als Bismarck die Szene betritt, gewinnt Berlin alle zwei Jahre so viel an Einwohnern, wie es unter Friedrich besessen hatte. Edinburgh hatte eine achtgeschossige und Genua eine sechsgeschossige Bebauung, als in Berlin selbst die königlichen Prinzen in ländlichen Stadthäusern lebten. Noch zur Zeit der Schlesischen Kriege, als es halb Europa widerstand, lag Berlin an Einwohnerzahl, Wirtschaftskraft und Volksvermögen weit hinter Palermo und Lissabon zurück. Die Stadt war wirklich der Parvenü unter den Städten Europas, aber nur noch eine kurze Frist, und dann machte sie von sich reden durch die Ungestümheit, mit der sie der militärischen Bravourtat die geistigen und künstlerischen Geniestreiche folgen ließ; übrigens auch die architektonischen.

Die ständigen Brüche und Neuanfänge kommen daher auch aus der Kurzatmigkeit der historischen Erinnerung und damit des städtischen und staatlichen Selbstverständnisses. Was hatte sich denn schon in den Gebäuden begeben, die man nach ein paar Jahrzehnten immer wieder abriß? Welche historischen Reminiszenzen knüpften sich an Plätze, die gestern noch Exerzierfelder oder Domänen gewesen waren? In Paris war hier der Günstling des Kardinals vergiftet worden, und dort hatte Ravaillac Henri IV. erstochen. In Berlin sprach man vom »historischen Fenster«, weil Wilhelm I. sich in den achtziger Jahren des neunzehnten Jahrhunderts dort zur Wachablösung sehen ließ.

Der vorübergehende Glanz des klassischen Berlin kam fast nur aus der Schönheit, wo er bei den anderen doch aus der Dauer kam, und da die Zeit das Bestehende nicht legitimierte, war auch der Schönheit keine Dauer gegeben. Am Ende des Jahrhunderts wird begonnen, von der Häßlichkeit Berlins zu reden.

Sonderbar ist, daß vorher fast keiner die Selbstzerstörung Berlins gesehen hat. Die nahezu vollständige Planierung des alten Berlin zwischen 1880 und 1910 – die größte Zerstörung, die Berlin je erlebt hat – geht unter dem Beifall der Stadt vonstatten, und erst am Ende des Vernichtungswerks häufen sich die Stimmen, die den Untergang von Unersetzlichem beschwören. Max Osborns immer wieder zitierte Streitschrift »Die Zerstörung Berlins« erscheint kennzeichnenderweise erst 1906.

»Wir, wir selbst sind die Zerstörer Berlins. Mit einem Eifer und einer Rastlosigkeit, als gelte es, eine große und gute Tat zu tun, sind wir dabei, die Reste der schönen Stadt zu vernichten. Denn, so wunderbar es klingen mag: Die Residenz der Preußenkönige war einmal eine schöne Stadt. Ja, mehr als das: Sie war überhaupt eine Stadt, während sie heute mehr und mehr den Charakter einer Häuseransammlung ohne besondere Merkmale annimmt ... Immer wird alles häßlicher und zeitloser statt schöner. Für eine so schwächliche Zeit, wie die unsere, ist dreifacher Respekt gegen die Überbleibsel der Vergangenheit geboten. Aber die Respektlosigkeit gegen die Denkmäler der Stadt ist bei uns eine liebe alte Gewohnheit.«

Diese Gewohnheit im Verleugnen des Gestern nimmt nach den Zerstörungen des Zweiten Weltkrieges eine neue Qualität an. Bisher waren ja immer die Strukturen der alten Stadt respektiert worden, nur ihre Bebauung hatte alle dreißig Jahre – dynastische und sakrale Plätze ausgenommen – dem jeweils Neuen weichen müssen. Legt man die Stadtpläne aus dem siebzehnten, achtzehnten und neunzehnten Jahrhundert nebeneinander, so fällt es in die Augen, wie das Muster der inneren Stadt über den Abriß und Aufbau hinweg dasselbe geblieben ist.

Nun aber ergriff man die Chance der Verwüstung und machte sich daran, das Stadtsystem als solches neu zu entwerfen. Nicht nur der erste Nachkriegswettbewerb, an dem noch Scharoun und Le Corbusier teilnehmen, konzipierte eine gänzlich neue Mitte, in der die erhaltenen Reste des Alten historische Accessoires waren. Auch was danach kam, ging von der Verbesserungsbedürftigkeit der Straßenverläufe aus, wobei von der Abknickung der Potsdamer Straße bis zur Schließung der Jerusalemer Straße die verkehrsmäßige Funktion eines Straßenzuges über dessen ordnungspolitische Bedeutung triumphierte. Es sind diese Eingriffe in die Substanz der Stadt, die schwerer wiegen als die Beseitigung des Cachet von gestern, dem sich heute nostalgisches Verlangen zuwendet.

Die Tragödie des Wiederaufbaus nach diesem Kriege besteht nicht in der Mediokrität des Gebauten, sondern in der historischen Rücksichtslosigkeit: Quartiere, die das Feuer nur ausgeglüht hatte und die Berlin so leicht hätte wiederherstellen können wie Hamburg seinen Alsterbereich und München das Quartier zwischen Feldherrnhalle und Siegestor, hat die Stadt in einer Vandalenaktion »Abriß für den Wiederaufbau« geplant und so ganze Straßenzüge und Plätze beseitigt, deren geschwärzte Fassaden den Spaziergängern noch in den frühen fünfziger Jahren einen Begriff und eine Empfindung vom alten königlichen und neuen kaiserlichen Berlin vermittelten und von der bürgerlichen Weltstadt, zu der sie die Republik dann gewendet hatte.

Dies war ein folgenschwererer Eingriff als das Wüten gegen die klassizistischen und barockisierenden Fassaden, deren Zerschlagung vom Staat subventioniert wurde, der sich das »Modernisierungs-Programm« größere Beihilfen kosten ließ, als sie dem Landeskonservator heute für die Restaurierung und Rekonstruktion des Stucks im Rahmen eines Programms zur »Stadtbildpflege« zur Verfügung stehen.

Blickt man, wieder einmal nach drei Jahrzehnten, auf die wiederhergestellte Stadt, so läßt sich schwer sagen, worin die politische Idee für diesen Aufbau lag. Die Trassenführung der innerstädtischen Autobahnen ist noch auf die Gesamtstadt bezogen und läßt die Hoffnung erkennen, mit der die Nachkriegszeit die Konzeption jenes einheitlichen Groß-Berlin festhielt, die auch hinter dem Wettbewerb aus den fünfziger Jahren stand.

Auch das sonderbare Modell eines »Kulturzentrums« im Niemandsland zwischen »Linden« und Kurfürstendamm hatte

nur dann einen Sinn, wenn man an die Benutzbarkeit des Komple-
xes für beide Stadthälften glaubte. Das Vorhaben, ohnehin aus
einer wunderschönen Zentrenideologie entstanden, die sich auch
in den Stadtbezirken Berlins viel davon verspricht, wenn Bibliotheken, Galerien und Schwimmbäder um einen Platz versammelt
sind, häufte Kulturgehäuse um einen Ort, die wie Nationalgalerie, Philharmonie und Staatsbibliothek nicht nur ohne Funktions-
zusammenhang miteinander sind (wenn das eine Gebäude
schließt, öffnet das andere), sondern auch in so exzentrischer
Lage zur Weststadt liegen, daß das Gelände mit dem Taktstock
des Dirigenten in nächtliche Ruhe versinkt. Nur politische
Leidenschaft kann ein Vorhaben rechtfertigen, das mit den
»Abendländischen Museen« eben jetzt in eine neue Bauphase tritt
und am Ende die gewaltigste kulturelle Bauanstrengung der
Nachkriegszeit gewesen sein wird – oder Gedankenlosigkeit.

Tatsächlich ist erst seit kurzem sichtbar, daß die Stadt aus der
gewandelten Lage intellektuelle Konsequenzen zu ziehen
beginnt. Für den Organismus West-Berlins wäre natürlich eine
Verteilung der Institute über das Stadtgebiet wünschenswert
gewesen, wie ja auch in Paris niemand auf die Idee gekommen ist,
das Centre Pompidou neben die Grand Opéra zu stellen. Die
Zusammenführung der verschiedenen Museen an einem Ort mag
noch einen Sinn haben, wenn der auch mehr auf die einheitliche
Zentralverwaltung und -bibliothek als auf die Benutzer bezogen
ist. Alle Erfahrungen von Rom, London oder New York laufen
darauf hinaus, daß eine kunsthungrige Öffentlichkeit nicht von
der Besichtigung der Moderne der ostasiatischen Kollektion
zustrebt. Aber hier gab es Traditionen in Berlin, und so wird die
Erinnerung an die *Museumsinsel* am Lustgarten bei der Konzeption eines *Kulturzentrums* mitgespielt haben. Was Staatsbibliothek
und Philharmonie miteinander zu tun haben, haben aber nicht
einmal die Verteidiger jener Ansammlung von Kulturgehäusen zu
sagen gewußt. Weiß man aber noch, was man will, oder will man
wirklich, was man weiß?

Damit ist der Punkt benannt, auf den alles Nachdenken heute

hinausläuft. Alle Städteplanung ist Ordnungspolitik, und wie der Entwurf des Rom der Päpste und des Paris der Bourbonen zeigt, gehen allen planerischen Lösungen gedankliche Entscheidungen voraus. In diesem Sinne läßt sich sagen, daß Fehlplanungen geistige Niederlagen sind.

Die Misere des Berliner Wiederaufbaus kommt nicht daher, daß die Architekten ihrer Aufgabe nicht gewachsen gewesen wären. Dies trifft zwar auch zu, aber eine Stadt übersteht es – wie Roms Via Veneto und die Champs-Elysées von Paris zeigen –, wenn in ihr schlecht gebaut wird. Die Planung lief so lange ins Ziellose, weil niemand zu sagen wußte – oder: wagte? –, auf welche Zukunft hin Berlin sich entwerfen sollte. Nicht die schlechten Grundrisse sind das Beunruhigende, sondern die schlechten Grundüberlegungen.

Inzwischen aber ist die Stadt auch hinsichtlich ihres Selbstverständnisses an einem Wendepunkt angekommen, und wieder einmal wird sich zeigen, daß die Stadtbaukunst die politischste aller Künste ist. Dreißig Jahre war alles auf die nur vorübergehend ausgesetzte Hauptstadtfunktion bezogen, und noch die Fehler der Kultur- und Verkehrsplanung fanden hier ihr höheres Recht. Nun aber, da der Hauptstadt-Wettbewerb unter dem Beifall aller Parteien ganz offiziell für Bonn ausgeschrieben ist, da die Wiedervereinigung auch nur der Stadt, wenn schon nicht des Landes, angesichts der sowjetischen Satrapie im Herzen Deutschlands nur noch als Willenshorizont real ist, nun, da aus dem einstigen Achsenkreuz Mitteleuropas ein Flaschenhals mit schlauchartiger Anbindung an die westlichen Verkehrsstränge geworden ist – an diesem Kreuzweg in der Geschichte der Stadt ist es an der Zeit, daß Berlin auch im Sinne der planerischen Selbstverständigung mit sich über sich ins reine kommt und über seine verbliebenen Aufgaben nachsinnt, über das Notwendige, das Mögliche und das Machbare. Dies aber ist keine Sache des Tiefbaus oder Hochbaus, sondern eine der politischen Selbstvergewisserung und Standortbestimmung.

Nicht nur die zweite Gründerzeit ist zu Ende gegangen, die in sozialer Hinsicht verantwortlicher als die erste gearbeitet, in stadtgeschichtlicher Hinsicht aber viel verheerender gewirkt hat. Auch die Nachkriegszeit ist zu Ende und damit die Raison d'être Berlins von der Blockade über das Chruschtschow-Ultimatum bis zum Mauerbau. Nun muß Berlin, das im Augenblick noch von der Komplettierung der Museen bis zum Bauprogramm der Freien Universität die stadtbaupolitischen Entwürfe der Nachkriegszeit vollstreckt, sich von sich selber einen neuen Begriff machen.

Die Modernität des Wilhelminismus

Die Städte und Wohnungen, in denen die Menschen heute leben, erfüllen viel von den Träumen, mit denen das Jahrhundert begann; aber den Träumenden ist unbehaglich. Die Wohnungen, mit denen man nach Heinrich Zille einen Menschen erschlagen konnte, sind aufgeräumt und durchlichtet, die Hinterhöfe, die Mehring zufolge Zuchthaushöfen glichen, sind abgeräumt, und der schnörkelige Hausrat, der die Stuben der Jahrhundertwende füllte, hat ästhetisch geklärtem Geschirr Platz gemacht; aber Altbauwohnungen sind Zuflucht vor der Kälte, Hinterhoffeste im Häusermeer versammeln die Enkel der Werkbundgründer, und Trödelläden sind der armselige Protest gegen die Welt des Designs. Die Träume haben die Träumenden eingeholt.

Das neunzehnte Jahrhundert, das von den nazarenischen Entrückungen seines Anfangs bis zu den sezessionistischen Revolten seines Endes rehabilitiert ist, kehrt selbst in seinem düstersten Teil, den Mietskasernen von Berlin-Kreuzberg, in die deutsche Wirklichkeit zurück. Dies zählt zu den ungesehenen Aspekten der Vorgänge in den Wilhelminischen Quartieren unserer Städte, die nur dort noch Gefühlswert für ihre Bewohner besitzen, wo sie das steinerne Meer nicht verleugnen, dem die Rebellion der Großväter galt.

Tatsächlich sind die Städte unserer Gegenwart nach dem Biedermeier entstanden. Das mittelalterliche Deutschland hatte sich trotz der großen Stadtzerstörung des neunzehnten Jahrhunderts zwischen Nürnberg und Lübeck hier und da erhalten, aber zusammen mit der barocken und klassizistischen Hinterlassenschaft ist es dann in wenig mehr als achtzehn Monaten in der letzten Phase des Krieges ausgelöscht worden. Was übrig blieb, war das Deutschland des neunzehnten Jahrhunderts, das ja auch sonst – von den Büchern, die wir lesen, den Schauspielen, die wir sehen, und den Symphonien, die wir hören – die Welt ist, in der sich das zwanzigste Jahrhundert bewegt.

Das verachtete Jahrhundert, das Jahrhundert ohne Form, das Jahrhundert, das in seiner Stillosigkeit ästhetische Zuflucht in den fernsten Räumen und Zeiten suchte, gibt sich den Nachlebenden als eines der geschichtsträchtigsten Zeitalter zu erkennen, das an seinem Ausgang mit Marx, Freud, Schönberg und Einstein noch das Instrumentarium zur Verfügung stellt, mit dem es sich selber an sein Ende bringen wird.

In diesem Sinne wird uns die Zeit, die man in Deutschland die Wilhelminische Epoche nennt, bei jeder neuen Begegnung bedeutender. Gerade die Epoche des jungen Herrschers ist in viel höherem Maße als die vorausgegangene Bismarcks in vielerlei Hinsicht der eigentlich revolutionäre Abschnitt der neuen Zeit – und zwar von den technischen Produktionsmethoden der Industrie bis zu den kapitalistischen Organisationsformen der Wirtschaft.

Selbst die Waffen des Krieges, in dem diese Welt untergehen wird, sind vom Flugzeug über den Tank bis zum Unterseeboot Erfindungen des ablaufenden Weltabschnitts, und noch der zweite Krieg wird mit der Vernichtungsapparatur ausgefochten, die vor dem ersten erfunden wurde. Die wirklich neuartigen Waffen, mit denen Deutschland den europäischen Krieg zu enden sucht und Amerika den pazifischen tatsächlich abschließt, markieren viel eher den Abschluß der Epoche der klassischen Weltkriege, als daß sie sie auf ihren Höhepunkt bringen.

In nahezu jedem Betracht werden in der Zeit Wilhelms II. die Tore in eine neue Ära aufgestoßen, und dies ist keine rückwärts gewandte Erkenntnis. Die unerhörte Modernität der Epoche ist vielmehr schon im ersten Jahrzehnt des neuen Jahrhunderts sehr deutlich gesehen worden, und nur die Erschütterungen des unmittelbar folgenden Umsturzes haben den Eindruck aufkommen lassen, die zwanziger Jahre, die von der Kunst bis zur Physik fast überall nur frühe Tendenzen vollstreckten, hätten den eigentlichen Neuanfang gesetzt. In Wirklichkeit ist die Nachkriegszeit, verglichen mit dem revolutionären Elan der Jahrzehnte, die dem Krieg vorausgingen, weit eher der Vollzugsbeamte der Geschichte gewesen.

Dies gilt auch für den Bereich der Architektur im engeren und den des Städtebaus im weiteren Sinne. Damit ist allerdings nicht der Jugendstil gemeint, dessen heutige Wiederentdeckung und Neubewertung seine Stellung zwischen den Zeitaltern verkennt. Er ist in derselben Weise wie seine gegenwärtige Renaissance eher ein Symptom der Krise als deren Auflösung. Zwischen Wien, München und Darmstadt hat der Jugendstil keines der Probleme der Epoche lösen können und die meisten Fragen nicht einmal gestellt. Gerade seinen aufrichtigsten Anstrengungen, wie der Darmstädter Mathildenhöhe, haftet etwas Liebenswürdig-Großbürgerliches und zugleich Lebens-Reformerisches an.

Was ihn am Ende auch als Kunstwerk scheitern läßt, ist – wie jeder Blick auf ein Haus von Hubert Olbrich oder ein Zimmer von Henry van de Velde zeigt – die Unfähigkeit, seine zweidimensionale Ornamentik in den Raum zu überführen. So haftet allem Jugendstil-Bauen etwas Widernatürliches an, nämlich ein verzweifelter Widerspruch gegen die eigenen konstruktiven Grundlagen, deren strukturelle Elemente man durch Dekor zu kaschieren sucht. Dieses wird auf gewinnende Weise an den Metro-Eingängen in Paris ebenso deutlich wie an den Hochbahnstützen in Berlin, die ihre tragende Funktion schwächen, weil sie aufgenötigtem Stilwillen folgen müssen.

Im eigentlichen Sinne hat der Jugendstil, auch Außerdeutsches wie Antoni Gaudis Kirche »Sagrada Familia« in Barcelona mitgerechnet, es denn auch nie zu einer neuen Raumerfindung, geschweige denn zu einem modernen Begriff von Stadt gebracht.

Dies liegt nicht nur an seinem Mißverhältnis zur industriellen Produktionsweise, sondern auch und vor allem an seiner Ahnungslosigkeit, was die Ordnungsaufgaben des neuen Jahrhunderts anlangte.

In dieser Hinsicht war der Wilhelminismus, wo er auf seiner eigenen Höhe war – nämlich bei Ludwig Hoffmann, Alfred Messel, Bruno Taut, Peter Behrens oder Hermann Muthesius –, ihm weit voraus. Die scheinbare Renaissance des Jugenstils von heute hat dann auch nicht in den Grundrissen unserer Wohnungen oder auf den Plätzen unserer Städte, sondern in den Vitrinen unserer Sammler stattgefunden.

Dies alles gilt auch für den Expressionismus, dessen Wille zur Monumentalität – so deutlich greifbar in Poelzigs Bismarck-Denkmal für Bingerbrück wie in Bruno Tauts Haus der Freundschaft für Konstantinopel, das Theodor Heuss zu Recht gewaltig und *gewalttätig* nannte – ihn als ein typisches Produkt der vormodernen Epoche ausweist.

Wie auf dem Felde der Malerei liegen auch auf dem der Architektur die expressionistischen Triumphe in den Jahren vor dem Weltkrieg; über die ungebauten Träume des Festspielhauses und des Großen Glashauses ist er aber im Grunde nie hinausgekommen. Als er dann in der Republik scheinbar reussiert, stehen längst andere Dinge auf der Tagesordnung, und seine Väter mußten sich anderem zuwenden, um ganz sie selbst zu werden.

Trotz Hans Poelzigs Großem Schauspielhaus und Erich Mendelsohns Einsteinturm bei Potsdam bleibt der gebaute Expressionismus ein Zwischenspiel und noch dazu eine deutsche Angelegenheit. Verglichen mit der konstruktiven und formalen Kühnheit wilhelminischer Reichs-, Handels- und Industriearchitektur sind die Fluchtphänomene in der Architektur des Expressionismus nicht zu übersehen, weshalb denn Posener völlig recht hat, wenn er ihn einen Ausflug ins Unwegsame nennt, »wie sie die erschreckte Seele unternimmt, wenn vor ihr die Umrisse eines unentrinnbaren Schicksals auftauchen«.

So begann das neue Jahrhundert mit einer sonderbaren Verkehrung der Fronten. Die Revolte der Kunst gegen die Großmannssucht der Epoche endete bei Honoratioren-Villen, nationalen Monumenten und gläsernen Kathedralen, während der Wilhelminismus auf dem Wege zu seiner eigenen Modernität war. Die Poesie von Jugendstil und Expressionismus blieb eine folgenlose Geste, die Logik der Wirtschaftswelt aber machte die Produktions- und Handelsstätten des Kaiserreichs zur ersten Formulierung der Architektursprache, in der sich die neue Zeit ausdrücken wird. Die vorgehängten Glasfassaden der Warenhäuser von Messel und Sehring und die Trennung von *skin* und *skeleton*, von Raumhülle und tragendem Gerüst, in den Fabriken und Geschäftshäusern von Behrens oder Schmitz präsentieren sich in einem Avantgardismus, von dem sich die liebenswürdige Symbolik des Hochzeitsturms in Darmstadt nichts träumen läßt.

Das Bauen des zwanzigsten Jahrhunderts kommt mit diesem fast gleichzeitig; der Sturz des Kaiserreichs muß dann nur noch einige Relikte beiseite räumen, die in der Form von Stil-Accessoires – dem gotischen Gekräusel auf der Wertheim-Fassade und der plastischen Zutat auf dem Eckrisalit von Tietz – die Radikalität des Neuen heimlich machte. Die dekorativen Konzessionen auf den Portalfronten der neuen Gebäude müssen nur wegfallen – auf den Hofseiten der AEG-Fabriken wie der meisten solcher Bauten sind sie schon weggefallen –, und schon ist das Bauhaus da. Eben deshalb springt es dann auch nach der Revolution wie aus Athenas Haupt in die deutsche Wirklichkeit.

Die Jahrzehnte zwischen der Gründung und dem Untergang des Kaiserreichs sind lange als eine in sich geschlossene Epoche gesehen worden, was angesichts einer Dauer, die der von Weimar, Drittem Reich und Adenauer-Ära entspricht, einigermaßen überrascht. In Wirklichkeit hat die nachbiedermeierliche Welt der Einigungskriege wenig mit dem hochmodernen Imperialismus zu tun, über den der Adlerhelm Wilhelms gestülpt ist.

Diese Verwandlung Deutschlands in der Epoche seiner beiden

Herrscher – mit dem Hundert-Tage-Zwischenspiel des dritten –
(in den Tagebüchern der Baronin Spitzemberg, den Romanen
Fontanes und den Briefen Herbert von Bismarcks aufbewahrt)
gibt dem Kaiserreich seine unerhörte Dynamik.

Die Sekurität bestimmt bestenfalls das bürgerliche Lebensgefühl, obwohl die Tatsache sonderbare Winke gibt, daß die Ehe-
bruchs-Literatur der Epoche – von Flauberts »Madame Bovary«
über Fontanes »Effi Briest« und Eça de Queirós' »Vetter Basilio«
bis hin zu Tolstojs »Anna Karenina« – mit nichts anderem befaßt
ist als mit der Auflösung der familiären Sekurität, nämlich mit der
Brüchigkeit der bürgerlichen Ehe.

Tatsächlich erfährt der Modernisierungsprozeß während des in
so vieler Hinsicht entscheidenden letzten Jahrzehnts vor dem
Weltkrieg eine außerordentliche Beschleunigung, was für die
industriellen, gesellschaftlichen und kulturellen Entwicklungen
gleicherweise gilt; nur die Politik bleibt weithin unbeweglich.

Dieses Uneins von Hochmodernem und Uraltem charakterisiert geradezu die Epoche, und das Nebeneinander von Großkon-
zernen und Kaisermanövern hat die Beunruhigung der westlichen
Nachbarn des Reichs deutlich verstärkt. Eine Gesellschafts- und
Geistesgeschichte des Kaiserreichs unter solchem Aspekt ist noch
zu schreiben, aber die beiden – sehr unterschiedlichen – Köpfe,
auf die man in diesem Zusammenhang blickt, Hans Ulrich Wehler
und Thomas Nipperdey, lassen vorerst noch auf sich warten.

Diese Modernisierungsenergie des Kaiserreichs, die den Her-
stellungsmechanismen der Industrie, den Organisationsformen
der Wirtschaft und den Verteilungsapparaturen des Handels gleichermaßen gilt, bringt sich auf dem Felde des Bauens in einer
neuen Architektursprache zur Erscheinung, die kennzeichnenderweise in Fabrikanlagen und Warenhäusern auf ihren Höhepunkt kommt.

In Grenanders Loewe Fabrik in Moabit, Muthesius' Telefun-
kenstation Nauen, der Waggonfabrik von Behrens und dem
Geschäftshaus in der Junkerstraße von Poelzig – alle in den
letzten Jahren des Kaiserreichs entstanden – spricht sich die

rationalistische Zweckmäßigkeit der Epoche rein und unver-
fälscht aus, und nur, wo dieser Stilwille sich herrschaftlichem
Repräsentationsverlangen zuwendet – wie in Messels Museums-
entwürfen und in Behrens' Petersburger Botschaft oder seinem
Dahlemer Haus Wiegand –, kommt es zu einem etwas freudlosen
Klassizismus, der schon die Schwierigkeiten signalisiert, die alles
Bauen im neuen Jahrhundert mit staatlicher Selbstdarstellung
haben wird.

In dieser Verlagerung der Bauaufgaben vom Staat zur Wirtschaft gibt das Reich des Industriekaisers sein eigentliches Gesicht
zu erkennen, und es charakterisiert die Epoche das unterschiedli-
che Maß, in dem die Architekten den jeweiligen Anforderungen
gewachsen sind.

Aufs Ganze gesehen, findet das Reich noch 1900 – im Unterschied
zur Bismarckschen Gründerzeit – zu einem exakten Ausdruck
seiner selbst, und es tut nichts zur Sache, daß der Herrscher, auf
Wallot, Raschdorf und Ihne orientiert, der Modernität seines
eigenen Staates nicht gewachsen war. Tilman Buddensieg hat für
diese Formsprache die ausgezeichnete Wendung vom »industrie-
bürgerlichen Reichsstil« gefunden, und damit ist auch schon
gesagt, daß der wirtschaftliche und ästhetische Führungsanspruch
lange vor Krieg und Revolution an andere Schichten übergegangen war. Der Kaiser selber, fasziniert von der unbegriffenen
Modernität, scheint in den letzten Friedensjahren eine Ahnung
davon gehabt zu haben, als er über den Dom und das Reichstagsgebäude zu spotten begann und die Gesellschaft Ballins der von
Henkel-Donnersmark vorzog.

Der Jugendstil war in vielerlei Hinsicht nicht nur eine Absage an
den Stilverlust der Gründerzeit gewesen, sondern auch ein letzter
Protest gegen die Massenfabrikation, und so lief denn seine
formale Anstrengung auf eine Verweigerungsgeste hinaus. Der
Wilhelminismus aber dachte – vom Flottenbau bis zur Zollpoli-
tik – in *Handels*kategorien, und die wahren Kathedralen seiner
Spätzeit sind denn auch Warenhäuser.

Es kennzeichnet die historische und ästhetische Ahnungslosigkeit der Nachkriegszeit, daß man die Meisterwerke von Messel und Sehring abriß, die Banalität des barocken oder romanischen Historismus zwischen Dom und Gedächtniskirche aber rettete.

Eine Wirtschaftsgeschichte der Kunst an der Jahrhundertwende ist noch nicht geschrieben worden, aber jeder Blick auf die aristokratischen und großbürgerlichen Auftraggeber von Henry van de Velde oder William Morris macht deutlich, wie illusionär die Hoffnung auf eine Humanisierung der Arbeitswelt durch eine Wiederbelebung des Handwerks war. Bruno Taut und Poelzig mußten ebenso von ihren expressionistischen Anfängen lassen wie Behrens von seinem handwerklichen Jugendstilbeginn, um für das Jahrhundert wichtig zu werden.

Der lebensreformerische Impuls der allgemeinen Aufbruchsstimmung um 1900 ist auch bei Behrens greifbar, wie er ja auch noch die Anfänge des Bauhauses prägte; aber nach dem Jahre 1907 wird diese »Konzeption einer allgemeinen Geschmackskultur« nicht mehr gegen die Industrie gestellt. Die Maschine soll jetzt leisten, wessen ein heruntergekommenes Handwerk nicht mehr fähig sei: die Industrialisierung als sozialreformerische Chance und die Massenfabrikation als ästhetische Menschenerziehung.

Diese Impulse prägten dann tatsächlich die Hervorbringungen des zwanzigsten Jahrhunderts von den Fabrikationsstätten bis zu der Fabrikationsware, die Turbinenhallen und die Ventilatoren, und die menschlichen Enkel der Behrens-Schüler Walter Gropius, Ludwig Mies van der Rohe und Le Corbusier veränderten das Gesicht der Städte und der Wohnungen. Aber die sozialpädagogische Utopie, daß aus dieser Verbindung von produktionstechnischer Zweckmäßigkeit und ästhetischer Rationalität sowohl der Arbeiter als auch der Künstler aus seiner sozialen Isolierung befreit werden würde, ist sehr bald zuschanden geworden, und nach der Apokalypse des Ersten Weltkrieges redete selbst Behrens vorübergehenderweise von einer Renaissance des Handwerks um der Gesellschaft willen. Aber die Humanisierungsträume des Industriebürgers und des Bürgerhandwerkers waren gleicherweise ausgeträumt.

»Der Weitergang der Dinge hat es mit sich gebracht, daß die antimodernen Kampfbünde jener Zeit vom Kreis um Schultze-Naumburg bis zum Fachverband für die wirtschaftlichen Interessen des Kunstgewerbes« – gegen den der Werkbund gegründet wurde – nahezu ausschließlich unter der Perspektive von Restauration und Reaktion gesehen werden. Aber in diesem Zurückschrecken vor der Massenware spiegelte sich ja auch die Melancholie angesichts des endgültigen Abschieds von jener Handwerkskultur, die fünfhundert Jahre durchgehalten und den alten Kontinent bis in die Tiefe hinein geprägt hatte, und so bezieht der rückwärts gewandte und hoffnungslose Protest seine Würde aus dem Schmerz vor der Unwiederbringlichkeit des Gewesenen.

Im Kampf zwischen van de Veldes Kommerzienratssessel und Breuers Stahlrohrstuhl kommt eine Auseinandersetzung an ihr Ende, die Mitte des achtzehnten Jahrhunderts auf der Grundlage von Fernhandel, Kreditwesen und Marktorientierung zwischen Zünften und privilegierten Hofhandwerkern begonnen und zu einem frühkapitalistischen Unternehmertum mit Serienfabrikation, Arbeitsteilung und Angebotskatalogen geführt hatte, gegen das langfristig die alten Zünfte ohne Chancen gewesen waren. Wer solche Interessenkonflikte in größere Zusammenhänge einordnet, sieht hier den Todeskampf von Produktions- und Lebensformen vorgebildet, die in der Geheimrats-Revolte des Jugendstils und dem Minnesang-Anachronismus der Handwerkskammern des Dritten Reiches noch einmal angehalten werden und inzwischen nur noch Erinnerung sind. Einzig im Eigenraps ländlicher Kommunen und in der hilflosen Geste alternativer Töpfereien finden diese frühen Kämpfe einen späten Nachklang.

Zu falschen Ufern

Gemordete Städte

Zu den Losungsworten, mit denen sich heute Baubehörden, Städteplaner und Architekten über den Wiederaufbau der deutschen Städte verständigen, gehören die Formeln von der neuen Raumordnung, der Landesplanung, der Durchgrünung und der Entkernung. Tatsächlich ist die Anstrengung des Aufbaus auf die gesunde, die verkehrsgemäße und die familiengerechte Stadt gerichtet gewesen, und der Stolz des Vorzeigens gilt der »menschlichen« Stadt als der Krönung einer fünftausendjährigen Entwicklung. An Bremens Neuer Vahr, an Berlins Hansaviertel, an Wolfsburg und an Sennestadt ist abzulesen, wohin die Entwicklung drängt. Dies alles sind, lokale Bedingungen und Hinderungen beiseite gelassen, Modellfälle neuen Städtebaus, denen städtische Rechenschaftsberichte und fachliche Ausstellungen gelten.

Seit kurzem erst wird der Verlust solchen Fortschritts gesehen: der Untergang des eigentlich Städtischen, das an das Metropolhafte nicht gebunden ist, sondern gestern noch sich auch im Provinziellen bewährte. Die Stadt, in der man wohnte, spazierenging, arbeitete und auf deren Plätzen man die Geschicke des Gemeinwesens beriet, wurde durch das gesunde, anonyme, gesichtslose Wohngebiet ersetzt, in dem es keine Bürger und keine Nachbarn mehr gibt.

Ein Stadtorganismus kann es vielleicht überstehen, daß in ihm schlecht gebaut wird – davon legen die großen Boulevards des späten neunzehnten Jahrhunderts von den Champs-Elysées über die Via Veneto bis zum Kurfürstendamm Zeugnis ab; es fragt sich, ob er die perfekte Städteplanung überlebt. Immer wieder nämlich erstaunt die Blindheit für den Verlust, den die städtische Kultur Europas mit dem Untergang der Städte durch die moderne Siedlungsplanung erleidet – ein Verlust, den auch der sehen muß, der keine Lanze für rachitisfördernde Hinterhöfe brechen will.

Möglicherweise kann man heute keine anderen Städte als Bremens Neue Vahr bauen – nur muß man wissen, daß sich in diesen Kunstgebilden kein städtisches Leben mehr begibt. Sicherlich hat Wolfsburg eine forgeschrittenere Bebauungsart als Lübeck – nur lehrt jeder Blick, daß man auf seinen Straßen nicht mehr spazierengehen kann: Der Städtebauer hat mit dem Hinterhof auch Lebensäußerungen, wie den Nachmittagsbummel und das abendliche Flanieren, aus seinem Gebilde verbannt. Die Nuancierungsfähigkeit der Sprache hat vom *Platz*konzert über den *Korso* und das *Stadt*theater bis zu erheiternden Wortbildungen wie *Promenaden*mischung eine Reihe von Ausdrücken geprägt, in denen der Zusammenhang des Lebensklimas mit der Bebauungsart, also: der städtische Hintergrund unserer Zivilisation deutlich wird.

In den Retortenstädten der Zukunft kann man, wie englische und amerikanische Beispiele lehren, nicht mehr promenieren, und das unaufhaltsam heranziehende Schreckgespenst des Ladenzentrums setzt auch dem überkommenen Zeremoniell des Einkaufens ein Ende, das durch alle Schichten hindurchging und sich im Shopping-Gehen auf großstädtischen Boulevards ebenso bewährte wie im vormittäglichen Klatsch bei der Gemüsefrau. Auch hier stößt die moderne Planung den einzelnen immer tiefer in die Anonymität und entpersönlicht alle Lebensbezüge. Symbol dessen sind in den neuesten Supermarkets die vorgeschriebenen Einkaufswege, die in voneinander getrennten Ausgangsschleusen münden und in denen jede unerlaubte Abweichung von der durchgeplanten Route kontrolliert wird.

Es ist überall dasselbe – in Londons Satellitenstädten oder im wuchernden Los Angeles: Die familiengerechte, durchgrünte Bauweise hat als Preis Sterilität und aseptische Ordentlichkeit.

Die alten Viertel hatten zwar kein Grün, aber die Nachbarn trafen sich und hielten ihren Tratsch ab; die neuen geben das Fünffache der Grünfläche, aber man durchmißt sie nur noch auf dem Wege zur Arbeit. Mit dem Souterrain ist auch die Intimität, die Vertrautheit, das Zuhausesein geopfert worden. Nur der fortschrittsgläubige Purist wird überrascht sein, daß eines der Ergebnisse der neuen Architektur eine neue Krankheit ist: die *suburban neurosis* oder die *new town blues*, der »Trabanten«-Koller. Die Selbstmordquote liegt in den zukunftsgemäßen Siedlungen beträchtlich höher als in den Arbeiterquartieren von Englands Hafenstädten, in die ein großer Teil von Satellitenstadt-Bewohnern zurückgedrängt.

Es wäre zwar vermutlich übertrieben, in der Kultur geradezu ein Produkt schlechter Wohnverhältnisse zu sehen, aber eine umgekehrte Beziehung ist auf jeden Fall vorhanden. In den *suburban areas* Englands und Amerikas ist die Teilnahme am Kulturellen rapide zurückgegangen, die Zahl der Konzertbesuche um etwa die Hälfte, die der Theaterbesuche um annähernd ein Drittel. Für politische oder kulturelle Gemeindeaufgaben finden sich in den neuen Wohnbezirken selbst in Amerika wesentlich weniger Interessenten als in den alten, übervölkerten Massenquartieren.

Aus diesem wunderlichen Akt kultureller Selbstversorgung hat natürlich das Fernsehen Gewinn gezogen, vor allem aber die Do-it-yourself-Bewegung, deren Vereinsamungscharakter man merkwürdigerweise noch nicht beobachtet hat. Wer sonst abends seine Nachbarn besuchte, sondert sich jetzt nach Arbeitsschluß in seine Bastelstube ab, um allerlei unbrauchbare Gerätschaften herzustellen.

Die Verfertigung schlechtschließender Fensterläden als Freizeitbeschäftigung ist, soziologisch gesehen, der Gegensatz zum gesprächigen Boule-Spiel romanischer Städte; aus dem rotweinbefeuerten Kugelspiel unter Steineichen gingen nicht nur siegreiche Mannschaften, sondern im Hin und Her des Ratschlagens auch Bürgermeister, Kathedralbauten und Volksaufstände hervor. Wenn die Zivilisation ein zufälliges Nebenprodukt der Geselligkeit ist, so läßt sich die neue isolierende Vorstadtbauweise in vielerlei Hinsicht als Luxusausführung der vorzeitlichen Behausung von Höhlen- und Waldbewohnern ansehen – die vorstädtische und die nachstädtische Siedlungstechnik treten als kommunikationsfeindliche Wohnarten nebeneinander.

Wie meist in solchen Fällen ist die Sensibilität der Sprache größer als die der Sprechenden gewesen: Für die großbürgerliche »Villa« des ausgehenden neunzehnten Jahrhunderts holte sich die Logik des Sprachgebrauchs als Lehnwort eine Vokabel aus der städtischen Zivilisation Roms, für den »Bungalow« der neuen Stadtrandsiedlungen importierte sie verräterischerweise als Fremdwort eine indische Vokabel aus dem bengalischen Sumpfgebiet.

Tatsächlich werden heute keine Villen mehr gebaut, sondern bungalowähnliche »Eigenheime«, was schon vom Sprachlichen her Assoziationen an den »Selbstverbraucher« weckt und Reminiszenzen an den Geist behaglicher Solidität von Villenvororten gar nicht erst aufkommen läßt. Die alten Villenquartiere waren als Wohnviertel der Vermögenden unverkennbare Ausläufer von Weltstädten – die architektonisch zuweilen mustergültigen Flachbauten am Rande von München könnten ebensogut in Flensburg, Sennestadt oder Dingolfing stehen.

Auch hier im hochbürgerlichen Milieu wird die Physiognomie des Großstädtischen immer unkenntlicher, wie im kleinbürgerlichen Bereich an die Stelle von unverwechselbar berlinischen Einrichtungen wie *Bürgerablage, Biergarten, Destille* und *Etablissement* jene Allerweltslokalitäten wie Snackbar und Espressostube getreten sind, die sich heute wuchernd von München bis Wilhelmshaven ausbreiten. Jene Gartenlokale, zu denen der Bodo der »Irrungen, Wirrungen« und Joachim von Pasenow fuhren und die von Brockhusen und Philipp Franck immer wieder gemalt wurden, gibt es kaum noch: Die Individualität der deutschen Städte, ausgeglüht in den Feuern des Bombenkrieges, wurde beim Wiederaufbau endgültig planiert.

Die neuen Wohnstädte machen in ihrer gespenstischen Menschenleere schon heute den Eindruck, als sei ein Atomkrieg über sie hinweggegangen: Tagsüber sieht man niemanden auf der Straße, weil alle Einwohner arbeiten – abends sieht man niemanden, weil alle in ihren Häusern sind. Den Kindern aber sind besondere Schonbezirke zugewiesen, in denen sie an staatlich geprüften Geräten klettern und hangeln dürfen – lauter ernsthafte und saubere Miniatur-Menschen, »Spielbeamte« nach Werner Düttmanns geistvollem Wort. Zwischen Babylon, dem antiken Rom, dem mittelalterlichen Nürnberg und dem Paris des *Fin de siècle* gab es im volkreichen, geschäftigen und nervösen Menschengewimmel nur Gradunterschiede; mit der künstlichen Stadt des Planungsbeamten ist jene Phase zu Ende gegangen, die vom *Städtischen* bestimmt gewesen ist.

Es ist sehr schwer zu sagen, worin das Weltstädtische einer Atmosphäre besteht und wann eine Stadt aufhört, Weltstadt zu sein. Vielleicht könnte man sich darauf einigen, daß von ihr Faszination ausgehen, daß eine bestimmte Form zu leben auch dem Fremden deutlich erkennbar sein muß, daß sie fähig ist, einen Mythos zu bilden. In diesem Zusammenhang wäre es aufschlußreich, dem Zeitpunkt nachzuspüren, da Berlin aufhörte, Operetten, Lieder, Schlager von der Art »*Und denn saß ick mit de Emma uff de Banke*« und »*Das ist die Berliner Luft*« und »*Im Grunewald ist Holzauktion*« und »*Es war in Schöneberg im Monat Mai*« hervorzubringen, in denen sich ein bestimmter Lebensstil und eine unverwechselbare Geisteshaltung artikulieren. Zu den bedenklichen Signalen für die geistige Entleerung unserer Städte gehört die Tatsache, daß man heute an der Havel »*Spring in Paris*«, am Schöneberger Ufer »*Arivederci Roma*« und im Grunewald »*Wonderful Copenhagen*« singt.

Tatbestände dieser Art geben einem Winke, wie es mit dem Fluidum einer Stadt beschaffen ist. Einiges spricht zwar dagegen, eine proportionale Beziehung zwischen der Ausbreitung des Lasters und der Geisthaltigkeit einer Atmosphäre herzustellen, obwohl manches darauf hindeutet, daß von den Millionenstädten der Antike bis zu denen des neunzehnten Jahrhunderts die Halbwelt stets die andere Seite der großen Welt war. In diesem Zusammenhang läßt sich sagen, daß die moderne Städteplanung der treueste Verbündete der Sittenpolizei ist: Nicht einmal die Gassen sind mehr vorhanden, auf denen die Unmoral sich ergeht – wobei übrigens hinzugefügt werden soll, daß es auch dem Humor so ergangen ist: Weder Hosemann, Dörbeck und Löffler noch Zille und Simmel sind in »Charlottenburg-Nord« noch denkbar. Das Reißbrett hat den Kokotten und den Straßensängern den Kampf angesagt, aber mit dem Nachtleben hat es auch den anrüchigen Charme des Großstädtischen ermordet. Nächtliche Heimkehrer im Hansaviertel sehen immer so aus, als ob sie eigentlich woandershin wollten.

Geredet wird heute nur davon, daß der Neubau der deutschen Städte nicht verkehrsgerecht gewesen sei. Angriffspunkt der Kritik sind verstopfte Innenstadtstraßen. Die andere Seite, die verkehrsstrangdurchzogenen Büro-, Einkaufs- und Wohnzentren, wird kaum je als Bedrohung gesehen, obwohl doch mit der Zerstörung der Städte durch rationale Reißbrett-Mentalität eine Kultur an ihren Wurzeln bedroht wird, deren Signum in dem bisherigen geschichtlichen Raum das überschaubare Miteinander ihrer Bürger war – die Urbanität im politischen, gesellschaftlichen und kulturell-zivilisatorischen Sinne.

Abschied von Ninive

Merkwürdigerweise hat man noch nicht beachtet, daß Europas heraufziehende Zivilisationsfeindschaft zeitlich mit dem Triumph des Bauernmöbels zusammenfällt. Als die friesische Anrichte im Bürgersalon die Empire-Konsole ersetzt, wird auch in der politischen Welt der Haß auf die Stadt eine Macht. Der halbindustriell gefertigte Worpsweder Bauernstuhl und der in Heimarbeit bemalte Tiroler Dielenschrank halten gleichzeitig mit den Parolen der Völkischen in die Wohnungen der Kulturmüdigkeit Einzug. Um die Jahrhundertwende wird der Stadt von allen Seiten her der Kampf angesagt: Von rechts drängt der Bauernroman gegen die Stadtliteratur, von links Vorformen der Gartenstadt gegen das Häusermeer. Die Grunewalder Bankiersvilla im englischen Landhausstil ersetzt das Tiergartenhaus, das ein Stadtpalais sein wollte: Man wird rustikal, in der Politik wie im Meublement.

Es ist ziemlich gleich, ob der Industrielle in der Halle einen Bauern-Kamin hat oder der Turnlehrer im Garten die Sonnwendflamme; beides signalisiert ein gewandeltes Verhältnis zum Städtischen. Das Vokabular der Großstadtbevölkerung erweitert sich in Richtung auf Flachland und Alpen: Tornister, Wandervogel, Gamaschen, Kochgeschirr, Stecken, Lagerfeuer sind die Wörter, in denen sich die Stadtmüdigkeit artikuliert. So zieht das Jahrhundert herauf, das mit Kanonaden und Motorisierungen das Gesicht der städtischen Zivilisation bis in die Tiefe zerstören wird, wobei es in diesem Betracht belanglos ist, ob am Ende Ruinenfelder oder Schnellstraßensysteme stehen.

In den letzten Jahren des vorigen Jahrhunderts wird der Klimawechsel greifbar, wo immer der Blick hinfällt. Der Vorplatz am Haus wurde eben noch durch eine Veranda ummauert und also eingegrenzt und abgesichert; dieser Veranda entsprach am abgelegeneren Ende des Gartens das steinerne oder hölzerne Teehäuschen, in dem die Teilhabe an der Natur verstädtert wurde. Zehn Jahre später ist an die Stelle der verglasten Veranda die offene Terrasse getreten, und für den Teepavillon kommt der Liegestuhlplatz auf offener Rasenfläche auf.

Es versteht sich, daß solche Detailbeobachtungen nur dann von Belang sind, wenn der erkannte Vorgang als Symptom verstanden wird. Das soll auch für die Feststellung hinsichtlich des Urlaubsideals gelten, das zwischen 1890 und 1910 aufschlußreichen Wandlungen unterworfen ist: Die strohgedeckte Fischerkate in Prerow wird plötzlich der Traum von Schichten, die eben noch in Gastein oder Nizza mit Hotelpalästen unbekannte Fischerorte in Ersatzgroßstädte verwandelten. Die widerstädtische Mentalität prägt sich überall aus.

Das ist um so seltsamer, als zu den ältesten Ruhmestiteln des Menschen gehört, daß er ein Stadtgründer ist. Voller Rührung betrachten wir, über Münzsammlungen gebeugt, jene dringlichen Versicherungen, daß der münzprägende Herrscher ein »Gründer von Städten« gewesen ist: Dies also war gleich wichtig wie die Veranstaltung einer Feldschlacht.

Tatsächlich ist die Preisung der Stadt von Perikles bis Ovid Gegenstand antiker Rhetorik. Ihr Schicksal, ihre Zerstörung und ihre Gründung gibt auch den Horizont für die größten Epen der Alten Welt ab: des homerischen Liedes auf die Brandschatzung Trojas und des vergilischen Gesanges auf die Geburt Roms. Von der Gründung der Stadt, *ab urbe condita*, wird die Zeit gerechnet.

Das Feiern der Stadt verzeichnet als Grund des Beifalls, daß sie voll von Menschen und unübersehbar ist; der Redner hält fest, daß sie vom Stimmengewirr zahlloser Sprachen erfüllt ist und daß die Menge der Bewohner Freunde unerkannt aneinander vorbeige hen läßt. Das ist beim Großstädter Martial so wie beim Kleinstädter Raabe, der in den »Akten des Vogelsang« einige Szenen im kaiserlichen Berlin spielen läßt und überwältigt und fasziniert die undurchdringliche Fülle des städtischen Treibens schildert.

Solche Szenen, in denen sich die handelnde Romanfigur durch die Menge schiebt, um mit ihr steckenzubleiben, von ihr fortgerissen und weggespült zu werden und an die andere Straßenseite anzubranden, erfüllen die großstädtische Literatur aller Zeiten und Länder. Was das deutsche Feld anlangt, so muß man die zweitrangige, also die an der Oberfläche interessierte Literatur vom Schlage Herzogs oder Kretzers lesen, um zu erfahren, was einmal Stadt war. Heliodor schildert Ähnliches aus der antiken Welt, Charles Louis Philippe liefert die Berichte aus dem Paris der Jahrhundertwende. In London, in New York ist es nicht anders.

Es ist natürlich gerade diese Unordnung, die den Sog der Großstadt ausmacht: Megalopolis wird nicht trotz, sondern wegen der sie erfüllenden Masse geliebt. Daß man vom Potsdamer Platz nach Schließung der Kaufhäuser mehr als eine Stunde zum Bülow-Bogen braucht, nimmt Rudolf Herzogs »Graf von Gleichen« für die Hauptstadt des wilhelminischen Reiches ein. Ordnung gibt es in Rathenow.

Diese Massenhaftigkeit ist gleicherweise ein Produkt der Bodenspekulation wie der urbanen Empfindungswelt: Noch wo kein Zwang ist, wird nämlich die Menge gesucht. Die Speiserestaurants des Jahrhundertendes bieten Hunderten von Menschen Platz, und die Gartenlokale, die mit Kiesflächen und Glasdächern Stadt in der Natur herstellten, bedienen Tausende. In einem einzigen Wannsee-Lokal spielten am Wochenende drei Militärkapellen gleichzeitig, das Musikkorps der Garde war auf einem Floß im Wasser postiert. Der Kremser ist das Gefährt, das zu bevölkerten Plätzen bringt. Die Stadt will selbst nach Feierabend Stadt sein.

Die Verfeinerung durch die Stadt, also die *Urbanisierung*, setzt all das voraus. Geschmackliche Sensibilität, intellektuelles Raffinement, emotionale Differenziertheit – die städtische Zivilisation Europas hat mit Unordnung, Lasterhaftigkeit, Undurchschaubarkeit, Anrüchigkeit zu tun. Als Stadt funktioniert die Stadt nur, wenn sie nicht mehr funktioniert.

Damit ist eine der Vokabeln aufgegriffen, die zum Arsenal der Stadterneuerer der Gegenwart gehören: Die Stadt soll wieder funktionsfähig gemacht werden. Der Begriff des Funktionierens von Straßen, Plätzen oder Stadtarealen meint die Reibungslosigkeit, wie denn sonderbarerweise das Vokabular der Stadtdiskussion überhaupt voll von Wörtern ist, die aus der Wasserwirtschaft kommen: Der Verkehrs*fluß* darf nicht *gestaut* werden, seine *Regulierung* muß ihn *flüssig* halten, weshalb denn der *fließende Strom* des *flutenden* Verkehrs in die richtige Richtung *geschleust* wird. Das Wasser als das unaufhörlich und unumkehrbar in immer dieselbe Richtung Strömende ist das Ideal der Stadtplanung.

Dies ist ein Ideal, das wider den Geist der Stadt ist, die aus dem Stau, aus der Reibung, aus der Stockung, aus dem Hin und Her lebt: Stoßendes Gedränge macht auf lebendige Städte aufmerksam, und nur jener Boulevard lädt zum Flanieren ein, der menschenerfüllt ist. Die Wirtschaftswelt, die sich auf solche Erscheinungen versteht, rechnet mit weiter abnehmenden Besucherzahlen bei halbleeren Verkaufsräumen. Die Geschäftseröffnung findet daher in berstenden Räumlichkeiten statt, weshalb denn an solchen Tagen mit Gratisvergnügungen Menge herbeigelockt wird. Die Kalkulation besteht zu Recht, halbleere Vergnügungsstätten betritt man nicht.

Die Weltstadt als die größte Vergnügungsstätte, die die Geschichte hervorgebracht hat, folgt solchen Gesetzen, und so kann es denn nur Theoretiker wundernehmen, daß heute einzig jene Städte geliebt werden, in denen der Verkehr mehrmals am Tage zusammenbricht: Rom, Paris und London. Eine Tangente zur Via Veneto und Roms Herz schlägt nicht mehr; eine Entlastungsstraße für die Champs-Elysées und Paris verliert sein Gesicht.

Die planerische Anstrengung muß also der Schaffung von Fülle in gleichem Maße gelten wie ihrer Beseitigung; ihr Rang gibt sich darin zu erkennen, daß sie zu scheiden weiß, wo Dichte und wo Leere zu herrschen haben. Churchill, als er den Parlamentssaal mit zu wenig Sitzen neu errichten ließ, gab einen Fingerzeig, wie es Städteplaner überall da mit Straßen und Plätzen zu halten haben, wo sie im Herzen der Metropole aufs Weltstädtische zielen. Es ist keine Rede, daß der Kurfürstendamm seiner Funktion nicht mehr gewachsen ist: Nie waren um 1900 Friedrichstraße und Linden so menschenleer wie der Kurfürstendamm um 1960. Man hat nur langsam vergessen, was Menge in einer Metropole ist; die Verkehrszahlen der London Bridge von 1900 und die des Rond Point von 1910 stecken Lichter auf, was an Massenhaftigkeit die Belle Époque zu bieten hatte.

Es versteht sich jedoch von selbst, daß die Städte der Welt nicht an den Baubehörden sterben, wenn auch Entballungsmaßnahmen in Stadtzentren Sünden wider den Geist der städtischen Zivilisation Europas sind. Die Ladenzeile mit dahintergestelltem Hochhaus verwandelt den Boulevard in eine Provinzstraße, weil gedrängte Baumassen von burgenhaftem Zuschnitt zum Abschluß der Flanierstraße gebraucht werden. Nur sind die Irrtümer des Planers die Wahrheiten des Zeitgeistes.

Dies ist der Geist der Stadtzerstörung und der Stadtflucht. Damit ist etwas anderes gemeint als die Verdammnis der Stadt, die immer neben ihrem Lobe steht. Die Verlockung durch die Stadt hat stets deren Verfluchung als Gegenseite, was schon mit dem biblischen Mißtrauen gegen Ninive beginnt, »solcher großen Stadt, darin dreißigtausend Menschen leben, und wissen nicht Unterschied, was links ist und was rechts«. Die Stadt ist der schreckenerregende Moloch, der unersättlich Menschen, Völker und Kulturen verschlingt.

Der Nicht-Städter, dessen Verhältnis zur Stadt von moralischen Überlegenheitsgefühlen und intellektuellen Minderwertigkeitsempfindungen geprägt wird, verwendet seit Jahrtausenden dieselben Wendungen, wenn er die Verruchtheit der großen Hure

Babylon beschreibt. Mit den Namen von Städten – Sodom, Venedig, Paris – verbindet er Ausschweifungen und Krankheiten, und ihr Untergang durch Brandschatzung, Seuche oder Erdbeben wird als die Frucht des Lasters gedeutet.

Obwohl die Gestalt des in der Einöde auftauchenden Versuchers Rückschlüsse auf die moralische Unergiebigkeit der Einsamkeit nahelegt, gehört die Wendung » . . . und er floh die Stadt . . .« zu den ältesten literarischen Formeln, mit denen sich von Buddha bis hin zu Mohammed der Heilige oder Prophet der Gläubigkeit empfiehlt. Nicht nur Awesta, Testament und Koran sind Gegenwürfe der Wüste gegen Gomorrha; auch Restauration und Reaktion sind vom Augusteischen Zeitalter über die Französische Revolution bis zur Gegenwart Produkte des flachen Landes; noch darin gehören die Vendée und Dithmarschen zusammen. Dies unterscheidet, beiläufig gesagt, das Reaktionäre vom Konservativismus, der natürlich von Gentz bis zu Stahl ein Erzeugnis urbaner Weltläufigkeit ist.

Eifernde Stadtfeindschaft also hat es immer gegeben. Was am Heutigen auffällt, ist der Überdruß der Stadt an sich selbst. Sie will Land sein selbst auf bebautem Gelände: Also durchgrünt sie sich. Sie zweifelt am Recht auf Masse und Schwere: Daher entballt sie sich. Sie mißtraut der Verführung des stockenden Verharrens: Darum entlastet sie sich. Sie will vergessen machen, daß sie Stadt ist.

Längst hat sie aufgehört, es zu sein. Bis hin zu Bismarck wurden die Imperien Europas von Plätzen und Straßen aus regiert. Heute verlassen zur selben Stunde Limousinen Moskau und Washington und bringen die Beherrscher zweier Weltreiche auf ihre Landhäuser: Die Geschicke des zwanzigsten Jahrhunderts werden von Datschen aus gelenkt.

Das alles fängt mit Ranzen, Lutherstuhl, Edelweiß, Bauerngeschirr, Johannisfeuer um die Jahrhundertwende an; die Begleitmusik geben Adolf Bartels, Tessenow und Daimler: Eine Zivilisation kehrt sich selber den Rücken. Es sind die Jahre, in denen

Siemens, Borsig, Haniel die Stadt verlassen und als Vorreiter der Siedlungsbewegung ihre Häuser ins Grüne bauen; die Politik, wenn sie es kann, hält mit: Rathenau kauft sich Schloß Freienwalde. Als das industrielle Zeitalter auf seinen Höhepunkt gekommen ist, sind die Städte entleert: Die politische, technische und wissenschaftliche Führungsschicht verläßt nach Einbruch der Dunkelheit die städtische Welt.

Kein mittelalterlicher Flecken war um Mitternacht so menschenleer wie Dallas und Wolfsburg. Rathausplätze wurden zur Versammlung der Bevölkerung gebaut; Schnellstraßen sollen das Entkommen ermöglichen. Es kann nicht wundernehmen, daß Städte heute vor allem gepriesen werden, weil man sie so schnell verlassen kann: Stuttgart empfiehlt sich durch die Nähe Straßburgs, Zürichs und Salzburgs; an Frankfurt wird gelobt, daß Amsterdam, Brüssel und Paris schnell erreichbar sind. Die Stadt macht darauf aufmerksam, daß man nicht in ihr leben muß. Am Ende stehen der Bombenkrater und der Schnellstraßentunnel.

Alles drängt in dieselbe Richtung: Hans Friedrich Blunck und Arbeiter-Siedlungs-Verein, Rustikal-Barock und *suburban movement*, Dirndlkleid und Volkswagen. Fünfzig Jahre hat das Jahrhundert gebraucht, dann sind Belle Époque und Fin de siècle vergessen: Um vierundzwanzig Uhr ist es ganz gleich, ob man zwischen den Hochhäusern von Houston oder den Ruinen von Berlin steht. Auf zweierlei Wegen hat der Geist des Zeitalters der Masse sein Ziel erreicht: die Leere.

Lust am Ungeordneten

Zu den sonderbaren Anblicken, die das Gesicht der neuen Städte Amerikas für den Betrachter bereithält, gehören Hochhäuser, deren Sonnenblenden zu bestimmten Tageszeiten stockwerkweise von mechanischen Apparaturen bewegt werden. Dem Bewohner wird von elektrischen Steuerungsaggregaten die Anstrengung abgenommen, über das Maß der Sonnenbelästigung zu befinden: Über sein Schattenbedürfnis ist bereits mit dem Mietvertrag entschieden worden. Kein stumpfer Eigensinn kann zur Unzeit darauf bestehen, an Abendsonne teilzuhaben.

Hinter solchen Erscheinungen stehen natürlich Berechnungen über den Zeitverlust und also Arbeitsausfall, der mit der Individualbedienung von tausend Fenstern gegeben ist. Die nähere Inspektion des Tatbestandes ergibt jedoch sehr bald, daß Ästhetisches einschlägig ist: Der neue Architekt empfindet Persönlichkeitszuschübe als Bedrohung seines Entwurfs, dessen formale Reinheit durch keine Sonnenschirme oder Begonien am falschen Ort verletzt werden soll. Dergleichen Schönheitsrigorismus hat natürlich mit der Empfindlichkeit einer Architektur zu tun, die gerade im Falle graphischer Vorzüglichkeit Belastungen durch Menschliches schwer erträgt. Das wilhelminische Stuckhaus vertrug die Zille-Zutat und den Kollwitz-Jammer; dem Neuen tut das Fahrrad auf dem Balkon und die Quast-Portiere im Wohnzimmer Abtrag. Zeit und Verfall fördern noch beim Stillosen von gestern Charme zutage; auch dem Bedeutenden von heute fällt es schwer, mit Würde zu altern.

In diesem Zusammenhang ist anzumerken, daß nicht nur das auf den dunklen Putz gestellte Haus des Jahrhundertendes eine Neigung zur Zeit und zum Alter hat. Noch die Gartenpflanzen, für die man eingenommen war, die langsamwachsende, altwerdende und sozusagen mündelsichere Eibe und der zeitbrauchende Efeu, der eine Affinität zu Gräbern und alten Landhäusern besitzt, hielten es mit der Dauer. Der Absatzrückgang an diesen Pflanzen, den seit dem Jahrhundertbeginn jede Baumschule zu melden hat, macht auf ein gewandeltes Zeitgefühl aufmerksam: Auch in diesem Fall bewährt sich die Botanik als Erkenntnismittel sozialer Zustände. Der weiße und also Neuheit vorspiegelnde Putz, der früher Bauern- und Fischerkaten vorbehalten war und heute beim Vorkommnis des Besitzwechsels auch alte Villen an Bungalows angleicht, signalisiert ein Wohngefühl, das Mißtrauen gegen den Ablauf der Zeit hat.

Dies empfindet der Architekt von empfindlicher Bewußtseinsstruktur, und so nimmt er Abschied von seinem Haus, wenn mit dem Bewohner das Vertiko das Zimmer betritt: Er leidet beim Wiedersehen des Hauses, in das das Leben eingezogen ist. Die geheime Tendenz des Mustergültigen geht heute auf das Unbewohnte, und die Menschenleere der *suburban areas* entspricht dem ästhetischen Perfektionismus der Planungsdiktatur. Nur der geregelte Schatten wirft auf Eiermanns Fassaden Verdunklungen, die formal zu billigen sind. Mies van der Rohe war auch darin am konsequentesten, daß er im vertrauten Kreise die Entstellung seiner Neuen Nationalgalerie durch den Einzug der Kunstwerke beklagte. Die reine Leere erst erfüllte die Idee seines Entwurfs.

Zur Satellitenstadt paßt nicht die flatternde Wäsche und nicht die Dornenhecke, weshalb denn Gartenarchitekten in neuen Siedlungen auch für den Anteilsgarten sorgen, der dem Etagenmieter zugebilligt wird; die Hausordnung hat Einwände gegen den Kaninchenstall der Kinder. Auch das zählt, wenngleich von niemandem bemerkt, zu den ästhetisch motivierten Einbußen an Individualitäts-Spielraum, der heute immer mehr schwindet. Es ist dies ein Vorgang, dem Aufmerksamkeit zukommt, weil er über das Verhältnis der modernen Zivilisation zur Schönheit Auskunft gibt.

Zu den Worten, mit denen sich der am Gestrigen hängende Bürger über das Unbehagen in der neuen städtischen Welt verständigt, gehört auch die Formel vom Schönheitsverlust. Beim Vergleich der alten Städte Europas mit den neuen Gründungen empfindet er Ausfälle und deutet sie als ein Weniger an Schönheit. Dies gehört zu den richtigen Beobachtungen, die falsch gedeutet werden. Es kann nämlich kein Zweifel sein, daß gerade der Zuwachs an Schönheits-Absicht zur Individualitätslosigkeit der neuen Bebauungen führt. Nicht die Nachlässigkeit gegen das ästhetisch Vorgeschriebene ruft jene Empfindungen des Überdrusses und der Langeweile hervor. Es verhält sich gerade entgegengesetzt: Die Züge der Absichtlichkeit und der Anstrengung sind es, die sich hindernd in den Vordergrund schieben.

Die Verständigung über dergleichen ist schwierig, weil gerade die Bauhaus-Epigonen in den Bauverwaltungen reüssiert haben. Stets erreicht ja das Neue die Öffentlichkeit, wenn es das Gestrige ist: Während man sich in Deutschland anschickt, Le Corbusiers Traum von der Niederreißung der Stadt Paris zu realisieren und Mies van der Rohes gedachte Zerstörung des Alexanderplatzes zu repetieren, sinnt man in Amerika längst auf den Wiederbeginn von Masse und Volumen, was man sonderbarerweise *new brutalism* nennt. Bei uns wird man hinterdrein laufen, wenn man drüben längst dabei ist, die alten Stadtviertel zu restaurieren.

Natürlich hat der Enthusiasmus etwas Gewinnendes, mit dem eine Großstadtbevölkerung den Vergißmeinnicht-Rabatten in Mosaikvasen applaudiert, durch die der Boulevard botanische Freundlichkeit gewinnen soll; sie empfindet nicht, daß damit das Hauptstädtische einen Anstrich von Balkon-Wettbewerb gewinnt. Der Landschaftsgestalter, der für den Gärtner aufkommt, der früher vor dem Ecklokal Kastanien pflanzte, verwandelt mit Gräsern und Moosen das Rasenquadrat an der Straßenkreuzung in einen Steingarten, den man gießen muß. Es liegt auf der Hand, daß es die Sünden von gestern sind, die jene von heute stimulieren. Man muß nicht Ostwalds »Großstadt-Dokumente« von 1899 lesen, um die soziale Situation des Jahrhundertbeginns zu rekapitulieren; der Blick auf die von Baluschek oder Wunderwald gemalten Lauben-Kolonien genügt, um die Elendsbeimischung des Gärtnerglücks von 1900 zu sehen. Sonderbarerweise scheint es dagegen Anstrengung zu machen, die fröhliche Trostlosigkeit der schablonisierten Kleingarten-Städte vor den Toren der neuen Städte zu erkennen, in denen das Jäten nur vor staatlich entworfenen Einheitshütten statthaft ist, die laut Pachtbestimmung vom Besitzer nicht verändert werden dürfen. Dabei kann kein Zweifel sein, daß es nicht Romantik ist, die etwas gegen die genormte Wochenend-Laube einzuwenden hat. Es ist die Idee der Lauben-Kolonie, die gerade eine Fluchtmöglichkeit aus der Welt der Ordnung und damit Freiheit bereitstellen soll.

Tatsächlich ist es die Welt der Ordnung, die heute auch in jene Bereiche einbricht, die Reservate des Unvorhergesehenen sind. In dieser Hinsicht ist aufschlußreich, daß sich die Kräfte von links und rechts gleichen: Im neuen Jahrhundert arrangiert man sich mit den Hoffnungen der Masse nur, wenn man Ordnung, Sauberkeit und Helligkeit zu bringen verspricht. Auch darin hat das Vokabular der Kommunisten und Faschisten Ähnlichkeit, daß jeder »Reinigung des Staates« oder »Säuberung der Gesellschaft« in Aussicht stellt. Es ist nachdenkenswert, daß das Arsenal zukunftsfreudiger Rhetorik kaum eine Vokabel vermissen läßt, die in den Umkreis der Reinlichkeit gehört: Stets soll die Sozietät *in Ordnung* gebracht werden. In solchen Fällen tut man gut, auch auf Bagatellen zu achten; dann wird noch Mussolinis Satz bei Besteigen der Eisenbahn nach dem Marsch auf Rom bedeutend: »Dies ist der letzte italienische Zug, der unpünktlich abfährt.«

Die Fahrplan-Mentalität eines solchen Satzes hat einen Zug zum Lächerlichen. Das Wort ist aber aufschlußreich, weil sich an ihm die Schätzung der Zuverlässigkeit ablesen läßt, mit der sich noch der Revolutionär der Menge empfiehlt. Es versteht sich, daß dergleichen mit einer Welt korrespondiert, die das Säuberungs-ideal vom Staatlichen und Städtischen auch auf die Gesellschaft und den einzelnen überträgt: Erst wird der Bürger *durchleuchtet*, dann die Stadt.

Es wäre jedoch ein Fehler, solche Freiheits-Einengung nur auf die Diktaturen zu beziehen; auch andere politische Systeme drängen auf die Planungswelt. Die zum Beispiel diktieren dem Bewohner mitunter noch seine Häuslichkeit: Dem Besitzer mancher neuen Wohntürme ist laut Mietvertrag die Farbe der Markise vorgeschrieben; die ästhetische Einheitlichkeit des Baus soll gewahrt werden.

Hierher gehört auch der Kampf der Planbeamten gegen das Malerische im Stadtgebiet, das in seiner pariserischen Bouquinisten-Erscheinung gestern noch Maler und Musiker inspirierte. Am Kurfürstendamm zum Beispiel wird die Lizenz des Zeitungs-kiosk-Inhabers von der Verwendung eines Einheitsstandes abhängig gemacht, der dem Boulevard zu ästhetischer Ansehnlichkeit verhelfen soll. Kein hochrädriger Karren mehr und kein Säulentempel darf noch Gedrucktes feilhalten. Das im schilfigen Ufer des Wannsees verankerte Restaurantschiff aber wird abgewrackt, weil der Gropius-Enkel für den wassernahen Sonntagskaffee den Werkbund-Stuhl will. Der Staat selber ist schönheitsdurstig geworden – und der Baubeamte ein Regelästhet.

Times Square und Picadilly Circus leben vom Überraschenden. Farbe und Mechanik der Lichtreklame am Ernst-Reuter-Platz aber sind mit der Gesamtplanung entschieden: Kein rotes Flimmern darf die Einheitswerbung durchbrechen, was übrigens, beiläufig gesagt, gegen den Geist der Reklame ist und damit wider die Wirtschaftsordnung der Stadt. Der Café-Besitzer am selben Orte aber zieht sich eine Ordnungsstrafe zu, wenn er den Marmortisch mit drei Eisenstühlen aufs Trottoir stellt: Das Leben will gezügelt sein, und zwar um der Ästhetik willen.

Nicht nur der Heimatverein hat sich um solche Erscheinungen zu kümmern, sondern auch der Erkenntnisdrang. Rekognoszierungen im Alltag gelten nicht nur dem Alltäglichen; sie meinen den Geist der Epoche. Was unsere anbelangt, so läuft sie endgültig und unwiderruflich auf das Geregelte zu und auch bei der Freude am Restaurativen auf die Abkehr von alten Ordnungen und Gefühlswelten. Die neue Architektur, die zu den großen Leistungen des Jahrhunderts gehört, folgt dem sozialen Protest auf dem Fuße: In den Grundrissen des Bauhauses sind die Reden Bebels artikuliert, und die Gartenstadtidee formuliert die Hoffnungen des von Zille gezeichneten Proletariers.

Damit soll gesagt sein, daß der Zusammenhang zwischen Belle Époque, Bodenspekulation und Baurentabilität sehr wohl gesehen wird. Nur weiß man nicht, ob das Planungsreglement, das auch die farbige Zuflucht des Individuellen meint, wirklich der Preis ist, der dafür zu zahlen war.

Requiem für Putten

Jahr für Jahr, Monat für Monat und Tag für Tag sinken über dem Wiederaufbau Häuser und Baugruppen, Platzanlagen und Straßenräume in den Schutt, die von einer bestimmten Periode der deutschen Geschichte Zeugnis ablegen und die deshalb auch dann von hohem historischem Reiz wären, wenn sie keinerlei ästhetische Vorzüge besäßen.

Zumeist aber tun sie das, wenn unsere Augen sich auch erst langsam für die Qualität des Bauens der zweiten Hälfte des vorigen Jahrhunderts schärfen, und wenn wir auch noch lernen müssen, die Generation des Jahrhundertausgangs in ihrem eigentümlichen Wollen zu begreifen.

Es macht die Tragödie des Wiederaufbaus aus, daß wir die karge Fassadengliederung der Schinkel-Erben aus den sechziger und siebziger Jahren und den vegetativen Stuck des Gründerhauses von 1880 bis 1895 erst in dem Augenblick zu erkennen vermögen, da putzsüchtiger Modernisierungswille im Verein mit haushälterischer Rechenkunst die Fassaden der deutschen Städte von allem ornamentalen Zierat befreit, um sie mit schmucklosem Einheitsputz zu überziehen.

Dies ist es, was heute von Hamburg über München bis nach Berlin geschieht. Von überallher hämmert und klopft es, allerorten sinken Gesimse und Kapitelle in den Staub, wohin man nur blickt, hauchen Karyatiden und Amoretten unter puristischen Schlägen ihr Leben aus: Bald wird kein Balkon in Deutschland von einem

Atlas noch getragen, nirgendwo mehr werden Putten von Fahr-
stuhlschächten ins Straßengewühl grüßen.

Ganze Stadtviertel, die den Krieg nur mäßig beschädigt überstanden, sind so erst in den letzten Jahren zerstört worden,
vernichtet in ihrem historischen Charakter und in ihrer architektonischen Einheitlichkeit. Nun erst, da diese Häuser aller glie-
dernden, rhythmisierenden und schmückenden Zutat beraubt
sind und sich glatt und kahl wie Bauten von heute präsentieren,
wird deutlich, daß auch dieses späte neunzehnte Jahrhundert
noch ein gewinnendes Augenmaß für Fassadengliederung durch
Ornamentik, keine Fähigkeit aber zur proportionalen Gliederung
der Baumaße als solcher und zur Ausgewogenheit der Maßver-
hältnisse besaß.

Die Häuser aus den sechziger und siebziger Jahren besitzen
noch sauberes Formgefühl und ruhige Baukörpergliederung, die
aus den achtziger und neunziger Jahren sind zweifelhaft in den
Grundrissen und bedenklich in dem Fassadenaufriß; sie alle leben
im Grunde längst von der ornamentalen Zutat, vom erst klassizi-
stisch-gebändigten und dann immer wuchernd-bewegteren
Gewimmel über Türen, Fenstern und Balkonen.

Aber dieses Gewimmel gab ihnen eine eklektizistische und
epigonale Ansehnlichkeit; jetzt, da es entfernt wurde, wird sichtbar, was bis gestern noch durch den Stuckzierat verborgen blieb:
Die architektonische Leistung ist schlecht. Denn nun erst stimmen
keine Maße mehr: nicht die Größe der Fenster und nicht ihr
Abstand voneinander, nicht der Winkel am Erkervorsprung und
nicht die einst durch Gesimse Schinkelscher Herkunft dekorierten
Blindfenster. Der Wiederaufbau hat es an den Tag gebracht: Es ist
schlimm mit dem Bauen von 1890 bestellt; hätten die Hauswirte
an ihren alten Fassaden gehangen, das ganze Ausmaß des Jam-
mers wäre vielleicht nie ans Licht des Tages gekommen.

Doch die Hausbesitzer wußten nicht, was sie taten. Woher hätten
sie es wissen sollen? Seit Jahrzehnten hat man über ihre Gründer-
häuser gespottet, die Putten über dem Treppenhaus und die

Athena am Dachgesims waren Zielscheiben für Karikaturisten seit dem Weltkriege. Nun auf einmal, da sie all das abschlagen und durch italienische Mosaiken und marmorisierendes Kunstgestein ersetzen lassen, werden sie belehrt, daß sie reizvolle Dokumente eines bestimmten Abschnittes der deutschen Bau- und Stadtgeschichte besaßen. Aber noch nicht einmal das trifft zu: Es sagt ihnen ja niemand, auch heute noch nicht. Die Hauswirte sind stolz auf ihr zerstörerisches Werk, und sie glauben, etwas für das Aussehen ihrer Heimatstadt getan zu haben, wenn sie das verkleinerte Abbild eines sächsischen Schlosses in ein glattes und konturloses Mietshaus von 1962 verwandeln.

Der Denkmalspfleger oder Landeskonservator hört mit seinen Bemühungen bei der Mitte des vorigen Jahrhunderts auf, und auch dort gilt seine Liebe vorzugsweise hervorstechenden Werken der Architektur; das Alter allein oder die Einheitlichkeit eines ganzen Baukomplexes tut es nicht – es muß künstlerische Qualität hinzukommen, damit er einem Objekt seine staatliche Aufsicht zuwendet.

Die Institution der Denkmalspflege – in Preußen 1843 unter Friedrich Wilhelm IV. durch Kabinettsordre geschaffen, in allen anderen deutschen und europäischen Ländern ein Erzeugnis der Jahrhundertwende – ist das Produkt einer Zeit, deren Selbstgefühl in vielerlei Hinsicht gebrochen und deren Selbstverständnis durch eine Reihe von Befangenheiten gefärbt war – womit gesagt sein soll, daß die konservierende Zuwendung zur Vergangenheit nur die andere Seite einer tiefen Skepsis hinsichtlich der Produktivität der eigenen Gegenwart war. Anderes kommt hinzu: Das Amt des Denkmalpflegers hat in seiner Entstehungszeit nicht nur mit einem unterirdischen Affront gegen die Zeitgenossen zu tun, sondern auch mit einigen Wertvoraussetzungen, was das Vergangene anlangt.

Damit sind Einbußen namhaft gemacht, die denn auch tatsächlich für die Verwüstung der deutschen Stadtlandschaft während des letzten Jahrzehnts verantwortlich zu machen sind. Die machtlose

Fürsorge des Denkmalpflegers ist erst einmal nach kunsthistorischen Maßstäben orientiert, was heißen soll, daß er sich mit vergleichsweise geringer Liebe Objekten zuwendet, deren Bedeutung mehr auf lokalgeschichtlichem als auf bau- oder kunsthistorischem Felde liegt. Dann aber gilt seine Aufmerksamkeit in erster Linie Baudenkmälern bestimmter Epochen oder doch bis zu einer bestimmten Epoche; sie verliert, läßt sich sagen, an Intensität in proportionalem Verhältnis zur Jugendlichkeit des Gegenstandes, bis sie denn endlich ganz abstirbt, wo es sich um Lebende handelt.

Beide Erscheinungen, das Überwiegen ästhetischer Gesichtspunkte über historische Momente und die Fixierung an bestimmte, sozusagen klassische Stilepochen, sind deutlich in jenen Fällen zutage getreten, in denen während des letzten Jahrzehnts in Deutschland heftige Kämpfe um Abriß oder Erhaltung eines Bauwerkes geführt wurden. Sie wurden sichtbar während der Diskussion über das Braunschweiger Schloß, wo man sich gegenseitig zu Leibe rückte mit Gutachten und Expertisen, die sich fast ausschließlich auf die kunsthistorische Bedeutung des Objekts bezogen – womit man zu erkennen gab, wie unhistorisch man selbst in Fällen denkt, in denen einem Gebäude landesgeschichtliche und stadthistorische Bedeutung zukommt. Ein weiteres tat der Fetisch der Authentizität. Während Warschau und Danzig neu aus dem Schutt emporstiegen, kämpften bei uns Architektenverbände und Werkbund gegen die Rettung von Goethehaus, Charlottenburger Schloß und Reichstag. Das schlechte Gewissen einer vergewaltigten oder korrumpierten Architektengeneration machte sich in einem verspäteten und nachgeholten Modernismus Luft, der die alten Marktplätze und Boulevards planierte.

So sinken denn ganze Stadtviertel heute dahin. Das mittelalterliche und barocke Deutschland ist, in seinen großstädtischen Teilen, während des Krieges zerstört worden. Das Deutschland des neunzehnten Jahrhunderts, des späten zumal, hat staunenswerterweise in Frankfurt wie in Düsseldorf und Berlin den Krieg zumindest in einzelnen Stadtvierteln überstanden: Bis gestern ließ sich da noch der Geist jener Zeiten ablesen, zeugten die Hauswände und Straßenfluchten von dem erst langsamen und dann immer schnelleren Hinüberwachsen des nachmärzlichen Deutschland in die wilhelminische Großmacht mit Repräsentationsgelüsten auch in der Beletage und mit imperialem Anspruch auch im Treppenhaus.

Die Fassaden spiegelten das wider in ihren immer weiter ausholenden Bewegungen, ihrem Zuhilferufen der figürlichen an Stelle der linearen Ornamentik, mit ihrem Hinüberwechseln aus biedermeierlicher Bescheidenheit in das Prunken mit Materialien. Die Fassaden machten zu einem guten Teil auch die Lokalfarbe der deutschen Städte aus: Das norddeutsche Mietshaus bewahrte bis an die Schwelle des Weltkrieges heran noch Einflüsse des Englischen und Niederländischen, das Berliner Haus mit seinem »Berliner Zimmer« setzte sich im Wilhelminischen unverkennbar vom Märkisch-Brandenburgisch-Preußischen ab, das Münchener Zinshaus war südlich in den Proportionen und mediterran nicht nur in Innenhof und Arkaden, sondern auch im Grundriß der Wohnungen, weil zugeschnitten auf einen Menschenschlag mit anderen Lebensgewohnheiten.

Heute ist in den Straßen der Großstädte kein Unterschied mehr kenntlich: Die renovierten und gereinigten Fassaden gleichen einander in München wie in Wilhelmshaven und in Köln: Wohnquartiere, die nichts mehr ausstrahlen vom Geist ihres Ursprungs und nichts mehr provozieren an Assoziationen, Reminiszenzen und Reaktionen.

Und alles demonstriert, daß nicht Einsparungs-, sondern Putzwille hinter dem Verschandeln der Wohnviertel steht: Man gibt das eingesparte Geld wieder aus für Marmorumrahmungen des Erdgeschosses, für die Verkleidung der Säulen mit Mosaiken und für die eloxierten Einfassungen der Ladenetagen – man will mithalten mit den Neubauten und sein Teil zur Modernisierung des Stadtbildes beitragen. Man ahnt nicht, daß man damit nicht nur das eigene Haus, sondern auch das Gesicht der Stadt zerstört.

Man nimmt ihr gerade das, was sie uns kostbar macht: die Individualität. Die Zeit ist nicht fern, da der Staat, der heute die »Modernisierung« finanziert, das Doppelte des aufgewendeten Betrages für die Wiederherstellung des alten Zustandes aufbringen wird.

Welt ohne Schatten

Lob des Baums

Zu den Winken, mit denen die Zeit uns zu verstehen gibt, daß eine Epoche an ihr Ende gekommen ist, gehören nicht nur gedankliche Entwürfe oder kriegerische Vorkommnisse, der Contrat social oder die Kanonade von Valmy. Geschichtliche Wenden geben sich auch im Alltäglichen und Bagatellhaften zu erkennen, und zumeist gehen atmosphärische Wandlungen den politischen Verschiebungen voraus. In diesem Sinne ist der Triumph des englischen Parks über die abgezirkelte Geometrie des französischen Gartens ein Signal erster Ordnung. Was sich in der unter Goethes Mithilfe vollzogenen Anlage des Ettersburger Parkes anmeldete, war nicht eine neue Mode oder ein bloßer Stil. Der arrangierte Einbruch der Natur in die domestizierte Gartenwelt des achtzehnten Jahrhunderts kündigte nämlich einen Sieg des Ungeordneten auch auf anderen Feldern an. Die Gartenbücher, in denen die Pflanzung bizarrer Bäume und exzentrischer Gehölze gelehrt wurde, machten eine Vorliebe für das Pittoreske deutlich, der im Bereich der Poesie die Hochschätzung der starken Naturen und der wilden Individualität entsprach. Bevor er in der Literatur die Gesetze auf den Kopf stellte, hatte der Sturm und Drang längst die Gärten und Parks in eine kunstvolle Wildnis verwandelt. Noch einmal zehn Jahre, und Marie Antoinette zog es zu Weiher und Anger; die Mühle von Hameau ersetzte Grand und Petit Trianon. Dann war die Revolution da. Dies meint der Satz: Ist die Vorstellung revolutioniert, hält die Wirklichkeit nicht stand.

Auch in unserer Epoche gingen den großen Umwälzungen die kleinen Veränderungen voraus, und der schärfer Sehende hat schon früh am Beiläufigen abgesehen, daß sich nicht Einzelnes, sondern das Klima zu wandeln anschickte; man liest die Tagebücher und Korrespondenzen nur immer post festum. Ein Hinweis auf Veränderungen tiefgreifender Art ist zum Beispiel die unbemerkte Revolution gewesen, die Anfang des Jahrhunderts dem Fenster jene Grundgestalt genommen hat, die bis dahin über alle Stile und Kulturen hinweg durchgehalten worden war. Als an die Stelle des hochformatigen Rechtecks zum ersten Mal in der Geschichte des Bauens quadratische oder waagerechte Fensterbänder traten, kündigte sich nicht eine technische Neuerung, sondern ein neues Verhältnis zur Außenwelt an. Wie zumeist dienten auch hier die Argumente der Architekten nur zur nachträglichen Rechtfertigung des im vorweg Gewollten. In diesem Falle gab man in dem Moment vor, durch übergroße und die Nutzung einschränkende Fensterstreifen die Natur in den ummauerten Raum zu holen, als sich draußen nur noch Fabrikanlagen und Häusermeere zur Betrachtung anboten. Die Beobachtung solcher Signale, an denen es nicht gemangelt hat, machte Köpfe wie Paul Léautaud oder Ernst Jünger, die sich nicht an der Oberfläche der Ideologien aufhielten, frühzeitig darauf aufmerksam, daß ein Wechsel nicht im Konstruktiven oder Formalen, sondern in tieferliegenden Schichten der Epoche vor sich ging.

Dem Einblick, den die Fensterwand in das Leben der Bewohner gewährt, entspricht nämlich die Zudringlichkeit, mit der sich die Öffentlichkeit auch auf anderen Gebieten des Privaten bemächtigt. Es ist kein Zufall, daß das Aufkommen einer Psychologie, die das mühselig Verborgene ans Licht heben will, zeitlich mit dem Entstehen einer Architektur zusammenfällt, die vom gläsernen Haus träumt. Nicht nur die Wohnwelt wird publik gemacht, die gestern noch gegen das Draußen abgeschirmt wurde; auch die Seele wird veröffentlicht, und erst verspätet nahm man zur Kenntnis, daß mit dem Verlust der Diskretion auch im Selbstumgang die Häufigkeit der seelischen Leiden wuchs. Natürlich waren Freud und Gropius so radikale Neuerer wie Marx, was denn das Bürgertum, wo seine Instinkte intakt waren, sogleich empfunden hat. Tatsächlich war um 1900 die Couch des Analytikers so anstößig wie die Ballonmütze des Demagogen, und die soziale Sprengkraft der Psychologie ist früh gesehen worden. Wo alles zusammentraf wie bei Ludwig Wittgenstein, der heikle Gedanken in revolutionären Räumen denkt, bricht selbst die Familie irritiert den Kontakt ab.

Fünf Jahrzehnte noch, und die Stadtlandschaft Europas ist unkenntlich gemacht. Aus solcher Perspektive aber wird deutlich, daß es nicht den Bombenkrieg brauchte, das Gesicht der Häuser wie der Städte zu zerstören: Die Architektur ging dem 8. Bomberkommando voraus, und wo dieses nicht hinkam, half das schlechte Gewissen eines verspäteten Modernismus nach. Die Melancholie angesichts einer in den Feuern des Krieges untergegangenen städtischen Zivilisation aber verkennt, was Ursache und was Wirkung ist: Der Geist der Zeit bedarf nicht der Kanonaden, um sich zur Geltung zu bringen. Die Philosophie des neuen Bauens von den kilometerlangen Schlangenbauten Corbusiers bis zu den Wohntürmen Frank Lloyd Wrights machte lange vor den Ereignissen deutlich, daß eine überlieferte Stadt-Kultur an ihr Ende gekommen war, und der Krieg war nur der Vollstreckungsbeamte der Geschichte.

In solchen Zusammenhang gehört auch der Rückzug des breitkronigen Baumes aus unseren Gärten und seine Ersetzung durch kleinwüchsige Importe aus Ostasien und allerlei Krauchendes. Es ist nämlich noch kaum gesehen worden, in welchem Maße die private Gartenwelt den öffentlichen Parkanlagen angeglichen wurde, und daß die Sonnenöl-Kultur sich hier wie dort zur Geltung gebracht hat. Darin verbirgt sich mehr als die Abneigung einer Freizeitwelt gegen die mit dem laubabwerfenden Gehölz verbundenen Mißhelligkeiten. Der Baum, der sich ironisch als das eigentlich bürgerliche Gewächs apostrophieren ließe, dessen Zeit mit der Französischen Revolution anhebt und mit der Russischen endigt, ist nicht der Arbeits-, sondern der Stimmungswelt gewichen, und diese Stimmung ist dem Schatten feindlich und dem abgetönten, lichtdurchlässigen Dunkel; die Zwischentöne sind ihm fremd und das meerige Grün des Aquariums, das zur Samtportiere gehört und zum dämmrigen Halbschatten der Gründervilla, in deren Garten man den Kaffee in einer umrankten und also abgeschatteten Laube einnahm statt auf sonnenbeschienener Terrasse. Dem Grün jener Veranden und Wintergärten entspricht das mächtig in die Kunst einbrechende Grün des Impressionismus: Die Palette in der Malerei wird zum ersten Male in der Geschichte der Kunst von Grün in allen seinen Zwischentönen beherrscht, vom Blaugrün Trübners bis zum lichtglitzernden und zuweilen im satten Strich ausruhenden Grün Hagemeisters, vom breitflächigen Grün Manets bis zum nervösen Renoirs.

Wie oft in der Kunstgeschichte entsprechen die Valeurs der Malerei denen der gesellschaftlichen Etikette und also auch jenen der Literatur, in der diese Sozietät des Fin de siècle aufbewahrt ist. Dem abgeschatteten Grün der baumbestandenen Gärten und dem zwischentonreichen Grün der Liebermannschen Wannsee-Bilder entsprechen die vielsagenden Verschwiegenheiten der spätbürgerlichen Konversation und das Halbgesagte, Unausgesprochene und Angedeutete in der Erzählkunst vom alten Fontane oder vom jungen Thomas Mann, die Ranke des Jugendstils und die – zum heiligen Hain gehörende – Flöte Stefan Georges. Das Halbblaute, Verschwimmende und Vieldeutige ist auch aus der Literatur gewichen und hat einer Kunst des harten Konturs, der Direktheit, des Ausgesprochenen und des Unmißverständlichen Platz gemacht. Dem Egalisierungsprozeß, der die Siedlungskomplexe von Bergarbeitern optisch den Flachhausquartieren von Filmschauspielern angeglichen hat, steht ein geistiger Plebejisierungsprozeß zur Seite, der dem Dunkel, der Verschwiegenheit und der Nuance den Kampf angesagt hat.

Als die revolutionären Grundrißlehren der zwanziger Jahre die Zweckmäßigkeit zum Prinzip des Bauens erhoben, wurde auch der Geborgenheit und dem privaten Rückzugstraum der Kampf angesagt, die sich im Hause in Erkern, Winkeln, Korridoren und Nischen, im Garten oder öffentlichen Park aber in Lauben, Hekken, Pavillons oder Rondells zur Geltung brachten. Atmosphärische Wandlungen dieser Art werden fast immer auch vom Visuellen her greifbar. Im vorliegenden Falle würde die Vogelperspektive bereits signalisieren, daß im Klima des Gesellschaftlichen Wandlungen vorausgegangen sind: Neben das gaslichterhellte Grün der alten Stadtviertel tritt die gleißende Helle der neuen, baumlosen Gründungen. Die fortschreitende Helligkeitszunahme ist eines der Signa der letzten fünfzig Jahre, und die Peitschenlampe ihr Symbol. Die Elektrizität, die viel Gefährliches in sich begreift und nicht nur Schläge austeilt, sondern auch als Hinrichtungsmethode dient, ist eines der wichtigsten Charakteristika des zwanzigsten Jahrhunderts, weshalb denn Lenins Wort, daß Sowjetmacht Sozialismus plus Elektrifizierung sei, zu den großen Worten der Zeit gehört.

Es ist anzufügen, daß die Vogelsicht früher auch andere Aufschlüsse gewährte. Es bestanden nämlich unübersehbare Beziehungen zwischen ökonomischen und botanischen Kategorien, was so zu verstehen ist, daß mit der Höhe des Einkommens auch die des Baumbestandes wuchs. Im Flug über die großstädtischen Vororte wird heute noch, schon am Wechsel von Stachelbeer- und Johannisbeerbüschen über Pflaumen- und Birnbäume zu Linden und Weiden die soziale Typographie der überflogenen Landschaft erkennbar, so daß denn das geübte Auge auch aus fünfhundert Meter Höhe das alte Grunewald oder Othmarschen zu rekognoszieren vermag. Erst heutigen Tages entsprechen die Quartiere der Ärzte und Rechtsanwälte in Köln-Rodenkirchen oder München-Bogenhausen den Wohnvierteln der Angestellten in Stuttgart-Kaltental. Ob Abteilungsleiter oder Vorstandsmitglied: Es ist die gleiche Rasenfläche, die durch die gleichen Azaleen aufgelockert wird, denen dann die gleichen Miniaturkoniferen und Zwergbirken zugeordnet sind.

Nicht nur das Verschwinden der schattigen Kühle des sommerlichen Gartens also beklagen wir, wenn wir vom mächtig ausladenden Park- oder Gartenbaum Abschied nehmen. Unsere Trauer gilt dem, wovon er ein Zeichen war und also, wenn wir es recht bedenken, dem immer schnelleren Zurücksinken des Gestern. Bevor es ganz hinter dem Horizont verschwunden ist, rufen wir uns sein grünendes Zeichen, den Baum, noch einmal in Erinnerung und gedenken dabei dessen, wofür er stand.

Es ist ein bedeutender Zug der utopischen Literatur, daß sie die Pflanzenwelt aus ihren Reihen verbannt oder doch nur in rudimentärer Gestalt auftreten läßt. Franz Werfels Blick für Zusammenhänge dieser Art gibt sich auch in der Erfindung eines gelbbraunen Einheitsgrases zu erkennen, mit dem er die Landschaft seines Zukunftsromans »Stern der Ungeborenen« anstelle von Bäumen und Büschen überzieht.

Der Baum dagegen ist – wie vieles Vegetative – konservativen, rückbindenden, religiösen Geschmacks. Selber Sinnbild des Beständigen, tendiert er zur Bewahrung des Überlieferten und zur Macht, weshalb denn ironische Zusammenhänge zwischen Förstern, Thron und Altar bestehen; er hat einen nationalen Anstrich und taucht nicht nur in Volks-, sondern auch immer wieder in Soldatenliedern auf: Nach gewonnenen Kriegen pflanzte man zum Zeichen des Sieges »Kaisereichen«.

Das Wort bereits macht auf den altmodischen, harmlosen Charakter dieses Nationalismus aufmerksam, der jener des neunzehnten, nicht der des zwanzigsten Jahrhunderts ist. Es gibt Bismarckbuchen und Wilhelmseichen, aber in den Arenen und auf den Aufmarschplätzen der modernen Diktatoren kennt man den Baum nicht. Der Rote Platz, Mussolinis Forum, Hitlers Maifeld sind baum- und also schattenlose Anlagen: sei es, daß der Baum den Glanz der Paraden beeinträchtigt, sei es, daß er den Anblick und damit die Kontrolle von großen Menschenansammlungen erschwert. Um Schußfeld zu gewinnen, fällt man stets Bäume.

Das Fällen des Baumes ist überhaupt ein Vorgang rebellischen, revolutionären oder triumphalen Charakters; man gibt damit zu erkennen, daß sich die Macht- oder doch die Besitzverhältnisse gewandelt haben. Politische Erschütterungen und Zusammenbrüche von Reichen sind daher zumeist von Baumfreveln begleitet; ein Hintergrund dieser Art gibt Bismarcks Trauer angesichts der von Caprivi gefällten Bäume geschichtsphilosophische oder prophetische Würde. Der Untergang seines Preußen und seiner Hohenzollern war denn auch mit dem Untergang des nationalen Baumbestandes verbunden: Als 1945 Preußen staatsrechtlich aufgehört hatte zu existieren, waren mit den Schlössern des alten Königshauses auch die vierhundertjährigen Bäume des Tiergartens und die unter dem letzten Kaiser gepflanzten Bäume des Kurfürstendamms verschwunden.

Die melancholische Reminiszenz gibt erwünschte Gelegenheit zu einer Abschweifung ins Geschichtlich-Nationale. Vor allem die märkisch-brandenburgische Historie unterhält sehr weit zurückgehende Beziehungen zum Baum, was wohl mit dem Kolonialcharakter der Gründung zu tun hat und mit den sonderbaren Beimischungen in der Gefühlswelt dieses Menschenschlags: Noch heutigentags ist Berlin, obwohl durch Schnellstraßen-Systeme durchschnitten, die baumreichste Stadt Europas. Andere und weit ins Heidnisch-Wendische hinüberlangende Exemplare von Geschichtsbäumen beiseite lassend, empfiehlt sich hier vor allem eine Eibe als nationales Monument. Es ist die Eibe im Garten des Preußischen Oberhauses, und mit ihrer Geschichtlichkeit verhält es sich anders als mit den wilhelminisch-bourgeoisen Erinnerungspflanzungen: An ihr selber hat sich Geschichte vollzogen.

Als sie, vor anderthalb Jahrhunderten, in die Geschichte tritt, ist sie bereits ein Muster an Alter und Größe; Fontane, der ihr Jahrzehnte hindurch Visiten macht und ihr im Havelband der »Wanderungen« ein Huldigungskapitel widmet, schätzte ihr Alter bereits auf fünfhundert bis siebenhundert Jahre. Ursprünglich ein Paradestück des Tiergartens, sieht sie sich um das Jahr 1800 plötzlich – und zwar ohne sich von der Stelle zu rühren – in bebautes Gelände versetzt: Schon damals frißt sich die wachsende

Metropole in den Tiergarten hinein. Der Abstieg vom Park- zum Gartenbaum bringt jedoch ein soziales Avancement mit sich: Sie ist über Nacht zum Lieblings- und Kletterbaum der Prinzen, zumal des Kronprinzen, geworden, da ihr Besitzer, der Generalintendant von der Recke, freundschaftlichen Umgang mit dem Königshaus hat.

Bei dieser Gelegenheit erweist sich dann wieder einmal die Macht von Beziehungen. Die Verbindung zum Hochadel rettet, wie sich sogleich erweisen wird, der Eibe nämlich wenig später das Leben, was ein ebenso eindrucksvoller wie ungewöhnlicher Fall von Nepotismus ist. Als ein anderes Beispiel von monarchischer Baumliebe kann da nur jener persische Großkönig des Altertums mithalten, der seinem Lieblingsbaum ein Diamantkollier umhängte, woraufhin Baum und Schmuck allerdings Tag und Nacht von zwei Kriegern bewacht werden mußten, so daß denn diese erste Ordensverleihung der Weltgeschichte ohne Verzug beweist, daß für die mit dem Vorkommnis der Schönheit verbundenen Unbequemlichkeiten und Mißhelligkeiten stets die kleinen Leute aufzukommen haben.

Doch zurück zur Eibe. Wenig später wechseln Haus, Garten und Baum den Besitzer, und der neue Herr, Felix Mendelssohns Vater, richtet im Schatten der Eibe den Freiwilligen des Jahres 1813 ein Abschiedsfest im Garten. Es ist die erste, aber nicht die letzte Festivität unter den immergrünen Zweigen dieses Prachtstückes von Taxis baccata. Fünfzig Jahre später nämlich, am 20. September 1866, gibt das Preußische Herrenhaus als neuer Besitzer von Haus und Baum dem Monarchen und seiner siegreichen Generalität ein »Festmahl unter der Eibe« – was, beiläufig gesagt, zu einigen Gedanken über den familiär-gartenmäßigen Charakter von dergleichen preußischen Kriegsfesten stimuliert. Mit solcher Intimität ist es heute vorbei. Übrigens auch mit einer Anhänglichkeit an den Baum, die bei der Errichtung nationaler Baulichkeiten auf botanische Hindernisse Rücksicht nimmt. Als nämlich das Preußische Herrenhaus Anfang der fünfziger Jahre des vergangenen Jahrhunderts eines Erweiterungsbaus bedürftig wurde, erwies sich die Eibe als über die Maßen hinderlich und unvereinbar mit vernünftigen Bauplänen.

Dennoch wird ihre Beseitigung nicht einen Moment erwogen. Eine Kommission beschäftigt sich mit der Verpflanzungsmöglichkeit des halbtausendjährigen Riesen, wobei Friedrich Wilhelm IV., seiner einstigen Kletterein eingedenk, den Baum nach Sanssouci zu holen gedenkt, während sein Bruder, Prinz Wilhelm, sich mit Babelsberg zur Stelle meldet. Der verzweifelte Plan wird, des unsicheren Erfolgs wegen, verworfen, und endlich auch ein weniger kühner Entwurf beiseite gelegt, nach dem die Eibe innerhalb des Gartens nach einer Lösung der Wurzel durch eine »Schrägung« des Geländes kunstvoll um zehn Meter verschoben werden sollte. Der Baum bleibt an seiner Stelle, und der Sitzungssaal des Preußischen Herrenhauses muß weichen – was eine sehr lehrreiche Erinnerung ist in einer Zeit, die bedenkenlos vielhundertjährige Bäume fällt.

Solche Geschichtsvergessenheit im Umgang mit Bäumen gibt sich nicht nur im Fällen, sondern auch beim Pflanzen von Bäumen zu erkennen. Der Vorgang läßt sich am Schicksal der Kiefer, des eigentlich märkischen Baumes, beobachten, die in den Parks wie in den Gärten Berlins durch blau-wächsern schillernde Edeltannen ersetzt wird, und bestenfalls in fremdländischen Abarten ihr Leben fortfristet, weshalb denn österreichische Schwarzkiefern und mediterrane Hakenkiefern die märkische Kiefer zu verdrängen beginnen.

Der botanisch völlig unsinnige Wechsel, der auf märkischem Sandboden Kiefern heimisch zu machen sucht, die an Stelle der einzig angebrachten Pfahlwurzel weitausgreifende Flachverwurzelung, also Hochgebirgswurzeln besitzen, ist nicht nur deshalb von Übel, weil er der Landschaft die rotleuchtenden Stämme nimmt, die in den Romanen von Alexis und Fontane und in den Bildern von Lesser Ury und Leistikow das eigentlich und unverwechselbar Berlinische ausmachen. Die märkische Abart der Pinus silvestris ist der Mark auch noch auf andere Art zugehörig.

Die märkische Kiefer, in jungen Jahren vorbildliches Muster eines auf getreueste Symmetrie und zuverlässigste Regelmäßigkeit gestellten Gewächses, verdankt die bizarre Urtümlichkeit ihres Alters nämlich ihrer extremen und bei kaum einem anderen Baum im gleichen Maße vorkommenden Lichtbedürftigkeit, die sich kühn über das angeborene Gesetz hinwegsetzt. Die Kiefer, unter morphologischen Gesetzen ins Leben tretend, beschließt ihr Dasein in einer Gestalt, die ganz von physiologischen Bedingungen bestimmt ist – was denn zu heiteren Vergleichen Anlaß gibt, die sich auf das Märkertum und das Berlinertum beziehen: Formungen, die ebenfalls ihre Kraft aus der Ungunst der Natur gezogen haben.

Auch zwei Daten welthistorischen Ranges sind mit dem Pflanzen und Fällen eines Baumes verbunden: der Triumph und die Niederlage einer der großen Religionen der Menschheit. Firdausi berichtet in seinem »Buch der Könige«, daß Zarathustra zum Zeichen des Triumphes vor seinem Feuertempel in Keshmar in Nordost-Persien eine Zypresse gepflanzt habe, ein mächtig wachsendes Exemplar von einer Zypresse, deren Schönheit, Höhe und Wuchs ihresgleichen gesucht hätten. Die Iranistik hat nun jüngst darauf aufmerksam gemacht, daß die poetische Erwähnung des Zarathustra-Baumes zu zwei anderen gutbelegten Hinweisen auf die Zypresse von Keshmar paßt.

Marco Polo wurde im Jahr 1272 bei seiner Durchquerung der nordostpersischen Wüste von einem persischen Mitreisenden darauf aufmerksam gemacht, daß sie jetzt durch »Die Gegend der Zypresse« kämen. Und fast auf das Jahr genau vierhundert Jahre später, um 1670, erzählt ein Moralkompendium aus dem Bereich der Großmoguln, daß der arabische Kalif al Mutawakkil seinem persischen Statthalter befahl, die Zypresse des Zarathustra zum Zeichen des Sieges des Islam über Persiens Feuerreligion fällen zu lassen. Das sei, trotz der flehentlichen Bitten der Parsen, geschehen; damals seien genau 1450 Jahre seit der Pflanzung der Zypresse vergangen gewesen.

Rechnet man aber die Berichte nach, die bis dahin nur als

fromme Legende verstanden worden waren, so kommt man auf eine unerwartet genaue Bestimmung der vielumstrittenen Lebenszeit Zarathustras; die Iranistik liefert ein nur um ein Jahr abweichendes Ergebnis. Der Baum, bei der Geburt einer der großen Religionen der Erde gepflanzt und bei ihrem geschichtlichen Tod gefällt, hat anderthalb Jahrtausende überkront und durch seine organische Dauer die ganze Lebensspanne der geistigsten aller frühen Religionen ausgehalten: Er ist unbezweifelbare botanisch-geschichtliche Wirklichkeit.

Ist diese Zypresse der ehrwürdigste Baum der Geschichte? Nur mit Einschränkungen läßt sich das sagen. Vom germanischen Weltenbaum über den Apfelbaum der Erkenntnis und über »Die Eichen, Pappeln und Terebinthen, deren Schatten so lieblich ist« des Hosea bis zu dem Ölbaum des Christentums und der Platane, die Buddhas Baum der Erleuchtung war, ist immer der Baum Gegenpol eines rein auf menschliche Gegenstände bezogenen Denkens, das mit Sokrates darauf beharrt, »von Bäumen und Wassern nichts lernen« zu können.

Mit dieser sokratischen Wendung gegen den beseelten Baum ziehen sich auch die Dryaden aus der Natur zurück; es gilt Abschied zu nehmen von den Nymphen und all den anderen Baumgottheiten, die sich dann nur noch in Hexen-, Dämonen- und Koboldgestalt wieder in die Natur wagen, in die Tagwurzeln von Linden und in die knospensüchtigen Stämme von Ulmen gekleidet, in die Hexenbesen im Birkengezweig und in die Verwachsungen von Schwarzerlen; zaubrige und sagenumwobene Mißbildungen, deren erstaunlichste der Großherzoglich Badische Geheime Hofrat Ludwig Klein einst in einem Buch »Bemerkenswerte Bäume« seinem Landesherrn ehrfürchtig vorgestellt hat.

Wir also kämpfen für den Baum, seine durchlaubte Krone, seine bemooste Wurzel und die Verheißung der Dauer, die uns seine Zählebigkeit gewährt. Und wir geben uns, illusionärerweise, der Hoffnung hin, daß mit ihm auch die ihm zugehörige Kultur wiederkehrt, die Kultur des gebauten, des ummauerten Hauses zum Beispiel mit Fenstern, deren reichgegliederte Rahmen und Läden das Symbol der Diskretion waren, des abwehrenden statt einladenden Durchlasses zur Außenwelt.

Die Fortschrittsfreude aber, die – völlig zu Recht, wenn auch nicht bewußtermaßen – im urwüchsigen Baum die botanische Entsprechung zur bürgerlichen Gesellschaftsordnung sieht und der Eiche schnellwachsendes Kriechzeug vorzieht, kann beruhigt werden: Es ist nicht anzunehmen, daß mit der Pflanzung des hochständigen Gehölzes auch die Sozialordnung von gestern wiederkehrt. Vielmehr ist anzumerken, daß der Baum altem Volksglauben nach ein Versprechen jenseitigen Ausgleichs zwischen den Ständen birgt.

Alt-litauischen Vorstellungen gemäß geht die Seele der Verstorbenen erst einmal in Bäume ein, auf deren Wipfel sie gelangen muß, um sich dann ganz ins Oberirdische aufzuschwingen. Das Bild ist wie alles Mythische sehr wörtlich zu nehmen: Mühsam klomm der Verstorbene Alt-Litauens den rissigen Stamm empor, weshalb ihm denn die Hinterbliebenen allerlei Kletterzeug ins Grab nachwarfen: Bärentatzen und Luchsklauen. Der Besitz aber war dem Reichen hinderlich, immer wieder zogen die Schwere des Erworbenen, das Gewicht des Ererbten die Seele des Verstorbenen abwärts – womit denn der Baum die Funktion des christlichen Nadelöhrs übernimmt und Garantie jenseitigen Ausgleiches ist.

Die Sympathie für den Baum kann also auf ihre Zeitgemäßheit pochen und auf ihre Neigung zur Verbesserung der irdischen Zustände. Sie ist sogar großzügig genug gewesen, dem Radikalismus zu einem Namen zu verhelfen, indem sie ihm die Benennung der Radix, der Wurzel, ausborgte. Auf diesen sozialrevolutionären Inhalt des Baumes sei nachdrücklich hingewiesen, um die Neuerer für den Baum einzunehmen. Denn sonst ist zuzugeben, daß der langlebige Baum von aristokratischer Verachtung für den Augenblick erfüllt ist. Dies ist eine weitere Perspektive, die das Nachsinnen über Bäume auftut: Er lebt aus dem Glauben an den Fortgang der Dinge, denn er braucht Zeit. Dieser Zusammenhang

schwingt in dem Lutherischen Satz mit und auch in dem Benn-
schen Gedicht über Luthers Apfelbaum.

In Zeiten des Umbruchs und der Erschütterungen werden keine
Bäume gepflanzt, weil der Glaube an ihr Wachstum geschwunden
ist und niemand zu hoffen wagt, daß sich die Kinder in ihrem
Schatten ergehen werden. In diesem Betracht sind die Baumschu-
len ein politisches Barometer von großer Zuverlässigkeit: Die
Umsatzzahlen gehen zurück, wenn die Zeiten ins Wanken zu
geraten scheinen. Der Baum hat das, nationalökonomisch gesprochen, mit den Konsumgütern des gehobenen Bedarfs gemein. Im
Verschwinden des Baumes aus unserer Landschaft und in der
Ablösung des zeitbrauchenden Schattenspenders durch schnell-
wüchsiges Klettergehölz kommt das Mißtrauen in die Gegenwart
zum Ausdruck und das Gewappnetsein auf konvulsivische Veränderungen der Zustände.

Das Pflanzen des Baumes ist demgemäß ein Akt des Protestes
und des Trotzes oder ein solcher der großen Zuversicht. Wer sehr
viel Zeit hat, kennt die Zeit nicht mehr und steht außer ihr. Dies
meint die Sumpfzypresse des Zarathustra, als Fanal des Überzeit-
lichen in die Geschichte hineingepflanzt.

Preis des Inkognitos

Geschichtiche Einschnitte geben sich den Nachlebenden zuweilen am deutlichsten in Wandlungen zu erkennen, die Nebensächlichkeiten des menschlichen Zusammenlebens betreffen. Der Einfluß Innerasiens auf Zentraleuropa wird etwa das erste Mal greifbar, als die schamanistischen Eisenhemden auf dem Weg über den persischen Lamellenpanzer Rüstung und Mode der Spätantike bestimmen. Der Brauch, den heißen Rauch gedörrter und eigens in Brand gesetzter Pflanzen zu inhalieren, signalisiert die Entdeckung eines Kontinents; und die Abkehr von der Allongeperücke macht auf politisch-gesellschaftliche Wandlungen aufmerksam. Zuweilen artikuliert sich die Weltgeschichte in Bagatellen.

Zu den nachdenkenswerten Antworten, die die Gesellschaft von 1945 auf das Ereignis der Niederlage und der Schuld bereithielt, gehörte neben der Ablösung von *Verbots*schildern in öffentlichen Parks durch *Hinweis*schilder, in denen eine büßende Obrigkeit mehr in bittender Gestalt auftrat, auch die Entdeckung des Namens für die zivilisatorische Maschinerie. Es läßt sich voraussehen, daß vor allem die spätgeborene Generation sich einmal über jene wunderliche Tätigkeit verblüffen und erheitern wird, der sich die Überlebenden des schrecklichen Krieges hingaben: Während die Kadaver von toten Pferden und die Wracks von ausgebrannten Panzern noch beiseite geräumt wurden, begann der praktische und moralische Wiederaufbau eines Staates mit der massenweisen Herstellung von Namensschildern. Während in anderem Betracht die Absage an das Gewesene mehr in stockender Form vor sich ging, distanzierte man sich von einer Epoche auffallender Menschenverachtung durch die Vorbereitung einer neuen Zeit, die ihre Haltung zum Phänomen des Menschlichen durch Huldigung an sein vornehmstes Attribut zu erkennen gibt: den Namen.

Als die Dienststellen und Amtsstuben, eben noch vorgeschobene und gänzlich entindividualisierte und also ungreifbare Außenforts staatlicher Allmacht, wieder ihre Pforten öffneten, waren Türen und Schreibtische mit unzähligen Schildern übersät. Der Büroinhaber war ein Mensch, ließ sich gegebenenfalls als Person anreden, wurde dadurch von vornherein in die zivilisatorische Sphäre gezogen und entmachtet: Dies war die letzte, äußerste und rührendste Erscheinungsform der Demokratisierung, ein Akt friedfertiger und menschenliebender Massentaufe.

Heute tragen, mit allgemeiner Billigung, große Teile der Bevölkerung ihren Namen an ihrer Kleidung oder an ihrem Arbeitsgerät; je nach ihrem Heimatland haben Verkäuferinnen, Garagenwäscher, Krankenschwestern und Finanzbeamte das unschätzbare Privileg der Anonymität verloren. Der Vorgang der Lüftung des Inkognitos, früher – wie Trauerspiele und Operetten lehren – mitunter von entscheidender Dramatik, ist selten geworden. Das alles aber geschieht im Namen der Menschenwürde, und jedermann zollt Beifall.

Die Sache könnte für sich einnehmen, schon weil sie auf eine so liebenswürdige Weise wider den Geist des Zeitalters zu sein scheint. Ohne auf andere Aspekte der Angelegenheit einzugehen, ließe sich nämlich sagen, daß jene Fetischierung des Namens zu einem Zeitpunkt auftritt, da die Entpersönlichung der Gesellschaft immer weiter um sich greift und steigende Geschwindigkeit annimmt.

Denn die Namensverleihung an Verkäuferinnen kommt in einem Augenblick, als das Zeremoniell des Einkaufens auf nachbarlicher Ebene Selbstbedienungsvorgängen in Ladenzentren Platz macht, in denen nun unbekannte und oft ortsfremde Angestellte, deren Bedienungsfunktion sich zunehmend in eine Verwaltungs- und Kontrollfunktion wandelt, einen Namen preisgeben, mit dem sie allerdings doch niemand anreden wird, da die Ausdehnung des Betriebes und die Schnelligkeit des Berufswechsels dafür sorgen, daß sich doch nur selten eine persönliche Beziehung zwischen Käufer und Verkäufer herstellt. Es steht nicht anders mit den Reparaturbetrieben von Radio- und Autofabriken, die zur namentlichen Etikettierung ihrer Angestellten zu einem Zeitpunkt übergehen, da industrielle und also durch die Anonymität gekennzeichnete Organisationsformen die persönliche Beziehung zum Meister ersetzt haben.

Am deutlichsten wird der anachronistische Charakter der Namensschilder bei staatlichen Behörden wie der Post; die alten gewachsenen Stadtteile verlieren ihre Namen und werden zu größeren Postorganisationseinheiten zusammengefaßt; die Städte selber werden mit Leit- oder Kennziffern versehen, die ganz offenkundig in absehbarer Zeit den Stadtnamen selber im Postverkehr völlig verdrängen werden, wie denn die Zeit in einem Jahrzehnt gekommen sein wird, da auch die Menschen der leichteren Registrierbarkeit durch Computer wegen mit Nummern versehen sein werden.

Aber am Rentenauszahlungsschalter sitzt die gealterte Angestellte, auf deren ausgebliebenes Eheglück durch das vorgesetzte »Fräulein« ausdrücklich aufmerksam gemacht wird. Sie wäre, beiläufig gesagt, über die Maßen erstaunt, wenn sie plötzlich von einem Unbekannten mit ihrem Namen angeredet werden würde, und sie würde das, bei etwaig vorhandener Differenziertheit des Bewußtseins, auch als befremdliche Zudringlichkeit empfinden. Die namentliche Kennzeichnung ganzer Bevölkerungsgruppen ist ein Akt des Rückgriffs auf abgelegte Zustände, der seine Antriebskraft aus den Sünden der Vergangenheit holt. Der Wille zur Zivilisierung und Humanisierung ist hier einschlägig: Der Verapparatisierung des Menschen soll durch eine deutliche, laute und immer wiederholte Nennung seines Namens entgegengewirkt werden.

Dies ist ein, aber der oberste und äußerlichste Aspekt des Vorgangs: das Namensschild am Jackenaufschlag, dessen praktische Bedeutung mehr der eines Beschwerdebuches nahekommt, als die nicht ohne Anstrengung festgehaltene Vertraulichkeit von gestern in der Welt von heute. Bei schärferem Zusehen stellt sich die fragwürdige Neuerung in entgegengesetztem Zusammenhang dar.

Der Name nämlich ist eines der großen Vorrechte des Menschen, und ihn mit Geheimnis zu umgeben ein Wunsch von alters her. Der Zusammenhang wird in dem Brauch kenntlich, daß der Name des Untergebenen bei der Vorstellung zuerst genannt wird: Der Bevorrechtigte hält mit dem eigenen Namen also zurück – die Namenspreisgabe kommt einer Demaskierung gleich, und bis nicht auch der zweite Name genannt wird, sind die Gewichte ungleich verteilt. Folgerichtig sucht der Höhergestellte in höfischen oder bourgeoisen Zeitläufen die Nennung seines Namens durch sozial Niedriggestellte zu unterbinden; er will »Sir« oder »gnädiger Herr« genannt werden, die Anrede mit dem Namen ist ein Vorgang alarmierender Aufsässigkeit: Unter der Guillotine wurde Ludwig XVI. auch noch der Schimpf der Ausrufung seines ihm zudiktierten Bürgernamens zuteil.

Das Militär, immer ein Zufluchtsort überalterter und abgetaner Werte, hat nicht nur das Ideal der Ritterlichkeit auf unzulängliche Weise in das Zeitalter der Massenkriege hinüberzuretten versucht; es besteht bis heute darauf, daß nur der Vorgesetzte den Ranguntergebenen bei Nennung des Namens ansprechen darf, während er selber sich als Schutzschild den Dienstgrad vorhält. Die Aristokratie aber übergeht im Umgang mit Gleichgestellten den Adelstitel und bedient sich des Familiennamens: Der Tiefergestellte, dem auch in diesem Falle der Gebrauch des Namens untersagt war, sah sich auf das Adelsprädikat als das Distanzschaffende und Unvertrauliche verwiesen, weshalb denn noch heute die Wendung »Herr Baron« Assoziationen an ungarische Restaurants und Reminiszenzen an k.-u.-k.-Operetten weckt.

Die Vermeidung des Namens ist tatsächlich ein entscheidendes Privileg, dessen Vorkommnis auf archaische, feudale oder ständische, auf jeden Fall aber auf gegliederte Verhältnisse schließen läßt. In dieser Hinsicht gibt nicht nur die Tatsache einen Wink, daß Kinder ihre Eltern ansprechen, indem sie sich nicht des Namens, sondern der Verwandtschaftsbezeichnung zur Anrede bedienen; auch in anderen respektverlangenden Familienverhältnissen vom »Herrn Onkel« bis zur »Frau Schwägerin« wurde, zumal in geschlossenen Gesellschaftsordnungen, der Individualname peinlich vermieden, um Achtung und Devotion auszudrükken.

Kennzeichnend ist auch das Verhältnis des Menschen zur numinosen Welt, womit sowohl Götter als auch Dämonen gemeint sind. In all diesen Bereichen zählt nämlich der Name zu den großen Tabus, was sich schon darin ausdrückt, daß der Göttername selber oft nur eine Umschreibung für: der Unaussprechbare, der Unnennbare, der Namenlose ist. Auffallenderweise gilt das sowohl für Kulte primitiver Verhältnisse wie für späte Hochreligionen, deren Lebensanweisungen zumeist über Bestimmungen verfügen, den Namen Gottes äußerst vorsichtig zu verwenden. Solche Gebote sind ursprünglich Warnungen: Der Gebrauch des Gottesnamens, der mitunter auch nicht ausgeschrieben werden darf, war im wörtlichen Sinne gefährlich und wurde gegebenenfalls durch Flammenzeichen oder Sturmwinde geahndet. Der Gott setzte alles daran, ungenannt zu bleiben.

Es besteht kein Zweifel, wie das zu verstehen ist. Der Name ist ein Bestandteil des Ichs und enthält, dem Lehrsatz des zwölften Jahrhunderts »universalia sunt realia« zufolge, sogar das Wesen der Sache; mit seiner Handhabung gerät auch der Inhaber des Namens in den Bereich der Manipulierbarkeit. Darüber geben unzählige mythische Berichte Auskunft, die von Kämpfen mit bösen Geistern oder Dschinns handeln. Sehr oft nämlich besteht die eigentliche Aufgabe des Helden darin, den Namen des Gegenspielers herauszufinden, womit dessen Macht sofort gebrochen ist; zuweilen ist dasselbe Verhältnis ins Positive gewendet, was so zu verstehen ist, daß mit der Kenntnis des Namens der böse Geist in ein Knechtverhältnis gezwungen wird.

Der Gebrauch des Namens ist in allen diesen Fällen mit einer Gefahr verbunden. Der Troubadour verbarg nicht nur seinen eigenen Namen; er hütete auch den Namen seiner Dame, seines Streitrosses, seines Schwertes hinter seinem *senhal*, einem Kennwort, um die an die Kenntnis der Buchstabenzusammensetzung gebundene Sache selber zu bewahren. In der größten Romandichtung des mittelalterlichen Frankreich ist mit der Aufdeckung des Namens das Schicksal des Helden gegeben. Einer der Höhepunkte in Chrétien de Troyes' »Erec et Enide« ist erreicht, wenn Guivret das Geheimnis des erfragten Namens in einer Rede preisgibt, die im Verrat noch vom Fluch weiß:

> *»Herr, sagt er, kann's verschweigen nicht,*
> *kann's sagen nur, wie's Euch beliebt.*
> *Schön spricht sich aus der Name ja,*
> *doch hart ist's, wagt man sich daran,*
> *da keiner lebend draus entkommt.«*

Die verdünnte und ins Märchenhafte gewendete Äußerung dieser Zusammenhänge liegt mit dem Kinderspiel vom Rumpelstilzchen vor, das seiner mit dem Namen verbundenen Macht frohlockt: »Ach, wie gut, daß niemand weiß, daß ich Rumpelstilzchen heiß.«

Diese Genugtuung des Kobolds ist auch die unsere. Die Anonymität ist die große Zuflucht und als solche – wie Traumbücher lehren – auch im Schlaf eine Quelle der Sicherheit und Macht. Mit der unvorhergesehenen und überraschenden Nennung des eigenen Namens, etwa im Bahnhofsgewühl oder im Ausland, ist ein unwillkürliches Erschrecken verbunden, das Verwandtschaft mit der Furcht vor der Entlarvung besitzt. Dem entspricht auf der anderen Seite der unerklärliche und oft unabweisbare Wunsch, unter falschem, erfundenem oder entliehenem Namen aufzutreten, was sich, wie Krankengeschichten lehren, bis zur Manie steigern kann und dann zumeist ein Steckenbleiben oder Zurückfallen in pubertäre Zustände signalisiert.

Doch auch in Märchen, Sagen oder Legenden nehmen die abenteuerlich Umhergetriebenen immer wieder neue Namen an; zumal die Könige und Prinzen schlüpfen, wie etwa Harun al Raschid und all die anderen Herrscher aus Tausendundeiner Nacht, in neue Namen, die sie unerkennbar machen und ihnen damit die Freiheit zu Ausschweifung und Ausspitzelung geben. Das Pseudonym ist die Tarnkappe im Bereich der entmythologisierten, der zivilisierten Welt.

In diesem Zusammenhang läßt sich an jene indischen Frauen denken, die den Namen ihres Mannes niemals vor seinem Tode aussprechen durften; Jean Paul, der über dieses Phänomen in seinen Notizen »Dämmerung für Deutschland« reflektiert, bringt es mit der Ehrfurcht der Untertanen in Zusammenhang, die sie daran hindert, Fürsten und Sieger früher als nach ihrem Ableben bei ihrem ordentlichen Namen zu nennen, so daß denn »auf verständige Weise Fürsten-Taten, wie sonst in Frankreich Königssöhne, zweimal getauft werden, nach der Geburt mit der Not-Taufe, später und reif mit dem bleibenden Namen«.

Hinsichtlich solcher Sitten ist eine interessierte und aufmerksame Arroganz üblich, die auch dem Brauch der Papuas gilt, welche im Laufe eines Lebens den Namen mehrmals wechseln, und zwar nach Maßgabe der jeweils in den Vordergrund getretenen Charakterzüge. Es verhält sich natürlich in Wahrheit so, daß hier nicht ethnologische Sonderbarkeiten deutlich werden, sondern Distanzbedürfnisse und Devotionsansprüche, die stets wieder durchbrechen können und dann sogleich im Verhältnis zum Namen, also in seiner Umgebung erkennbar sind.

Eine der ersten Maßnahmen von Gewaltherrschaften besteht grundsätzlich darin, daß der Personalname der Gewaltausübenden durch abstrakte Bezeichnungen wie *Führer, Caudillo* oder *Duce* ersetzt wird; siegreiche Partisanenführer pflegen sich schnellstens zum *Marschall* zu befördern, wie denn der Fortgang der Entkolonialisierung mit einer Inflation militärischer Dienstränge verbunden sein wird.

Der Punkt, auf den hier geachtet werden muß, bezieht sich auf das Faktum, daß der Gebrauch des Namens in jedem Fall ein Akt der Unbotmäßigkeit und ein Zeichen der Rebellion oder doch zumindest der Insubordination ist: Wer im Dritten Reich von »Herrn Hitler« sprach, signalisierte damit seine ungebrochene Widerstandsfähigkeit. Die Anwendung des Namens ist auch in solchen Verhältnissen verräterisch: Wer den Namen ausspricht, zerstört den Nimbus der Person.

Die Ausgabe von Namensetiketten an Angestellte, gedacht als vermenschlichende Auszeichnung, ist also viel eher ein Akt der Demütigung oder doch ein solcher der Exponierung. Der Schalterbeamte, der inmitten der flutenden und stockenden Menge der Abfertigungshalle der einzige ist, der seinen Namen zur öffentlichen Verfügung gibt, wird damit an einer empfindlichen Stelle getroffen: In seinem Umgang mit der anderen Seite der Barriere hat sich das Gleichgewicht verschoben.

Wie die Imagination eines Polizeistaates lehrt, in dem jeder Bürger seinen Namen am Rockaufschlag zu tragen hat, gehört solche Preisgabe der Personalsphäre dem Bereich von morgen und nicht von gestern an: Die namentlich gekennzeichnete Verkäuferin im Ladenzentrum bewohnt nicht die Welt des Biedermeiers, sondern die der Utopie.

Das Namensschild gibt seinem Träger nichts, es nimmt ihm etwas: das Geheimnis des eigenen Ichs. Es macht ihn, ohnehin schon eingegliedert in die Welt der Apparaturen, nun auch noch als Privatperson nennbar und verfügbar, stellt ihn bloß und liefert ihn aus. Nicht ohne Grund erinnert der Kassenraum einer Großbank mit seinen Dutzenden von Namenstäfelchen an einen zoologischen Garten mit seinen Klassifizierungs- und Fangort-Schildern.

Alter und Würde

Von Zeit zu Zeit kommen den Zeitgenossen Einladungen ins Haus, an den Veranstaltungen eines »Altchenkreises« teilzunehmen. Es handelt sich, wie die Nachforschung ergibt, bei dieser segensreichen Einrichtung um ein kirchliches Unternehmen, das Hochbetagte zum Zwecke wechselseitigen Zeitvertreibs zusammenführen will. Die briefliche Aufforderung bringt ins Sinnen. Auch wer, mangelnden Greisentums wegen, der sich auftuenden Möglichkeit nicht folgen kann, hat einen Abend untergebracht mit Gedanken, die sich bald ins Allgemeine verlieren.

Gesetzt nämlich, man erfüllte die Forderungen hinsichtlich der Bejahrtheit und würde aus Vereinsamungsnot zur Zusammenkunft eilen: wäre man dann ein Altchen neben anderen Altchen? Die Feundlichkeit macht melancholisch. Jetzt sind die Einladenden doch noch bereit, einem auf höflich-weltmännische Weise zu begegnen und sich gesellschaftlicher Umgangsformen zu bedienen. Dies also entfällt bei nachlassender Rüstigkeit? Der Distanzbedürfnisse hat man sich mit bleichendem Haar zu entschlagen und der Sensibilität bei gebücktem Gang?

Die Würde des Greises, schwer genug erkämpft und so hart zu behaupten wie zu ertragen, wird einem durch ein unerwünschtes Diminutiv ins Kindisch-Zahnlose gewendet. Die Einladung weiß etwas von der Einsamkeit des Alters, aber nichts von seiner Würde. Sie will das Alter vergessen machen, daß es alt ist und daß es etwas heißt, hoch zu Jahren gekommen zu sein.

Tatsächlich gehört der Abschied vom Greisentum zu den Merkmalen, an denen sich unsere Zeit erkennen läßt. Auch in diesem Fall wieder hält die Literatur Materialien bereit, die über Lebensgefühl und Selbstverständnis der Epoche Auskunft geben. An den Büchern der Gegenwart fallen nämlich nicht nur Wandlungen der Form und Neuerungen des Aufbaus auf; auch das Personal des Romans ist neu und anders zusammengesetzt. In überraschendem Maße fehlt jene Gruppe von Personen, die nicht nur in der Gesellschaft, sondern auch in der Literatur des vorigen Jahrhunderts eine wichtige Rolle gespielt hat: die der Altgewordenen. Der Hochbejahrte, der im Erzählen von Balzacs Goriot über Dostojewskis Sossima bis zu Fontanes Stechlin an so entscheidender Stelle steht, daß sich allein an der Schätzung des Alters ein Buch jener Zeit zu erkennen gibt, ist aus dem Personenregister des zeitgenössischen Erzählens fast ganz ausgeschieden.

Der neue Autor hat es nicht mit dem Achtzig-, sondern mit dem Dreißigjährigen zu tun, und er trägt Sorge dafür, daß sein Held durch die Wechselfälle des Schicksals daran gehindert wird, ein unpassendes Alter zu erreichen. Es ist oft gesehen und meist sehr oberflächlich interpretiert worden, daß der *Tod* in den Büchern der Gegenwart eine so große Rolle spielt. Unbemerkt ist dagegen geblieben, daß das *Sterben*, nämlich: das langsame und zögernde Verlöschen des alten Lebens, kein Gegenstand des Schreibens mehr ist, das noch beim alten Fontane und Raabe oder beim jungen Thomas Mann und Hofmannsthal mit kaum etwas anderem befaßt war.

All die jungen Leute wie Hemingways Robert Jordan, Dos Passos' John Andrews oder Julien Greens Serge bestehen darauf, dem Leser rechtzeitig aus den Augen zu kommen, so daß sich im Falle der neuen Literatur Epikurs Wort abwandeln läßt: Wenn das Alter da ist, ist der Roman nicht mehr; wenn der Roman da ist, ist das Alter nicht.

Die Literatur, deren diagnostischer Wert zuweilen größer als ihr literarischer ist, hat hier einen Tatbestand zutage gefördert, der wiedererkannt wird, wohin auch der Blick fällt: die Abwesenheit der Alternden. Damit ist nicht nur gemeint, daß der alte Mensch, nachdem er gestern aus der Familie ausgeschieden wurde, heute auch aus der Gesellschaft des Gemeinwesens verwiesen und an den Stadträndern in Heimen konzentriert wird, die mit Gärten statt mit Leben aufwarten – wobei schnell hinzugefügt werden soll, daß dergleichen Wohltätigkeit vom alten Menschen nichts weiß, der stets in Altersheimen nur die Straßenzimmer, also die der Stadt mit ihrem Lärm und ihrer Not zugekehrten Räume begehrt hat.

In Wirklichkeit ist denn auch die Erfindung des stadtfernen Altersheims ein ziemlicher Mißerfolg, und nur eine Epoche von großer Altersfremdheit konnte überrascht sein, als sich kürzlich herausstellte, daß die Insassen jener neuen Parkheime ins Häusermeer zurückdrängen.

Solche Fehlschläge sind natürlich nur dann bemerkenswert, wenn sie als Symptom genommen werden, an dem sich die Haltung der Zeit zum Alter ablesen läßt. Denn nicht die Entfernung des Greises aus der Stadt ist aufschlußreich, sondern sein Rückzug aus der Epoche: Er ist auch dort nicht mehr vorhanden, wo er noch da ist. Trotz gestiegener Lebenserwartung und also vervielfachtem Vorrat an Uralten ist der Greis als Greis unseren Blicken entschwunden, und Großvater und Urahn spielen wie in der Literatur so im Leben keine Rolle mehr.

Die Wichtigkeit, die man einer Gruppe zuerkennt, bemißt sich nämlich niemals nach dem Maß an Fürsorge oder der Aufwendigkeit der Teilnahme, sondern nach dem Gewicht, das man ihr für die Gesellschaft zuspricht. In diesem Zusammenhang wird dann deutlich, daß der Hochbetagte mit seiner Überführung in kostspielige Heime mit Spielzimmern in seiner Position nicht gestärkt, sondern geschwächt wurde: Er ist aus der Sphäre des Ehrwürdig-Mustergültigen in die des zu Unterhaltenden verwiesen worden, wobei dieses Wort in seinen zwei Bedeutungen zu verstehen ist.

Der Greis von gestern wurde weder in der einen noch in der

anderen Hinsicht gepflegt; aber er wurde in Veteranengestalt zur
Erscheinung gebracht und als Invalide von Kaisern besichtigt und
also ernst genommen und in seiner anhaltenden Verwendbarkeit
für staatliche Zwecke bestätigt; es wäre niemandem in den Sinn
gekommen, ihn ein Altchen zu nennen. Am Alter war ja gerade
das Alter wichtig, und während die Literatur ein Großvaterbild
nach dem anderen aufrichtet, räumt auch der Staat dem Greisen-
haften eine Vorzugsstellung ein: keine Parade ohne die Blessierten des letzten Krieges, kein Kaisergeburtstag ohne eine
Rollstuhlauffahrt, keine Denkmalsenthüllung ohne die zuständi-
gen Greise vom Kriegerverein.

Dergleichen sind vermutlich lächerliche Veranstaltungen, und
es läßt sich auch ihre Annehmlichkeit für die Beteiligten bezweifeln. Sicher ist, daß der Staat mit solchen Vorführungen der Alten
die Ehrwürdigkeit der zu Jahren Gekommenen demonstrieren
will, wobei das Gebrechlich-Vorbildliche zudem noch als Muster
an Treue gegen etwaig rebellierende Jugend ins Feld geführt wird.
Der Punkt, auf den hier geachtet werden muß, betrifft die Reminiszenz an Staatlich-Pädagogisches, die sich beim Greis von
gestern einstellt. Bei dem von heute kommen sofort Assoziationen
an bunte Nachmittage auf, zu denen Rundfunksender Musik und
Kakao in Altenheime schaffen.

Damit ist das Wort gefallen, das der Staat heute verwendet,
wenn er von den Häusern spricht, in denen die Bejahrten der
Nation ihren Lebensabend verbringen: Er bringt sie in Altchen-
kreise und Altenwohnheime. Die Vokabel, die die Nachdenklich-
keit in Gang brachte, ist kein sprachlicher Fehlgriff, vielmehr von
verräterischer Anschaulichkeit.

Der Ersatz des nüchtern-würdigen Wortes Altersheim durch
den distanzlos-verzärtelnden Ausdruck Altenwohnheim nimmt
dem Greis nun auch vom Sprachlichen alle Vornehmheit und allen
Stil, nachdem ihm die Wirklichkeit schon jenes Verdienst abge-
sprochen hat, das Thomas Mann noch in der einfachen Tatsache
sah, alt geworden zu sein. Zum Altchenkreis der Kirche paßt nicht
einmal mehr das Alte Testament, das da doch gewiß gelesen wird,

weil die biblischen Bilder majestätischen Greisentums von Methusalem bis zu Jakob aus dem Widerspruch gegen die verniedlichende Kosegestalt und damit Entmachtung des Greises leben.

Die plebejische Vertraulichkeit des Ausdrucks Altenwohnheim hängt natürlich mit jenem allgemeinen Verlust an Ernst, Strenge und Form zusammen, der die Epoche kennzeichnet. Die Individualitätsverneinung, die im Altchenbegriff enthalten ist, der die organische Vorgerücktheit des Greises anstelle seines menschlichen Ans-Ziel-Gekommenseins betont, signalisiert Tendenzen, die auch eine Wendung ins Gefährliche nehmen können. Erst erleichtert man dem Greis sein Alter und dann sein Ende.

Damit ist deutlich geworden, daß der Zug zum Biologischen die Bedenklichkeit jener Worte ausmacht, mit denen heute die Sphäre des Alters angesprochen wird. Alle diese Begriffe haben eine Nachbarschaft zum Vokabular der faschistischen Epoche, was übrigens im gesteigerten Maße für die entsprechenden Ausdrücke aus der Welt des Kindes gilt. Wie nämlich die stadtfeindliche, verniedlichende Pavillonschule mit ihrer Richtung auf Kinderheim-Atmosphäre inmitten der Großstadt nur die andre Seite des Altenheims darstellt, so entspricht dem Altchenkreis der Kinderhort und das Pflegenest: Wendungen, in denen das Menschliche am Kind verneint und zugunsten des Animalischen verdrängt wird. Tatsächlich ist die Zoologisierung des Wortschatzes, der sich Wendungen aus Bereichen geholt hat, in denen nicht erzogen, sondern gepflegt wird, ein alarmierender Vorgang: Solche Wortwahl hätte auf Entwicklungen vorbereiten sollen, die dann auch in jener Hinsicht der animalischen Welt nacheifern, daß sie *aufzuchtunwertes* Leben aussortieren.

Die Amtsbezeichnung des Staates kennt als Endpunkte des Lebens das Pflegenest und das Altenwohnheim. Tatsächlich aber spielt sich, was ausnahmehaft und also menschlich ist am Menschen, nicht nur in zeitlicher Hinsicht zwischen diesen unernstunwürdigen Begriffen ab.

Figuren von Gestern

Der Untergang des Helden

Jede Epoche hat ihr eigenes Vokabular. Dem »Wörterbuch des Unmenschen«, das nach diesem Krieg eine linguistische Bestandsaufnahme des Dritten Reichs versuchte, ließen sich Diktionäre Ostberlins oder Bonns an die Seite stellen, wobei nicht an Entlarvung, sondern an Rekognoszierung gedacht wird.

Zu den auffälligsten Erscheinungen gehört, daß das offizielle Deutschland für die beiden Teile Deutschlands verschiedene Wörterbücher verwendet: Das Mitgefühl gilt, etwa im Falle eines Unwetters, der oberpfälzischen Bevölkerung, nie aber der thüringischen Bevölkerung.

Die Bewohner der Zone sind *Brüder und Schwestern*, und zwar im Munde Konrad Adenauers wie dem Willy Brandts. Diese Beförderung zu einem *Bruder*, die auch beim Vorkommnis des Hochwassers keinem obdachlosen Hamburger zuteil wird, ist wegen des Umschlags in ein ungesellschaftliches Vokabular interessant, das aus der sakralen Sphäre stammt und heute nur noch in der emotional-hochgestimmten, also in der unpolitischen Diktion lebt.

Es ist dies ein Vorgang, der an den Tischler oder Buchhalter erinnert, der frühestens bei seiner Einberufung, spätestens bei seinem Tod auf dem Schlachtfeld zu den *Söhnen* des Vaterlandes avanciert, aus deren Reihen er bei der Demobilisierung allerdings sogleich ausscheidet. Sein Fortleben in dieser außerpolitischen, aber vaterländischen Sphäre findet nur auf den Granitsteinen statt, auf denen der »toten Helden« oder der »gefallenen Söhne« gedacht wird.

Die Verwendung des Wortes »Held« im Zusammenhang des Gefallenendenkmals, das aus Gründen militärischer Traditions- freude zumeist Kriegerdenkmal genannt wird, verständigt sogleich darüber, daß diese Vokabel nicht ganz rechtmäßig und ernsthaft, sondern mehr ehrenhalber gebraucht wird. Tatsächlich ist die Formel »Heldenfriedhof«, bei der auch der Hinterbliebene nicht wirklich an einen Helden, sondern an unzählige Tote einer Materialschlacht denkt, nahezu die einzige Wendung, in der heute noch der Begriff Held auftaucht.

Sprachbeobachtungen dieser Art sind nur dann der Mühe wert, wenn sie über das Sprachliche hinausführen; die Frage also ist, ob es die Sache noch gibt, deren Name außerhalb der archaischen Korrespondenzbegriffe »Kriegerwitwe« und »Heldenfriedhof« nur noch mit großer Vorsicht verwendet wird.

Es muß allerdings sofort gesagt werden, daß diese Feststellung nicht für den Osten Deutschlands gilt, wo man vielmehr die im Westen ausgeschiedenen Begriffe usurpiert hat, um vom »Arbei- ter- und Bauernstaat«, vom »nationalen Kulturerbe« und vom »Held der Arbeit« zu sprechen. Aber diese Annexion ist augen- scheinlich ein politisch-bewußter Akt des Rückgriffs, dessen Unangemessenheit auf der Hand liegt. Der Terminus Held setzt nämlich seinem Begriffe nach anderes voraus als entindividuali- sierte Übersoll-Erfüllung und Sonderschicht-Leistung. Der Pro- test gegen die östliche Usurpation des Helden gilt jedoch nicht dem Osten: Es ist vollkommen belanglos, wer vom Helden spricht. Wichtig ist nur, was unter dieser *menschlichen* Qualität zu verstehen ist.

Damit ist bereits der Widerspruch gegen die Helden-Theorie des neunzehnten Jahrhunderts formuliert, das mit Carlyle auch Götter, Heroen und Propheten Helden genannt hat. Wer heute das verführerische, gefährliche und peinliche Wort »Held« ausspricht, hat Menschen im Sinn; Sprachgefühl und Präzisions- wille weigern sich, die Vokabel auch auf Buddha, Jesus oder Mohammed anzuwenden, weil der Gott oder Religionsstifter eine wesentliche Bedingung des Helden nicht erfüllt: Er ist nicht auf sich gestellt. Seine Tat lebt nicht aus der eigenen Verantwortung, sondern aus dem Auftrag. Schon deshalb sind die Söhne der Götter so wenig Helden wie der befehlsgemäß auf verlorenem Posten fallende Soldat.

Carlyles Heldenbild, das jenes des Wilhelminischen Deutschland wurde und noch in den nationalen Schulbüchern Weimars fortlebt, hat auch darin die Carlylesche Tugend geistreicher Ungenauigkeit, daß überhaupt kein Unterschied zwischen »großen Männern« und »Helden« gemacht wird. Friedrich der Große, Goethe, Napoleon, Robert Peele und Bismarck sind ihm die einzigen Helden der Neuzeit, weil er in ihnen die großen Männer sieht, in denen sich die Geschichte fortbewegt hat.

Mit ziemlicher Wahrscheinlichkeit kommt allen diesen Männern das Attribut der Größe zu, aber es ist, wenn man aus der romantischen Optik Carlyles heraustritt, nicht recht zu sehen, worin das Heldengemäße an ihnen besteht. Der Held nämlich führt zwar keine Aufträge aus, aber er ist auch nicht der Lenker der Geschicke.

Damit fällt ein anderer Pfeiler der spätbürgerlichen Heldenästhetik in sich zusammen: daß der Held der Geschichte einen Ruck gegeben haben muß, also erfolgreich gewesen ist. Der Held lebt gerade aus seiner Unabhängigkeit vom Erfolg, und die Geschichte hat eine spürbare Vorliebe für die Gescheiterten unter ihnen. Der Tod, wenn möglich der frühe Tod, zählt in dieser Hinsicht zu den vorteilhaften Voraussetzungen. Selbst Friedrich II. von Preußen ist dem Begriff des Heldenhaften nach Kunersdorf näher als nach Leuthen, weshalb er denn in Liedern und Anekdoten vorzugsweise in gefährlicher und verzweifelter Situation weiterlebt, unter der Panduren-Brücke oder beim Betreten des gegnerischen Offiziersquartiers. Der Triumphator hat Mühe, ein Held zu sein.

Der Tod allein allerdings macht es auch nicht. Jener pompejanische Wachtposten ist kein Held, und man hat auch Zweifel, ob der französische Offizier die Bedingungen des Heldenhaften erfüllte, als er in dem algerischen Café mit seinem Körper die explodierende Handgranate zudeckte, um seine Söhne zu retten. Hier fehlt die Zuordnung zum Außerfamiliären, die auch bei der Mutter vermißt wird, die sich vor den Wagen wirft, um ihr Kind zu schützen.

Der Held setzt also die Gruppe voraus, um die engeren, weil an bestimmte Sozialstrukturen fixierten Vokabeln »Gemeinschaft« und »Gesellschaft« zu umgehen. Der private Opfertod konstituiert einen Helden so wenig wie der Opfertod am Kreuz: Hier fehlt die Möglichkeit des Scheiterns, dort der Bezug auf die außerprivate Welt. Mit dieser Einengung des Helden muß man auch auf die Recken verzichten, die sonst jede Bedingung erfüllen, die man an das Heldengemäße zu stellen hat. Der nordische Barde tut dem Begriff des Helden in fast jeder Beziehung genug, vor allem aber der vorislamische Einzelgänger, von dem die altarabische Poesie erzählt.

Die größten Gestalten dieser arabischen Heroenzeit, von denen die bedeutendsten Gedichte erzählen, die Arabien hervorgebracht hat, Imruulkais und Schanfara, scheinen auf den ersten Blick das Schema des Helden zu erfüllen: Es sind Auf-sich-Gestellte, Sich-selbst-Verantwortliche; bedenkenlos, aber adlig; kriegerisch, aber im Recht; ihr schweifendes Leben ist auf den »Täter wilder Taten« bezogen; im Kampf die Verlorenheit liebend, definieren sie sich selber:

Wir fahren dahin zu ungewissem Ende und wir vergessen es
Über Essen und Trinken, Spatzen sind wir, Mücken und
Würmer,
aber kühner als die hungrigen Wölfe.

Sie haben die Idealität in der Gesetzlosigkeit, denn sie unterwerfen sich der Forderung:

Ein Mann, bis ihm das Letzte des Atems ist entflohn,
Erreicht des Strebens Ziel nie und läßt nie ab davon.

Es ist auch die Vereinsammung, die Verlassenheit, die mit Rückert die Romantik vom Helden fordert:

Sobald ich sage, dieser Gesell gefällt mir nun,
und meine Augen wollen auf ihm befriedigt ruhn,
sogleich nach einem anderen hab' ich mich umzutun.
So will's mein Glück: wo immer mit mir fuhr ein Gefährt,
er hat mich hintergangen oder sich abgekehrt.

Damit sind die Ansprüche an den Helden scheinbar erfüllt; folgerichtig zählt die Literatur über den Helden, die namentlich während des Zweiten Weltkrieges in Amerika ganze Bibliotheken
hervorbrachte, den Recken der Edda und der Kasside dazu; auch
das wichtigste Buch der deutschen wissenschaftlichen Literatur,
Georg Mischs Geschichte der Autobiographie, nennt das entspre-
chende Kapitel »Die Selbstdarstellung des Helden in der altarabi-
schen Dichtung«.

Aber Imruulkais und Schanfara sind so wenig Helden wie die
Gestalten des türkischen Nationalepos *Dede Korkut*; jedesmal
fehlt die außerprivate Verpflichtung. Der vom Stamm verstoßene
Beduinenscheich, der das Umhergetriebensein der Unterwerfung
vorzieht, bewährt und bewahrt sich im Stolz des Wüsten-Aristo-
kraten. So sehr sein Trotz aber auch auf einen beduinischen
Ehrenkodex bezogen sein mag, gilt sein typisch arabischer »Ruhm
des Durchhaltens« doch nur dem eigenen Ich, und deshalb schei-
det er aus dem aus, was uns die Sphäre des Helden ist. Weder
Störtebecker noch Schillers Verbrecher aus verlorener Ehre sind
Helden; auch Michael Kohlhaas nicht.

Der Held braucht die geschichtliche Szene; Mythos und unhisto-
rische Reckenwelt halten keine Helden bereit. Es liegt jetzt auf der
Hand, daß Herakles und Siegfried keine Helden sein können.
Zum ersten Mal werden die Ansprüche von Leonidas zureichend
erfüllt, dessen Position denn auch weder im Bewußtsein des
Volkes noch in der Dichtung Europas jemals erschüttert worden
ist. Hier ist der freie Entschluß da und die eigene Verantwortung;
hier wird die Gemeinschaft nicht vermißt und nicht der Zug zum
Vergeblichen und Opferhaften, der zur Definition des Helden zu
gehören scheint. Winkelried steht ihm sehr nahe.

Nun endlich wird deutlich, weshalb der Spielraum für das Heldenhafte seit der zweiten Hälfte des vorigen Jahrhunderts immer mehr schrumpft. Der Bereich des Auf-sich-gestellt-Seins nimmt immer weiter ab und damit zugleich die Möglichkeit einer Bewährung aus freiem Willen und Mitverantwortung für eine Gruppe. Der unbekannte Soldat schiebt sich an seine Stelle und damit gerade die Namenlosigkeit, die weder Person noch Individualität kennt. Der Held war an den Namen, nämlich an die Person gebunden, und so entspricht dem Gedenkstein für Leonidas das Grabmal des Unbekannten Soldaten, an dem noch der fremde Staatsmann der Anonymität seine Huldigung darbringt.

Der Held tritt seltener auf, und er nimmt an Gewichtigkeit ab. Das Bedürfnis schafft sich zwar noch Helden, also faßbare Personifizierungen weit ausgreifender Geschehnisse, aber es sind Ersatzhelden, die an Persönlichkeit gemindert sind. Der mutige einzelne tritt auf den Platz des Helden: Zum ersten Mal wird unwichtig, ob sein Tun noch Bedeutung für den Gang der Dinge und also für die Gruppe besaß.

Nicht nur Leonidas und Winkelried erfüllten diese Bedingung; auch Seydlitz und Ziethen waren in Aktionen von Gewicht verwickelt, wenn auch das Haudegenhafte an ihnen nicht zu übersehen ist. Schon der Held des Ersten Weltkrieges ist nur noch ein Einzelkrieger, ist bereits ein Produkt des Zeitalters der Massenkriege, das für den eigentlichen Helden keinen Raum mehr bereitstellt.

Der Zweite Weltkrieg hat nichts dergleichen mehr hervorgebracht; die Namen, die eine Umfrage zutage fördern würde, geben jedoch das Bedürfnis zu erkennen, das auch in dieser Zeit noch Bedingungen erfüllt sehen will, bevor es dem Drang nach Heldenverehrung Personen schafft. Erwin Rommel nämlich und Eduard Dietl werden an erster Stelle genannt, nicht Erich von Manstein oder Franz Halder.

Das militärische Genie beider Männer war vermutlich begrenzt, aber sie operierten in überschaubaren Räumen in eigener Verantwortung; die wichtige Bedingung an Abenteuerlichkeit ist erfüllt, aber auch die Forderung an Ritterlichkeit, vor der Ferdinand Schörner und Otto Skorzeny versagen.

Es versteht sich, daß hier bereits Einbußen unübersehbar sind, die das Maß an Vorbildlichkeit betreffen. Der Held im strengen Sinn darf nicht auswechselbar sein, aber der Haudegengeneral im Stile Paul von Lettow-Vorbecks oder Eduard Dietls ist es. Nicht nur die Taten entscheiden über den Rang; auch der Anspruch an die Person will befriedigt sein. Von allen Gestalten der beiden Weltkriege kommt Lawrence von Arabien dem Bild des Helden am nächsten: Nur hier sind Einsamkeit, Freiheit, Verantwortung, Gruppe und Idealität in zureichendem Maße vereint. Zu den heikelsten Fragen gehört, ob nicht Claus Graf Schenk von Stauffenberg der einzige ist, der auf deutscher Seite neben ihm genannt werden darf.

Der Held wird heute unmöglich; aber noch im Abschied lassen sich die Umrisse seiner Gestalt an den Figuren erkennen, die für ihn ersatzweise aufzukommen haben. Stalingrad hat so wenig einen Helden hinterlassen wie die Schlacht von Berlin; auch die polnische Seite hat bei Warschau und die belgische bei Lüttich nichts Heldenhaftes zutage gefördert. Mit den Weiten Rußlands und vier Kriegswintern verbindet sich nicht eine einzige Gestalt.

Die Namen, die man etwa in Deutschland nennt, sind die von Werner Mölders, Günther Prien, Adolf Galland oder Marseille, und tatsächlich lassen sich am U-Boot-Kommandanten, dessen Ruhm zum Teil ein Erzeugnis der Propaganda ist, Qualitäten ablesen, die sonst vermißt werden. Noch der Pilot des zwanzigsten Jahrhunderts nämlich muß dem Bild von Schanfara, Leonidas und Winkelried angenähert sein, wenn er auf den Ruhm des Helden Anspruch erhebt. Der mutige Mann im Bomberpulk hat keine Chance, ein Held zu werden; er kann nur sterben. Nur der Auf-sich-Gestellte, nämlich der Jagdflieger mit freiem Spielraum und eigener Verantwortung, darf sich als Nachzügler des einstigen Helden empfinden, worin ihm Volk und Kriegspropaganda auch sogleich zustimmen.

Die Bomberbesatzung tritt an die Stelle der Hopliten-Einheit: in die unheldische Anonymität. Der Jäger ist der letzte Einzel-kämpfer; wenigstens er leistet dem romantischen Bedürfnis Genüge, das sonst unerfüllt bleibt. Im Grunde ist natürlich auch er kein Held: Bei individueller Todesbereitschaft ist unter all diesen Ruhmumgebenen keine Gestalt zu sehen, an sie sich Ideale fixie-ren lassen. Sie sind heldenmütig, aber unheldisch.

Es sieht so aus, als sei damit endgültig Abschied zu nehmen vom Helden, zumindest soweit er in der Sphäre des Kampfes auftritt, an die er jedoch trotz Roald Amundsen und Gustav Nachtigal gebunden zu sein scheint. Weder die Eigernordwand noch die Weltraumkapsel sind Orte, an denen sich Helden aufhalten. Die montierten Bediener von Raketen-Apparaturen übernehmen nur ersatzweise die Funktion des Helden, und während der Momente, da die Steuerungsautomatik ausgefallen ist und ihr Schicksal für den Bruchteil von Sekunden in ihre eigene Hand gelegt ist, kann der Anblick täuschen. Dann aber wird deutlich, daß die Freiheit fehlt und die Spontaneität der Entscheidung: dem Begriff des Helden widerspricht das Training, denn das Nicht-Berechenbare ist seine Voraussetzung.

Der Sprachbefund war verläßlich. Als das Wort Held vielfältiger Beimischungen wegen unaussprechbar wurde, war auch das damit Gemeinte bereits nur noch in manipulierbaren Ersatzformen vor-handen: der Held im Wehrmachtsbericht und der Held im Plan-bericht der Arbeitsbrigade. Es liegt auf der Hand, daß in beiden Fällen der Anspruch nicht erfüllt wird. Das hat nichts mit der Natur der Regime zu tun, denen jeweils gedient wird; auch bei der westlichen Demokratie ist es mißlich um den Helden bestellt. Die moderne Welt stellt ganz allgemein nicht mehr das Spielfeld zur Verfügung, auf dem der Held operieren kann.

An seine Stelle ist das Leitbild getreten; bildungswillige Jugend soll sich an ihm statt am Helden orientieren. Damit aber geht eben das verloren, was uns den Helden kostbar machte: die greifbare Nähe des Menschlichen. Das Leitbild stellt Werte, Leitsätze und

Verhaltensweisen als vorbildlich vor. Sie bleiben schemenhaft und ungreifbar. Am Helden jedoch war gerade sein Personsein das Wichtige; er ließ sich je nach Bedürfnis ins Überindividuelle stilisieren oder durch Anekdoten ins Vertraut-Nahe ziehen. Das Leitbild dagegen ist immer gleich und immer fern: Es ist der rationalisierte, humanisierte und demokratisierte Held.

Moralische Empfindlichkeit der Demokratie

In der zweiten Hälfte des Oktober 1798 zog Lord Nelson in Hamburg ein, wo der Sieger von Abukir erst einmal die Garderobe seiner Geliebten, Lady Hamilton, vervollständigte, die mit ihm in die Heimat reiste, begleitet von Lord Hamilton, der sich dafür von Nelson seine Rechnungen bezahlen ließ. Lady Hamilton sah nicht nur auf eine Reihe von Männern zurück, die in ihrem Leben eine ziemlich durchsichtige Rolle gespielt hatten – hinter ihr lagen, wie ganz Europa und vor allem London wußte, auch anrüchigere Begebenheiten in einer Kneipe, in einem sonderbaren Salon, in einem gläsernen Schaukasten, in einem Bottich mit Schlamm, in dem sie als Venus die Vorzüge des Moorbades übertrieben anschaulich vorgeführt hatte.

Jetzt reiste das sonderbare Paar, nachdem Klopstock Nelson zur Signierung einer Bibel veranlaßt hatte, die seitdem als »Bibel des Retters der christlichen Welt« verwahrt wurde, Lady Nelson entgegen, an deren Stelle Emma Hamilton vorläufig die Dankgottesdienste englischer Städte absolvierte, vom Kriegshelden in das Kirchenschiff geführt.

In London selber wurde es zwiespältiger: Der Hof und damit die Gesellschaft hielten zu Lady Nelson, und nur einige Freunde luden das wunderliche Liebespaar ein, in dessen Troß sich fast immer Sir William befand. Ins Theater ging man zu viert oder zu fünft, da auch Lord Nelsons Vater sich eingefunden hatte und von Zeit zu Zeit einige ungelenke Worte mit der Geliebten seines Sohnes wechselte. Am Ende jenes Monats empfing der König

Horatio Nelson, die City überreichte ihm – zum zweiten Male – ein Schwert mit diamantenbesetzter Scheide, das House of Lords empfing den Seelenhelden in der hergebrachten Zeremonie.

Anderthalb Jahrhunderte später verstößt wieder ein Kriegsheld Englands, auch er zu den höchstdekorierten Offizieren einer siegreichen Armee zählend, gegen die Gesetze der Moral und die Vorschriften der Wohlanständigkeit. Obwohl aber John Profumo, im Gegensatz zu der herausfordernden Geradheit des Seemanns, seine Affäre sehr sorgfältig vor der Öffentlichkeit versteckt und sie später sogar in einer unglückseligen Erklärung ableugnet, beendet schon das Bekanntwerden dieser Liaison nicht nur seine Karriere, sondern bringt die Regierung an den Rand des Sturzes und das Land in die Nähe einer politischen Umwälzung.

Dies geschieht, bevor nicht mehr bekannt ist als die erotische Libertinage eines Ministers. Alles andere nämlich, die Unwahrheit vor dem Parlament, das Zwielicht um das Maß der Orientiertheit des Regierungschefs, die irritierende Geschmacksgleichheit mit einem sowjetischen Diplomaten, die problematische Courtoisie, die sich zu Führungen durch Downing Street 10 bereithält – das alles wird erst später bekannt. Es geht, als die Sache durchsickert, von vornherein um die Frage der Moral.

Noch in einem späteren Stadium der Nachforschungen versichern die Beobachter, daß der Spionageaspekt der Angelegenheit eine Frage der Sicherheitsbehörden und der Gerichte und damit der Routinebehandlung sei. Das eigentlich Beunruhigende liegt für die Empfindlichkeit des englischen Gewissens in der Bedrohung der moralischen Grundlage von Staat und Gesellschaft.

Diese Reizbarkeit des öffentlichen Bewußtseins hat nur auf Umwegen mit den christlichen Lehren und Ansprüchen zu tun. Der bibelstarke Nelson folgt nur, wenn auch auf etwas tölpelhafte Seebärenmanier, dem überkommenen Schema, das allerdings in seiner Epoche zu Ende geht. Kaunitz, der Kanzler im glaubensstarken Reich Maria Theresias, schlägt in seinen Neigungen zum weiblichen Geschlecht bedenklichere Wege ein. Sein Wien sah, ein halbes Jahrhundert später, amüsiert der Leidenschaft des greisen Friedrich von Gentz für die blutjunge Fanny Elßler zu. Die Heilige Allianz war auf dem Höhepunkt, als Kaiser Franz, und zwar auf Verwendung Metternichs, das Gehalt seines Hofrates verdoppelte, den seine Passion an den Rand des Bankrottes gebracht hatte. Sein französischer Kollege Talleyrand war damals übrigens schon zur Ruhe gekommen – die Zeiten, da der Außenminister des Direktoriums enge Beziehungen mit der Frau seines Vorgängers unterhielt, so daß denn möglicherweise Eugène Delacroix Talleyrands Sohn ist, lagen ebenso weit zurück wie seine Ehe mit Cathérine-Noel Worlé, die vorher die Geliebte eines anderen Außenministers gewesen war, die des Herrn von Lessart. Auf dem Wiener Kongreß hatten sie sich alle noch einmal gesehen, Gentz, Metternich, Talleyrand, Hardenberg und all die anderen.

Der englische Arzt Dr. Henry Reeve, der damals Wien und Berlin besuchte, gibt sich in seinen Tagebüchern erstaunt über die gelassene Nachsicht, mit der Europas Gesellschaft über die galanten Abenteuer auch der soliden Bürger hinweggeht. »Niemand legt seinen Neigungen sonderliche Zügel an, und es beeinträchtigt die Laufbahn eines Mannes nicht im geringsten, wenn die ganze Stadt über seine Affairen unterrichtet ist.«

Dennoch sind es gerade diese Jahrzehnte, in denen die Wende stattgefunden hat. Danton ist einer der ersten, dem die Verletzung der öffentlichen Moral als Anklagepunkt entgegengehalten wird. In seinen politischen Prozeß spielen Ausschweifungen sinnlicher Art hinein.

Mit der Tugendhaftigkeit der Französischen Revolution tritt die Moral in ein neues Verhältnis zur Politik. Die Vergnügungen des großen Herrn, dem gestern nur Subalternität Unmoral vorgeworfen hatte, unterliegen jetzt den Sittlichkeitsbedürfnissen einer demokratisierten und egalisierten Menge. Die Plebejisierung und Rationalisierung der öffentlichen Sphäre bringen Momente einer angestrengten Ethik in die Politik. Was eben noch leutselige Generosität war, besitzt von nun an das Gesicht der Lasterhaftigkeit.

Die Handhabung der Staatsgeschäfte beginnt sich auf ein System von Tugenden und Werten hin zu orientieren, in deren Vorhut Liberté, Egalité und Fraternité marschieren. Sehr bald zeigt sich, daß diese Ideologisierung der Politik auf die Politiker zurückwirkt: Sie haben sich ihren eigenen Ansprüchen gewachsen zu zeigen.

Es beginnt ein sonderbares Bekennen der eigenen Dürftigkeit. Den Staatsmännern der alten Reiche wäre es nicht eingefallen, auf ihre finanzielle Armut oder auf ihre erotische Unergiebigkeit hinzuweisen. Seit Robespierre macht man die Unbequemlichkeit einer Lagerstatt publik und die Anspruchslosigkeit des Gaumens. Die Geburtshäuser der Herrschenden werden, von Robespierre bis zu Stalin, als Museen der Menge zugänglich gemacht, wenn sie nur zureichend ärmlich sind.

Das alles hat nur an der Oberfläche mit dem Werben um eine entbehrende Unterschicht zu tun. Die eigene Anspruchslosigkeit wird nämlich auch da wichtig, wo sie in einen Gegensatz zu der Leichtigkeit tritt, mit der die Unterschicht den betreffenden Anspruch zu befriedigen vermag: innerhalb der Erotik. Der Machtausübende könnte sich wenigstens auf diesem Felde als ein Mann des Volkes zeigen, der derben Ansprüchen jovial genügt und keine Bedenklichkeit zeigt.

Tatsächlich aber ist die Welt seit der Französischen Revolution voll von Beteuerungen der erotischen Belanglosigkeit; noch Hitler folgt diesem Schema. Es besteht kein Zweifel, daß auch in diesem Prunken mit der Unerheblichkeit der eigenen Physis sich das Verhältnis bekannt gibt, das die europäische Moderne seit der Ablösung der alten Ordnung zur Tugend unterhält.

Wie mächtig dieses Leitbild geworden ist, wird auch darin deutlich, daß ihm selbst der Freigeist Tribut zollt, wenn er sich seinem Gegner nähert. Erst seit 1789 zählt der Hinweis auf sittliche

Verfehlungen zum Arsenal des politischen Kampfes: Von Danton bis Röhm hat man nach der Beseitigung politischer Feinde die Gewalttat stets mit der Aufdeckung moralischer Verwerflichkeit zu rechtfertigen gesucht. Die staatsgefährdende Haltung wird an der sittlichen Abseitigkeit illustriert. Wie das Studium der modernen Revolution lehrt, verfügt vor allem die Radikalität über ausgezeichnete Beziehungen zur Wohlanständigkeit.

Der erheiternde Anblick eines bußpredigenden Libertins hat daher durchaus seine Konsequenz und Logik: Er urteilt aus den Quellen seiner Macht und aus den Ursprüngen einer säkularisierten und rationalisierten Staatenwelt. Die europäische Gesellschaftskritik besteht zu Recht seit anderthalb Jahrhunderten zu einem guten Teil aus Moral- oder Sittenkritik: Von Balzac über Saltykow-Schtschedrin bis zu Heinrich Mann wird die Abgelebtheit der jeweiligen Gesellschaft vorzugsweise an ihrer Lasterhaftigkeit aufgezeigt. Vom Bürger aus gesehen ist das Künstlertum gleichbedeutend mit sittlicher Nachlässigkeit – in der politischen Ordnung verhält es sich umgekehrt: Der in die Kunstwelt entlaufene Bürger geißelt die intakte Gesellschaft für ihre verschwiegene Ausschweifung.

So ist es noch heute. Die Großzügigkeit im Voluptuösen ist von d'Annunzio bis Céline eine Sache des ästhetischen Konservativismus. Moralischer Rigorismus findet sich nicht selten mit sozialem Ressentiment verbunden und zumeist auf der Seite politischer Aufsässigkeit. Die Tugend ist ein Instrument politischer Minierarbeit geworden.

Sie ist es zu Recht. Die Ordnungsbegriffe unserer Staatlichkeit und Sittlichkeit leben seit dem Beginn der Moderne aus ihrer Beziehung auf ein System von Werten, Ideen, Idealen und Glaubensartikeln. Der Herzog von Benevent konnte es sich leisten, zugleich Diener Napoleons zu sein und vom Zaren Gelder entgegenzunehmen: Er akzeptierte die Forderung honetter Vernünftigkeit nicht, so wenig wie Kaunitz die Ansprüche an erotischer Zulässigkeit. Sie blieben, die sie waren, da sie nicht waren, womit sie argumentierten.

Die europäische Demokratie sozialgestimmter Vernünftigkeit lebt von ihrer moralischen Integrität. Ein bestechlicher Herzog ist notfalls eine sehr amüsante Sache – ein korrupter Minister ist ein rechtschaffenes Unglück: Er nimmt dem Staat die Glaubwürdigkeit, von der er lebt. Mit der Demokratie kommen die Korruptionsprozesse, nach jeder Revolution beginnt der Kampf mit sittlichen Verfehlungen: Dies sind die Dossiers, mit denen man Kanzlerkandidaten und Ministerfreunde zu erledigen sucht.

Die Moral der Demokratie steht nicht hinter der ihrer Vorgänger zurück; sie ist empfindlicher gegen ihre Verletzung. Ein habsburgischer Kanzler mit erotischer Abseitigkeit ist eine Peinlichkeit – ein demokratischer Minister mit zweifelhaften Freunden und amourösen Nachlässigkeiten ist untragbar. Es geht um eine weder im Sakralen noch im Feudalen gegründete Staatsform, die aus der Korrespondenz mit der politischen Moral lebt.

Während des Sommers 1943 hielt die militärische Opposition Deutschlands Ausschau nach sympathisierenden Offizieren in militärischen Schlüsselstellungen. Die erst tastend eingeführten Gespräche ergaben im Bereich des Oberbefehlshabers West sehr bald Einverständnis mit einem Korpskommandeur, der für die Zuverlässigkeit seiner Truppe im Falle der Revolte bürgte. Bei einer Besprechung wurde beiläufig die Liaison jenes Generals mit einer belgischen Comtesse erwähnt, während sich die Familie des Militärs auf dessen schlesischen Besitzungen aufhielt. Witzleben zeigte sich degoutiert. Unmoral im persönlichen Bereich desavouiere eine Rebellion, die auf die Wiederherstellung der Moral im öffentlichen Leben ziele. Er hat den Mitverschwörer niemals empfangen.

Berichte dieser Art werden im allgemeinen als Beleg für eine revolutionäre Hilflosigkeit ins Feld geführt, die die andere Seite nobler Integrität sei. Solche ironische Nachsichtigkeit mit putschendem Dilettantismus gehört heute zu den beliebten rhetorischen Figuren historisch-politischer Publizistik.

Es liegt auf der Hand, daß der Typ des modernen Revolutionärs tatsächlich anders aussieht. Gegenüber einem Realismus, der darauf beharrt, daß nur kühne Bedenkenlosigkeit die Partie gegen die Diktatur wagen kann, wird in solchem Verhalten eine Sensibilität für Moral spürbar, die verspätet und nicht ohne Überraschung für den Betrachter eine Beziehung zwischen rebellierenden Aristokraten und dem Prinzip der Demokratie herstellt. Es ist, und dies ist das Fazit der Affäre Profumo, die Staatsform mit der Irritabilität für das sittlich Unerlaubte.

Die Ästhetik der Barbarei

Die Schrecklichkeit des Normalen

Es hätte sich während der Dauer des Dritten Reichs vermuten lassen, daß nach seinem Ablauf Handschriften oder Besitzgegenstände seiner Mächtigen ein neues und gewandeltes Interesse finden würden. Kaum vorauszusehen war, daß auch dem eben noch massenhaft Verbreiteten – Zeitungen, Liedern, Reden – schon dieselbe Generation sich voller Neugier zuwenden würde. Dies ist der überraschende und erstaunliche Aspekt an einer Publikation wie dem Faksimiledruck der Zeitung »Das Reich«. Die Massenpresse hat Andenkencharakter gewonnen. Die Gewinnung von archivarischer oder musealer Qualität scheint nämlich an die Seltenheit des betreffenden Gegenstandes gebunden zu sein. Fünfzehn Jahre aber nach dem Verstummen des Großdeutschen Rundfunks werden die Gesänge und Ansprachen, die doch jenes Instrument bis zur physischen Ermüdung der Aufnehmenden ausgestrahlt hatte, in Schallplattenform reproduziert, und wenig später werden auch jene Bücher noch einmal vervielfältigt, die zu erwerben gestern verhaßter Zwang war. Die Gegenwart ist Vergangenheit geworden, und in dem Greifen nach ihr mischt sich merkwürdig historische Neugier, die dem Vergangenen schauervolle Sensationen abgewinnt, mit dem Drang, sich der eigenen Lebensspanne zu vergewissern.

Der auf den ersten Blick so groteske Vorgang, eine Zeitung wie »das Reich« faksimilehaft zu reproduzieren, ist aufschlußreich für die Zeit- und Perspektivenverschiebung, die in der Haltung zum Gewesenen eingetreten sein muß. Beim lesenden Durchblättern dieses Bandes beweist sich der Abstand, den die Geschichte von sich genommen hat, wodurch ja erst die Ersetzung von Grauen durch Interesse und die Ablösung von Leiden durch erinnernde Wiederbegegnungs-Emotionen möglich werden.

Es ist im Auge zu behalten, was reproduzierte Zeitungen von anderen Dokumentensammlungen unterscheidet: Es wird nicht der verborgene und sorgsam geheimgehaltene Hintergrund der bekannten Ereignisse aus Archiven erschlossen, sondern vielmehr gerade die Oberfläche, das also, was die Herrschenden den Beherrschten schon damals zugedacht hatten. Die Kunst des Faksimiles, also der vergleichsweise authentischen Wiederherstellung, wird dem zugewendet, was ganz und gar nicht faksimilewürdig zu sein scheint: dem Alltäglichen und Belanglosen, dem Frontbericht, der Filmkritik, der Fabrikreportage, der Landschaftsschilderung.

Dies gehört geradezu zum Gesetz einer solchen Publikation, in der das historisch und politisch Bedeutende nicht zu sehr in den Vordergrund treten darf. Wichtig ist dem Leser auch und vor allem, was an scheinbar Unwichtigem aufgenommen wurde. Tatsächlich macht dies den gefährlichen, unerlaubten und ganz und gar ins Bedrückende gewendeten Reiz einer solchen Faksimile-Publikation aus: Sie stellt noch einmal jene Atmosphäre her, in der das bürgerliche Deutschland den Krieg erlebte.

Das Betrachten und Lesen des Bandes wird zu einer unheimlichen Wiederholung ins Unwirkliche gerückter Lebensumstände. Es steigt noch einmal die Welt der Sondermeldungen und Heinrich-George-Matineen, der Frontbegradigungen und Kolbenheyer-Premieren, der Luftangriffe und Ausstellungen im »Haus der Deutschen Kunst« aus dem Dunkel herauf. Das Staunen lebt, zumindest teilweise, von der Faszination, die von jeder Selbstbegegnung ausgeht. Das Gestern wird mit der einst selbstverständlichen Zusammenstellung von Worten und Namen greifbar: Hölderlin und Shitomir, Heeresgruppe Mitte und Bamberger Reiter, Abendland und Reichssportführer.

Diesem Nebeneinander und Ineinander haftet etwas Unglaub-
würdiges und sogar Unwirkliches an, aber nur völlige Blindheit
für den Charakter des Gewesenen kann meinen, solche Forcie-
rung des Kulturellen sei der Regierung von der Redaktion abgetrotzt worden. Die Umfangrelation Kriegsbericht – Kulturbericht
war führzeitig festgelegt worden, und nur innerhalb ihrer Bereiche gab es zeitungsübliche Auseinandersetzungen und Ressort-
kämpfe. Allerdings muß eingeräumt werden, daß Zeitung und
Redaktion auch nicht zur Düpierung der Öffentlichkeit benutzt
worden sind, wenn man von dem Maß absieht, in dem in einer
Zone des Schweigens jedes Wort den Charakter der Unwahrheit
annimmt. »Das Reich« hat das Terroristische am öffentlichen
Leben des Reiches nicht zu kaschieren und seine äußere Realität
nicht zu filtern gehabt; die Ablenkungsfunktion des »Reiches« ist
gering zu veranschlagen.

Dieses Wochenblatt hat Oberfläche und Erscheinung des Dritten Reiches vielmehr auf erstaunlich exakte Weise dargestellt und
die erneute Begegnung mit ihm macht greifbar, wie das Ungeheure in gesitteter Atmosphäre vor sich ging. Das ebenso Irrefüh-
rende wie Gespenstische und Beunruhigende an diesem Staat war
ja, daß am Abend der Synagogenbrände, die Mittelalterlich-
Osteuropäisches ins Deutschland des zwanzigsten Jahrhunderts
holten, überall in den Städten dieses Landes festlich gekleidete
Menschen in Operettentheater und Symphoniehallen gingen, und
daß drei Stunden nach den Deportationswaggons der Seebäder-
zug die Bahnsteige der Berliner Zentralbahnhöfe verließ.

Die Redakteure jenes Blattes haben sich keine Kultur erkämpft,
um sie der Wirklichkeit der Diktatur entgegenzusetzen, und das
Propaganda-Ministerium hat keiner Friedhofsstille mittels dieser
Zeitung eine Scheinwelt der Kultur entgegengestellt. Was da an
Wirklichkeit gespiegelt wird, ist die offene Wirklichkeit des
Reiches; die verschwiegene kommt nur deshalb nicht ins Blatt,
weil sie ja auch den Alltag des Volkes nicht bestimmt hat.

Der Terror aber, soweit er sichtbar wurde, ist auch in einem
Blatt sichtbar, das dankbar von der strengen Gerechtigkeit des

»Volksgerichtshofs« schreibt. Die Leitartikel von Goebbels fügen sich in das geistvoll-gepflegte Feuilleton des »Reichs« so gleicherweise absurd und präzis ein, wie Hitler in die Festaufführung des »Tristan« und Göring in die des »Hamlet«.

Seit dem Ende des Krieges geht ja die Diskussion darüber, in welchem Maße »das Reich« ein Organ des Reichspropaganda-Ministeriums gewesen ist. Der Redaktions- und Mitarbeiterstab, aus dem alten bürgerlichen Journalismus liberaler und nationaler Schattierung rekrutiert, nimmt für sich in Anspruch, die Zeitung nach dem Maß des Möglichen an den Klippen der Zeit vorübergesteuert zu haben, und wirklich lebt das Blatt in der Erinnerung seiner Leser als eine Zeitung weiter, in dem sich die Tendenzen der Zeit zurückhaltend und mit mancherlei Kulturbeimischung artikulierten.

Zeit, Erinnerung, Verklärung, Selbsttäuschung und Selbstrechtfertigung haben ein übriges getan, und zuletzt war das vom Chef des Zentralverlages der NSDAP, Max Amann, begründete Blatt, dessen Leitartikler der Reichspropagandaminister war und das bei »kurzgeschlossenem Draht zu den Spitzen von Partei und Staat« verschwenderische Papierzuteilungen erhielt, das eigentliche Widerstandsorgan des Dritten Reiches: Ein deutscher »Observer« eigentlich hauptsächlich für die Schweiz, für Schweden und die Iberische Halbinsel gemacht und mehr zufällig in anderthalb Millionen Exemplaren auch in Deutschland vertrieben.

Da es nun in einer Auswahl wiederhergestellt vor die Augen der Nachwelt tritt, läßt sich das ohne langwierige Archivbemühungen kontrollieren, und vieles davon bewahrheitet sich. Neben der politischen Radikalität der Leitartikel steht tatsächlich keine Radikalität der Feuilletonisten, und das Poetisch-Musikalische überwiegt das Ideologisch-Theoretische. Es ist wenig von einer nihilistischen Radikalisierung zu spüren, die auf die revolutionäre Verneinung traditioneller Kunst- und Kulturausübung geht; das Blatt hält es mit dem Kenntnisreichen und Geschmackvollen, und an die Stelle einer kühlen Rationalität umstürzlerischen Willens setzt es die Bewahrung des Überlieferten und die Pflege des Ererbten. Dies ist kein faschistisches Organ.

Diese Feststellung verlangt aber sofort eine zweite. Die Pflege des Überkommenen aus bürgerlicher Zeit, und zwar aus dessen ins Bourgeoise übergehender Endphase, widerspricht nicht dem Gesetz der Tyrannei, sondern drückt es aus. Damit ist nicht nur das Naturell Hitlers gemeint, der sowohl in der Abhängigkeit vom Ibsen-Übersetzer Dietrich Eckart (in dessen Gesellschaft er sich immer wieder Peer Gynt ansah) als auch in der Bewunderung Richard Wagners seine Verspätetheit demonstrierte; am lächerlichsten und schon ins Groteske gewendet kommt es in der Schwind- und Spitzweg-Nachfolge zum Ausdruck, die er der deutschen Kunst befahl. Denn wenn es Widerstand war, während der Kesselschlachten und Frontdurchbrüche Aufsätze über die romantische Schule der deutschen Malerei zu veröffentlichen, dann leistete auch Hitler Widerstand, als er für den Berghof und die Reichskanzlei Waldeseinsamkeiten und Bergesschluchten zusammentrug.

Die Vorstellung des ins Unmenschliche gesteigerten Diktators, in dessen Erscheinung sich Züge des Antichrist mischen, als des letzten und treuesten Liebhabers von Spitzweg ist aber natürlich nur deshalb aufschlußreich, weil sie den Nachzügler-Charakter dieser Revolution zum Ausdruck bringt. Dieses Reich, das ganz und gar dem Schrecken vor der industriellen Zukunftslandschaft entstammt und von der Pflege des Ackerpferdes über die Begünstigung des Strohdaches bis zur Förderung des Minnesängerhaften in der Musik noch einmal alle antimodernen Tendenzen radikalisierend und fanatisierend zusammenfaßt, stand durchaus aufrichtig für jene Art von Kultur, die in seinem offiziellen Wochenblatt gepflegt wurde.

Es wäre belanglos, wenn es allein Naturell und Temperament gewesen wären, die Hitler nach dem Zeugnis seiner Adjutanten morgens zuerst nach dem »Reich« greifen ließen; es hatte dies vielmehr mit der historischen Funktion und Bedeutung des Regimes zu tun, das seine ideologische Kraft aus dem protestierenden Zurückschrecken vor der anonymen, »amerikanisierten« Weltzivilisation bezog und seine Anhänger aus den Gegnern aller neuen Gesellschafts- und Zivilisationsformen rekrutierte.

Nicht nur den Redakteuren dieses Blattes wird mit der Behauptung unrecht getan, sie hätten einem Staat als Alibi gedient, der jenseits vom »Ring« auf ganz anderes sann; die Natur dieses Staates wird verkannt, dessen Herrscher sich auf dem Höhepunkt des Krieges mit der Beschaffung von Stradivari-Violinen für die Wiener Philharmoniker und mit der Heranbildung von Dirigenten für das geplante Linzer Opernhaus beschäftigt: Er sann tatsächlich auf den »Ring«, und dies ist das eigentlich Unvorstellbare und Erschreckende. Was die »Reich«-Redakteure der Gewaltherrschaft abgetrotzt haben wollen, war deren Signum. Der Geheimschlüssel zur Öffnung dieser Welt ist nicht nur Himmlers Rede über die Behandlung minderwertiger Völker, sondern auch Hitlers Satz aus den Pickerschen Tischgesprächen, daß es das Schönste sei, neben einer schönen Frau in schönen Kleidern in einer Wagner-Aufführung zu sitzen.

»Das Reich« ist so wenig ein Blatt faschistischer Modernität, daß die einzigen Beiträge solchen Zuschnitts sich aus dem Klima der Zeitung deutlich herausheben. Aber dieses Wenige ist hochqualifiziert und von einer intellektuellen Differenziertheit, die zuweilen ins Bravouröse geht: Die Raumphilosophie des Staatsrechtlers Carl Schmitt oder die Legitimitätsstudie des Parteihistorikers Karl Richard Ganzer.

Diese Beiträge unterscheiden sich nicht durch ihre argumentative Präzision und ihre schärfere Begrifflichkeit von der Masse des Übrigen; sie gehören auch darin einer anderen Welt an, daß sie noch ganz im Sinne der frühen Entwürfe Ernst Niekischs oder Ernst Jüngers vom revolutionären Bruch mit der Geschichte ausgehen und eine radikal andere Zukunft intendieren. Einzig hier wird etwas von faschistischer Denkanstrengung greifbar, sonst sieht man sich ja gerade als Erbe, als Glied, als Fortsetzer, als Vollstrecker früher Reichsträume, ausgespannt zwischen Ahnen und Enkeln mit all dem fatalen Gefühlsrausch und der peinlichen Seelenmystik.

Die Zeitung hat sich sonst vom Radikalen, vom Revolutionären und vom Intellektuellen freigehalten, und sie rechnet es sich zur Ehre an, an deren Stelle Gemüt, Kultur, Tradition, Wissen und Seele gesetzt zu haben. Sie nimmt für sich in Anspruch, keine faschistische Kultur propagiert zu haben. Sie ist stolz darauf, etwas ausgeschlossen zu haben, was es nicht gab.

Auf den Seiten des »Reichs« wird eine Literatur gepflegt, die von experimenteller Rationalität im faschistisch-futuristischen Sinne nichts wissen will, aber das liegt daran, daß es eine solche Literatur in Deutschland nicht gab. Einem deutschen Pareto, Sorel, Maurras, Gentile oder Mosca begegnet man in dem Blatt des »Stabsleiters beim Reichsleiter für die Presse der NSDAP« nicht, weil die Reichsschrifttumskammer von einem intellektuellen Faschismus nichts wußte und es statt dessen mit dem Sagahaften und dem Stabreimenden hielt; was an Ansätzen vorhanden war, der Verfassungslehrer Ernst Rudolf Huber oder der Philosoph Alfred Baeumler, kam in dieser Wochenzeitung ausgiebig zu Wort.

Die Redaktion verweigerte sich einer intellektuellen Artikulation des Regimes, wie sie in Frankreich Drieu la Rochelle und in Italien Marinetti und Bontempelli leisteten, wie sie Daudet, Brasillach und Céline formulierten? Deutschland hatte ja nur Blunck, Griese, Kolbenheyer und Langenbeck, und sie sind in jeder zweiten Nummer zu finden. Es ist kein Verdienst, gegen den Futurismus den Erbbauernhof zu setzen.

Dieses Blatt ist so trostlos, weil es die Atmosphäre des sich steigernden und dann seinem Ende zugehenden Krieges bis in die Nuance hinein rekapituliert: Das ganze Reich ist in »das Reich« eingegangen. Das Revolutionäre von bösartigem und gefährlichem Zuschnitt ist ja nie das Empörende; für das Bewußtsein von größerer Empfindlichkeit ist das Beleidigende und Quälende, wenn aus dem geschundenen und vergewaltigten Polen der »Warthegau«-Brief über eine Posener Mozart-Aufführung berichtet: »*Auch so, auf tanzenden Füßen, kam Deutschland in dieses Land.*«

Die Kulturpolitik des Dritten Reiches war nicht von einem avantgardistischen Fanatismus bestimmt, sondern von gesteigerter und radikalisierter Rückschrittlichkeit und Fortschrittsverweigerung. Es war so ziemlich genau der Geist, der sich im »Reich« ausprägte: anti-intellektuell und romantisch, zukunftsfeindlich und vergangenheitsbetont, zivilisationsabgewandt und idyllisch, irrational und gemütlich, ignorant und monumental. Es sind die mit kultiviertem Schreibvermögen aufgeladenen Leitbilder des »Reich«-Feuilletons. »Das Reich« steht neben dem »Völkischen Beobachter« wie das fördernde Mitglied der SS neben dem SA-Mann.

Natürlich wirft dieser Faksimile-Druck eine ganze Reihe von Fragen auf, von denen die nach der Integrität oder dem Illusionismus, nach der Anpassung oder der Korrumpierung, dem Zynismus oder dem Fanatismus der Mitarbeiter ziemlich uninteressant ist. Dergleichen wird, da das Moralische sich immer von selbst versteht, erst dann wichtig, wo das Individuelle ins Allgemeine übergeht und also nach der sachlichen Berechtigung all dieses Einmündens von so Disparatem ins Reich gefragt wird: von Reichs-Mystik und Jugendbewegtheit, von Nationalismus und Romantizismus, von Ästhetizismus und Traditionalismus.

Vielleicht war »das Reich« in seiner Zurückhaltung hinsichtlich des Faschistischen ein erstaunlich exakter Ausdruck des Nationalsozialistischen. Es war schließlich Hans Friedrich Blunck als Präsident der Reichsschrifttumskammer, der in den dreißiger Jahren seine Umgebung gegen den Faschismus zu mobilisieren versuchte, weil er eine Verbiegung des Nationalsozialismus ins Romanisch-Cäsarisch-Mediterrane und also ins Undeutsche sei.

Die Macht und die Trostlosigkeit

Die bürgerlich-nationale Intelligenz, die an Stelle einer ja nur in Ansätzen vorhandenen Partei-Elite die überregionalen Zeitungen des Dritten Reiches bediente und zu großen Teilen auch verwaltete, rühmte sich nach den Ereignissen, es sei ihr gelungen, zumindest den Kulturteil ihrer Blätter von Elementen faschistischer Ideologie weitgehend freizuhalten. Die Behauptung trifft zu, aber das Verdienst daran ist gering zu veranschlagen.

Tatsächlich kommt in den Feuilletons jener Zeit keine revolutionäre Intelligenz zu Wort, die eine nihilistische Theorie auf ihre radikale Spitze triebe. Dies aber liegt daran, daß es einen deutschen Pareto, Gentile, Mosca, Sorel oder Maurras nicht gab, oder, um vom Feld der Kunst zu reden, daß die trübe Sache, die sich Nationalsozialismus nannte, keinen Nervi, Carrá oder Boccioni hervorgebracht hat: Das Regime hat es nie vermocht, sich auf leidglich intellektuelle Weise zu artikulieren.

Es ist nicht so, daß liberale Konservative jenen umstürzlerischen Avantgardismus ausgeschlossen hätten, der sich mit Daudet, Drieu la Rochelle, Marinetti und Bontempelli im feindlichen und verbündeten Ausland gleichzeitig zur Geltung brachte. Deutschland hatte ja nur Blunck, Grimm und Kolbenheyer und daneben dann Ziegler, Padua und Peiner, und sie kommen in den Sonntagsbeilagen der großen Blätter ausgiebig zu Wort. Es ist aber kein Verdienst, gegen den Futurismus den Erbbauernhof ausgespielt zu haben.

Die Verklärung hat aus den gepflegteren Zeitungen des Landes im nachhinein nahezu oppositionelle Blätter gemacht, die den kühnen und bedenkenlosen Entwürfen faschistischer Rationalität widerstanden hätten. Man will sich einer Sache verweigert haben, die es nicht gab. Eher läßt sich sagen, daß es sich umgekehrt verhält. Benns Rede auf Marinetti durfte in späteren Jahren nicht mehr nachgedruckt werden, und als die Italiener 1934 ihre »Aeropittura« in Berlin vorführten, brachte das Hitler dazu, seine Kunstpolitik zu verschärfen. Von der Mitte der dreißiger Jahre bis in das Jahr 1942 hinein wird immer das Verbot wiederholt, sich mit dem italienischen Futurismus zu beschäftigen, den man in den Ausstellungen des Verbündeten nur »aus Pietät« zulasse. Mit der Widerstandsleistung der konservativen Blätter läßt sich nicht viel Staat machen, und es ist schon viel, wenn es einzelnen gelungen ist, ihre Integrität zu bewahren.

Zu den überraschenden Aspekten einer Lektüre der Goebbelsschen Sprachanweisungen an die Presse zählt die Ideologiefreiheit, mit der die Kulturversorgung der Nation gehandhabt wird. Die Richtlinien und Anordnungen der »Führungsstellen« des »Reichsministeriums für Volksaufklärung und Propaganda« beschränken sich auf die Weisung, die moralische Zulässigkeit von Paduas Gemälde »Leda mit dem Schwan« nicht zu diskutieren, da es »ausdrücklich als künstlerich wertvoll anerkannt« worden ist – das Bild hatte Hitlers höchstes Gefallen gefunden und war daraufhin von Bormann für sein Gästezimmer gekauft worden; oder sie geben die Empfehlung, Haftmanns Buch über Kasper »mit Vorsicht zu bewerten«, da die vom Bildhauer »erstrebte Allgemeinheit zu weit getrieben« sei.

In dieser Hinsicht ist die Reglementierung nahezu vollkommen. Sie hält nicht nur fest, daß an Rubens das Flämische gegenüber dem Niederländischen in den Vordergrund gerückt werden müsse, sondern auch, daß es »fehl am Platze« sei, von Pariser Einflüssen auf Arno Breker zu sprechen, da Frankreich der Gegner bleibe, auch wenn es die Waffen gestreckt habe.

Ist das Kunstdiktatur? Wahrscheinlich, sicher sogar. Aber sie sieht anders aus, als es die Legende von einer revolutionären Dynamik wissen will, der ein kultivierter Konservatismus mühselig und risikobereit traditionsgesättigte Innerlichkeit abgetrotzt habe.

Was man dem Regime entgegengestellt haben will, war ja gerade das, wonach dessen Verlangen ging. Wenn das Widerstand war, so leistete auch Hitler Widerstand, als er für den Berghof Spitzweg und Schwind und für sein geplantes Linzer Museum Nymphenreigen und Waldesschluchten zusammentrug. Fünfmal ging er 1938 in die »Große Deutsche Kunstausstellung«, die er selber juriert hatte, und hatte am Ende 202 Werke von 165 Künstlern für insgesamt 582185 Reichsmark erworben. Noch Jahre später, auf dem Höhepunkt des Rußlandkrieges, erinnerte er sich im Führerhauptquartier: Man werde ihm zugeben müssen, erzählte er seiner Generalsrunde, daß man im »Haus der Deutschen Kunst« kein Bild finden könne, »das nicht jeder Käufer mit reinem Gewissen in seiner Wohnung aufhängen könne«.

Und das taten sie ja auch. Vierhundertsiebzigtausend Besucher kamen 1940 in die »Große Deutsche Kunstausstellung« und 111790 Kataloge wurden abgesetzt. Terror war es nicht, was die Leute ins Museum trieb, und zwangsweise kauften sie nicht in wenigen Wochen 852 Arbeiten für 2,1 Millionen Reichsmark, sondern doch schon eher aus dem dumpfen Schönheitsverlangen, das auch die Staufer-Ausstellung und die Zwanziger-Jahre-Schau gefüllt hat.

Jede Zeit schafft sich ihre eigene Legende. In diesem Fall weiß sie auch auf diesem Felde nur vom Maß der Tyrannei, nicht aber von dem der Zustimmung, die sie fand. Um beim Beispiel zu bleiben: Die Preise, die Hitler für seine Erwerbungen beglich, waren nämlich die des Marktes, der noch ganz andere Summen hergab. In den mehr um intellektuelle Denunziation als um historische Erkenntnis bemühten Ausstellungskatalogen der letzten Jahre heißt es immer wieder, daß sich die Staatskünstler des Reiches von ihren Auftraggebern aushalten ließen.

Es verhielt sich in nahezu jedem Betracht umgekehrt. Das Publikum verlangte nach mehr Thoraks und Peiners, als sie die Ateliers der Künstler hergaben, und in Goebbels' Ministerium war man geradezu besorgt, daß die Preisentwicklung einem Niveau zutrieb, das »die Masse des Volkes auf Reproduktionen, billige Dutzendware und peinlichen Kitsch« verweise.

Nein, die Dokumente sprechen nicht nur für die Herrschsucht der Herrschenden, sondern auch für die Beherrschbarkeit der Beherrschten. Es ließe sich sagen, daß die Akten des Goebbelsschen Ministeriums gegen ihr eigenes Material argumentieren: Es wird nicht nur das Maß der Reglementierung deutlich, sondern auch das der heimlichen Übereinstimmung. Wie das Regime auf weite Strecken und über viele Jahre plebiszitäre Züge hatte, so konnten auch seine Literatur und Kunst auf einen Applaus rechnen, der nicht nur aus der Unterdrückung kam.

Sonderbarerweise hat bei der Beschäftigung mit der kulturellen Produktion des Reiches noch niemand auf Auflagen, Honorare und Preise geachtet. Die Honorarabrechnungen der Verlage geben aber zuverlässiger über das Klima des Reiches Auskunft als die Presseanweisungen des Propagandaministeriums.

Hitler pflegte vor der »Machtergreifung« dem auf Verstaatlichung der Industrie drängenden linken Flügel seiner Partei hochfahrend zu entgegnen, daß er die Fabriken nicht zu sozialisieren brauche, da er die Menschen sozialisieren werde. Wenige Jahre später war nicht nur die Kunstpolitik der Presse verstaatlicht, sondern auch der Geschmack des Volkes. Die Verkaufszahlen von Thomas Manns Joseph-Roman, der ja noch im Dritten Reich erschien, blieben weit hinter denen der Bücher Grieses, Steguweits und Zerkaulens zurück, und dies ohne Papierbeschränkung und Werbeverbot. Niemand zwang die Leser, die Sagas von Blunck zu kaufen, aber der konnte sich von seinen Tantiemen in Holstein einen Landsitz errichten, wie ihn kein Autor der Republik besessen hatte.

Sicher war die Gleichschaltung der veröffentlichten Meinung

schlimm; schlimmer war die der öffentlichen Meinung. Liest man die Tagebücher Thomas Manns und die Briefe Gottfried Benns oder Albert Einsteins aus jenen Jahren, so wird sehr schnell hinter dem Schmerz über die Verfolgung das Leiden am Zustand des Landes greifbar.

Für die Künstler Weimars kann es nicht das Schwerste gewesen sein, daß sie der siegreiche Gegner unterdrückte; damit wird man fertig. Daß aber über Nacht das eigene Publikum davonlief, das eben noch die Ausstellungsräume von Cassirer und Flechtheim gefüllt hatte, muß verzweifelt gemacht haben. Es war ja nicht so, daß sie alle über Nacht Arbeitsverbot gehabt hätten; es wollte sie nur niemand mehr.

Mies van der Rohe blieb bis 1937 in Deutschland und wollte bauen, sogar für Hitler; er erhielt aber keine Aufträge. Hugo Häring war nicht in Acht und Bann, und jedermann konnte ihm einen Auftrag geben. Aber nur ein einziger, Deutschlands Botschafter in Washington, Freiherr von Prittwitz und Gaffron, der am Tage nach dem 30. Januar 1933 seine Demission eingereicht hatte, tat es; Häring baute ihm sein Refugium am Starnberger See. Die anderen nahmen lieber die Troost-Epigonen.

Gestern noch waren Barlach und Kollwitz unbezahlbar; nun suchten ihre Galerien vergeblich nach Interessenten. Thorak und Peiner aber konnten gar nicht so schnell gießen und malen, wie die Leute ihre Dinge aus dem »Haus der Deutschen Kunst« davontrugen. Bei Buchholz in Berlin gab es all die Jahre über noch Marcks und Blumenthal und Heldt und Beckmann, wenn auch nicht mehr mit großen Vernissagen; aber selbst in die Hinterzimmer fanden nur wenige. Im Gemeinschaftsatelier in der Klosterstraße feierte man, wenn einer von ihnen wenigstens einen Zementguß losgeworden war. Als die Museen »gesäubert« worden waren, verfielen auch die Preise. Auktionskataloge sind mitunter beredter als Regierungsdekrete.

Der Ausverkauf der »Entarteten« war auch in der anderen Bedeutung des Wortes ein Ausverkauf: Die Energien einer ganzen

Generation waren zum Schleuderpreis zu haben, weil ihnen die Sammler weggelaufen waren. Die nachträgliche Interpretation der Kunstdiktatur führt den Satz vor Augen, daß es mitunter gut ist, wenn man weniger denkt und mehr zählt.

Das alles ist keine Klage und schon gar keine Anklage. Man muß nur wissen, wie die Dinge liegen, und sie liegen eigentlich immer gleich.

Unernstes Politikmachen

Zu den unerwarteten Vorgängen dieser letzten Jahrzehnte gehört das völlige Vergessen Spenglers am vorläufigen Abschluß von Ereignissen, die seinen kühnen und ruchlosen Entwurf in einer ganzen Reihe von Punkten zu bestätigten scheinen. Die Abhaltung neuer und ausschweifender Massenkriege, die Erscheinung gewalttätiger Volkstribunen, die Heraufkunft Asiens, das Anbranden Rußlands gegen Osteuropa – das alles hat stattgefunden, wenn auch in einer pöbelhafteren und zügelloseren Gestalt, als sie Spenglers am Römischen orientierter Ästhetizismus vermutet hatte. Spengler aber ist bei den Leuten, auf die es ankommt, bei der intellektuell aufgeregten Jugend, wenig mehr als ein Name, der mit einer nachsichtigen Verachtung zitiert wird, die sich auf die bedenklichen Ergebnisse seiner Denkanstrengung bezieht.

Nicht die Revolte gegen seine Geschichtsphilosophie ist auffallend; sie war am lautesten, als Spenglers Wirkung auf dem Höhepunkt war. Merkwürdig ist, daß seine Art zu sehen, daß der Stil seines Denkens, der Zugriff seines Wollens mit all dem, was für das Artistische seines Werks daraus folgt, seine Faszination eingebüßt hat. Dieser Faszination haben sich in den zwanziger Jahren selbst seine entschlossensten Gegner nicht entzogen: Noch die sozialistische Linke und die republikanische Mitte akzeptierten mit Thomas Mann widerwillig den »literarischen Glanz und den intuitiv-rhapsodischen Vortrag« des Spenglerschen Buches.

Damit ist es schon Mitte der dreißiger Jahre vorbei. Wer heute denkt und schreibt, vermag sich offenkundig ohne Anstrengung dem bösartigen Charme dieses Kopfes zu entziehen. Die drei heutigen Generationen lassen sich auch nach dem Maß rubrizieren, in dem sie Sensibilität für das Raffinement dieser pathetischen Untergangsprophetie besitzen, die von Nietzsche die geschichts-psychologischen Knalleffekte und von Pareto und Sorel den Blick für die neuen Machtfiguren abgesehen hat.

Man sieht heute nicht klarer, wie es mit der Richtigkeit seiner Analysen bestellt ist; die sich am gleichgültigsten gegen ihn verhalten, verfügen über die geringste Legitimität hinsichtlich der Beurteilung seiner Zusammenblicke und Abschweifungen. Die Generation der Dreißigjährigen hält Spengler nicht für falsch oder gefährlich. Er interessiert sie nicht. Die Reizbarkeit für die anrüchige Lockung dieser Prosa ist verlorengegangen, wie die für Jüngers »Arbeiter«, Carl Schmitts »Begriff des Politischen« oder Gaetano Moscas »Elitismus«. Spengler ist nicht in Acht und Bann getan. Er ist unmodern geworden.

Das hat nur sehr am Rande mit einem durchaus begründeten Mißtrauen gegen sein System der Kulturseelen zu tun. Intellektuelle Jugend, die ihn nicht mag, besitzt gar nicht das Handwerkszeug zur Entscheidung von Fragen hinsichtlich des Ursprungs der Tocharer und der Bedeutung des innerasiatischen Beckens für die Wanderungsbewegungen des zweiten und ersten vorchristlichen Jahrtausends. Schließlich hat nach diesem Kriege Toynbee eine Generation für sich einzunehmen gewußt, die den wissenschaftlichen Differenzpunkt zwischen dem frommen Gelehrtentum des Engländers und dem herrischen Dekretieren des Deutschen gar nicht zu definieren wüßte.

Es verhält sich ähnlich mit seiner Affinität zum europäischen Faschismus. Man wirft ihm vor, was nach ihm kam: das Dritte Reich. Fraglos gehört Spengler in die Bewegung des antiliberalen Gegenschlags, und es ist ziemlich schwer, ihn für die Demokratie zu retten. Aber die es ihm am lautesten vorwerfen, haben am längsten für die Presse des Mannes geschrieben, den er einen Heldentenor und keinen Held nannte.

Diese preußische Rechte von Spengler über Jünger bis zu Benn hat sich, wie immer es mit ihrer geschichtlichen Schuld bestellt sein mag, am entschiedensten vor einem Regime abgewendet, das ihr weiß Gott nicht nur zu plebejisch war, sondern an dem sie neben dem Instinkt für die Realität und dem Sinn für Würde auch den Blick für Größe vermißte. Nach 1933 sind ihrer aller Kommentare zum Dritten Reich auswechselbar. Wer nannte den Nationalsozialismus die »Organisation der Arbeitslosen durch die Arbeitsscheuen«? Schmitt? Jünger? Niekisch? Benn? Sie hätten es alle sagen können. Es war übrigens Spengler.

Das alles ist es nicht, was Spengler aus der Geistesgeschichte dieser letzten drei Jahrzehnte gewiesen hat. Ein Kopf verliert nicht seine Faszination auf eine ganze Generation, weil Zweifel an der Richtigkeit seiner Thesen aufkommen. Mit Richtigkeit gewinnt man erst gar keine Faszination. Ein Mann büßt seine verführerische Ausstrahlung nicht ein, weil er in Nachbarschaft zu einer Diktatur gerät. Teilhabe an einer Gewaltherrschaft macht ihn, intellektuelle Unabhängigkeit und moralische Integrität vorausgesetzt, nur schillernder; für diesen Satz steht Brecht ein.

Spenglers Wirkung hatte immer über das von ihm Gesehene mit seiner Art zu Sehen zu tun: Hinter seinem Werk stand stets seine Gestalt. Die Faszination, die von seinem Denken ausging, bezog sich vorerst einmal auf den Duktus dieses Denkens. Vor einem Jahrzehnt hat sich Hans Joachim Schoeps in einem Buch mit »Spenglers Vorläufern« beschäftigt; es zeigte sich, daß sehr viel von seinem morphologischen Entwurf schon vorausgenommen worden war. Nicht dagewesen war der herrisch-rücksichtslose Zugriff dieses Kopfes, der dekretiert und befiehlt, während er denkt.

Zuerst war nicht das Werk da, sondern der Mann. Das ist das Geheimnis seines Aufstiegs zu Weltruhm; es ist auch das Geheimnis seines Zurücksinkens in die Vergessenheit. Sein Stil, nicht seine Philosophie oder seine Politik, hat an Magie eingebüßt; der Mann Spengler interessiert nicht mehr.

Die Gründe dafür sind obenhin einsichtig. Der Überdruß an einer militärischen Rhetorik, die auf die vorausberechenbare Kehre zuläuft, liegt auf der Hand, auch wenn man von den Inhalten ganz absieht. Es gibt nichts Anstrengenderes und Ermüdenderes als eine Prosa ohne Ruhepunkte.

Man hält die Miene der Verachtung nicht ungestraft allzu lange durch. Man bezahlt die hochfahrende Gleichgültigkeit gegen das Naheliegende, das Plausible, das Vernünftige am Ende mit jener Gleichgültigkeit, die jeder Berufsprovokateur sich auf die Dauer zuzieht. Das gilt für die damalige Zeit, in der man von einem gewissen Zeitpunkt an wußte, was Spengler zu einer bestimmten Sache sagen würde, und das gilt für den Nachlebenden, der in Tonfall und Gedankengang nach den ersten zwei Bänden alles weitere vorausberechnen kann. Die Heutigen haben ihre Gründe, ennuyiert zu sein.

Dennoch sind alle diese Ursachen der Vernachlässigung unzureichend. Man soll es sich zumindest ebenso schwer machen, einen Großen zu vergessen wie einen Großen zu entdecken. Die Figur Spenglers hat zu viel für die geistige und politische Geschichte jener entscheidenden anderthalb Jahrzehnte zwischen dem Ende des Weltkrieges und dem Anbruch der Tyrannei bedeutet, als daß er so wenig gewesen sein kann, wie man heute in ihm sehen will.

Wer schon nicht voller Spannung zu der Edition seiner Korrespondenz greift, die ein Vierteljahrhundert nach seinem Tode wenigstens auszugsweise erschienen ist, sollte es wenigstens aus Gerechtigkeitsverlangen tun. Hier, wenn irgendwo, muß sich doch eine Möglichkeit geben, hinter die Maske zu blicken, die er sich, einer der größten Poseure unserer Literatur, Zeit seines Lebens vorgehalten hat. Wo, wenn nicht in seinen Briefen an seine Freunde und Feinde, kann die Gestalt Spenglers sichtbar werden, die sein Aufstieg und sein Abstieg war: seine mühsam versteinerte Individualität.

Tatsächlich gibt diese sonderbare und auf weite Strecken hin ganz und gar unergiebige Korrespondenz einige Winke, wie es mit einem Mann beschaffen war, der seinen Büchern ein Photo beigab, das noch die Anstrengung der Selbststilisierung in der forcierten Muskelbeherrschung zu erkennen gibt. Dieser Briefwechsel ist ein einziger Akt der Selbstdisziplinierung auf eine Mission hin: Das Vereiste seines Stils, der nur die Entsprechung seiner Mimik ist, ist das Erzeugnis einer Gewaltsamkeit von höchster Bewußtheit.

Spenglers Schreiben ist ein Philosophieren im Kommandoton; das macht ihn unserer Generation unerträglich. Es ist aber ein Kommandieren mit Migräne. Er präsentiert sich als ein in Uniform gesteckter Nietzsche, doch versteht man nichts vom Duktus einer Sprache, wenn man nicht nach fünf Seiten die Gereiztheit seiner Nerven erkennt und das Leiden seines Intellekts.

Tatsächlich ist er, ständiger Kopfschmerzen wegen, 1914 als Vierunddreißigjähriger von der Einberufung zurückgestellt worden. Als ein Jahr später die Nachmusterung kommt, erfüllt ihn dieses »Gespenst« mit Schrecken: »Ich wäre bei meiner Schlaflosigkeit, den schweren Kopfschmerzen und meiner furchtbaren Nervenempfindlichkeit nach ein paar Wochen ruiniert gewesen, vielleicht auf Jahre hinaus.«

Solche Details der Biographie sind subaltern, wenn sie ohne Belang für Figur und Werk sind. Sie werden zitiert, weil sie einen Fingerzeig geben, wie es mit dieser Gesundheit und Ungebrochenheit beschaffen war. Das Athletentum seiner Prosa ist das Produkt artifizieller Differenziertheit, die wegen einer außerordentlichen Empfindlichkeit für verbrauchte Wirkungen auf stilistische Tricks verzichtet. Er orientiert sich, voller Verachtung für den deutschen Roman, in »dem immer ein sentimentaler Einfaltspinsel sein bißchen Leben wichtig nimmt und das auch von anderen erwartet (Jörn Uhl, Camenzind)«, wie sein großes Vorbild Stendhal am Code Napoléon, an den Sitzungsprotokollen der Wirtschaft: »Meine Hoffnungen gehen auf eine neue deutsche Meisterprosa. Vom Vers erwarte ich gar nichts mehr. Eine Prosa, die über Luther und Goethe hinaus, weitab vom Snobismus Nietzsches, etwas von dem verkörpert, was ich »Hindenburgstil« nennen möchte, kurz, klar, römisch, vor allem natürlich. Das würde ein ausgezeichnetes Darstellungsmittel für die neuen Materien der Dichtung sein . . . Heute ekelt mich unsere ganze Kunstprosa an; ihr weichlicher Stil ist so altmodisch. Ich finde gutes Deutsch oft in Leitartikeln, bei Bismarck, in Geschäftsberichten unserer großen Industrieunternehmungen. Die Sprache muß wie eine Fuge klingen, kurz, mathematisch, logisch, streng und doch in jedem Wort eine tiefe Melodik, die zugleich die Stimmung des Ganzen zeichnet . . . Das ist meiner Meinung nach das Ziel, wenn es noch eines gibt, etwas durchaus Männliches und Vergeistigtes, allerdings höchst unpopulär und der halbgebildeten Herde unserer Literaten unzugänglich . . .«

Das ist ein Brief des Fünfunddreißigjährigen, der seinen Lehrerberuf aufgegeben hat, um in äußerster Bedrängnis »eine Sache« zu schreiben, an deren epochemachender Wirkung er nicht einen Moment zweifelt. In diesen Jahren vor dem Weltruhm schreibt Spengler seine verräterischsten Briefe, nämlich die eines nervösen Intellektuellen, der ein neurasthenischer Literat ist: »Verzeihen Sie, daß ich nicht antworte, ich habe wieder einmal meine Periode der Kopfschmerzen und absoluter Schlaflosigkeit.«

Natürlich sind nicht die Kopfschmerzen das Wesentliche, sondern der aufdringliche Gebrauch, den er in jedem Brief davon macht, und das emotionale Vokabular, in dem er sie vorzeigt: »entsetzliche Kopfschmerzen«, »furchtbare Migräne«, »unerträgliche Schlaflosigkeit«. Dieser Mann mit den heruntergezogenen Mundwinkeln, dessen Lust am provozierenden Paradox so weit geht, daß er während des Weltkrieges den »Lebensmittelwucherer seines Übergewichts an preußischer Intelligenz wegen« empfiehlt, hat mehr vom Künstler an sich als die Mehrzahl der Künstler, die ihn heute perhorreszieren: eine äußerste Irritabilität für schlechten Stil im Schreiben und Denken.

Es versteht sich von selbst, daß er auch die Reizbarkeit des Künstlers gegen die künstlerische Lebensform hat, das tiefe und schmerzhafte Ungenügen an der schreibenden Existenz. Er ist auch darin Artist, daß er in dieser Empfindlichkeit geradezu die Legitimierung seiner literarischen Produktion sieht: »Ich wünschte auch oft genug, statt meine Ideen für die Zukunft aufzuschreiben, sie ohne weiteres ausführen zu können, und es gibt lange Tage, wo mich das Papier anekelt und ich das Gefühl habe, mein Leben ganz eigentlich dadurch verpfuscht zu haben, daß meine ganze Wirksamkeit sich auf dem Papier abspielen muß. Solche Stimmungen hat sicher jeder produktive Mensch, und ich sehe darin einen *Beweis* für seinen inneren Beruf.«

Es könnte sein, daß diese Äußerung nicht ernst genug genommen werden kann: Dieser Satz des noch unbekannten Spengler, der in so vollkommener Isolierung lebt, daß jeder Brief mit Klagen angefüllt ist, wie: »daß ich auch nicht einen einzigen Mensch habe, mit dem ich reden kann«, gibt nämlich nicht nur Auskunft über die seelische Situation des jungen Philosophen, der während der Arbeit am »Untergang des Abendlandes« das ungemein aufschlußreiche Bekenntnis macht, daß viele seiner Gedanken so sind, »daß sie sich nur poetisch ausdrücken lassen und auch das hoffe ich einmal zu können«. Er signalisiert bereits die rätselhafte Liquidation seiner philosophischen Schriftstellerei, die er mit zweiundvierzig vollzieht.

Für diese Tatsache eines Verstummens, das nach erlangtem Weltruhm nur noch Reden, Aufsätze, Vorträge, Aufrufe, politische Streitschriften zu Tage fördert, hält man die landläufige Erklärung bereit, daß er sich ausgeschrieben habe. Das läßt sich nicht widerlegen, solange der Nachlaßband nicht publiziert ist, aber man tut gut, zu dieser äußersten, weil nächstliegenden Auskunft nur zu greifen, wenn gar keine andere sich einstellen will.

In dieser Situation empfiehlt es sich vielleicht, Spengler versuchsweise sehr wörtlich zu nehmen, das heißt: ihm Glauben zu schenken, wenn er von dem »Ekel« vor dem Papier schreibt. Unmittelbar nach der Beendigung des zweiten Bandes des »Untergangs« erklärt er mit hochfahrender Arroganz, daß er sich notgedrungen das Handwerkszeug des Gelehrten habe aneignen müssen, da sich seine These nur im gelehrten Medium vortragen lasse. Das sei geschehen, und nun gedenke er keinen Gebrauch mehr von den erworbenen Kenntnissen zu machen.

Das ist die Sprache des Selbstbewußten, aber auch die des sozialen und bildungsmäßigen Emporkömmlings, der der Bildungswelt die Galeerenarbeit seiner Lehrerjahre nachrechnet. Es ist daneben noch und vor allem die Sprache des Künstlers, die Emphase des auf die Realität, auf die wirkliche Welt, auf die großen Aktionen zielenden Poeten.

Es ist die Sprache all der Literaten, die Revolutionen machen, Minister werden, Politik entwerfen. Als Spengler noch nicht eine Zeile veröffentlicht hat, wird seine Stimme warm, wenn er von Klinger spricht, der seine poetische Existenz vernichtete, als er sein Offizierspatent in der Tasche hatte. Das Politikmachen Spenglers, das übrigens unernsthaft, wenn auch gefährlich war, dementiert nicht seine Künstlermentalität: Es macht sie offenbar.

Er bedient sich dazu der Mittel des Bücherschreibers. Der Anblick ist peinlich, wie er sich in die Türen der Mächtigen drängt; meist hält er sie nur für mächtig. Er verschickt Exemplare seiner Bücher an jeden, der ihm von Belang erscheint, wobei er ganz kalt die politische Funktion über die intellektuelle Kapazität stellt. Ein warmer Regen von »Untergangs«-Büchern geht auf die Welt der Industrie, des Militärs, der Hocharistokratie nieder: Tirpitz empfängt eines, Seeckt natürlich, Haniel, Lettow-Vorbeck, Reusch, Hugenberg.

Es ist undenkbar, daß er die Subalternität dieser Korrespondenz nicht erkennt. Einer seiner Freunde meint, daß seine Bücher zu gut für die Leute seien, an die sie gerichtet sind. Sie sind es tatsächlich. Kronprinz Rupprecht antwortet: »Es war ein ausgezeichneter Gedanke, Ihre famosen, kleinen Aufsätze in einem Bande erscheinen zu lassen.« Und der Kommentar von Kronprinz Wilhelm besteht in dem Satz: »Ihre Ausblicke in die Zukunftsentwicklung kann man nur mit prophetisch bezeichnen.«

Das soll er nicht ironisch zur Kenntnis genommen haben? Er nimmt es zynisch in Kauf. Seine Partner interessieren ihn nur insoweit, als er mit ihnen Politik machen kann. Und da er, Prophet und Apologet des Zeitalters der Massen, die Masse verachtet wie nur irgendein »poetischer Einfaltspinsel«, sieht er die Möglichkeit nicht, mit der Masse Politik zu machen; er will an ihr vorbei agieren. An den Erfolg Hitlers hat er nie geglaubt.

Er spricht, während er die heraufziehende Welt feiert, in der Cäsaren Horden regieren, nur vom »Gesindel«, vom »Pöbel«, von der »halbgebildeten Herde«. Er nimmt Tee auf Schlössern, reist von der Vereinigung der Arbeitgeber-Verbände zur Oberhausener Montags-Gesellschaft, vom Düsseldorfer Industrieclub zum Übersee-Verein. Überall hält er Ansprachen, regt Zusammenarbeit an, schlägt manipulierte Zellulosepreise vor, um die nationale Presse zu stützen. Es ist eindrucksvoll und lächerlich. Denn in all dem sind ja die subalternen Züge nicht zu übersehen: Er ist der Studienrat, der erst Weltgeschichte schreibt und dann macht. Auch hier ist er der Literat in der Politik. Man muß die Literaturgeschichte mustern, um Vorläufer Spenglers zu finden; gerade die literarische Existenz sollte, wo solcher Ernst hinter einem entschlossenen Abwenden von der eigenen Sphäre steckt, intellektuelle Sensibilität für dergleichen haben.

Das Dilettantische an Spenglers Vorgehen, sein unaufhörliches Winken mit geheimsten Informationen (»Aus Nachrichten meines Freundes . . . schließe ich, daß eine Landung bei Calais, im Rücken der Franzosen, oder an der englischen Küste oder in der Nähe von Petersburg vorbereitet ist . . . Ich hüte mich hier in München, wo es von Spionen wimmelt, über dergleichen zu reden . . .«) ist uns nicht ungewohnt. Zwei Drittel dieser Briefe sind der Niederschlag dieser Anstrengungen. Es macht den Band aufschlußreich, daß er so unergiebig ist. Man muß ihn nur zu lesen verstehen. Es gibt wenige Seiten ohne drei Zeilen, die nicht Aufschluß über die Struktur dieses Kopfes geben und über die Empfindlichkeit seines nervösen Bewußtseins.

Jenseits der Wirklichkeit

Die schöne Literatur und zweimal Deutschland

Die Bücher, um derentwillen man von Berlin nach Frankfurt geflogen ist, über eine Mauer, ein tiefgestaffeltes Grenzsystem und zweihundert Kilometer Zone hinweg, kann man erst einmal beiseitelassen. In solcher Fülle werden sie plötzlich merkwürdig schattenhaft; die Triumphmeldungen über die Zahl der Aussteller aus Dutzenden von Ländern imponieren nicht mehr, es bleibt belanglos, daß wieder eine neue Halle dazugenommen werden mußte, weil die Masse des Gedruckten nicht unterzubringen war. Natürlich ist es ein Akt kindlicher Aufsässigkeit, darüber zu spotten und dem Konsumgut Buch das Kulturferment Geist herausfordernd entgegenzustellen, denn auch trotzige Kulturkritiker sollten sich eines Tages damit abfinden, daß die industrielle Produktionsweise gewisse Bedingungen stellt, zu denen etwa Auslastung der Kapazität und möglichst hohe Umlaufgeschwindigkeiten der Ware gehören.

Selbstverständlich gibt es eine Überproduktion, aber die maulende Unzufriedenheit mit der Überzahl der Photobücher etwa oder der überschwappenden Übersetzungsliteratur, die seit jeher zum guten Ton der Buchmessenbesucher gehört, ist eine ziemlich inferiore Angelegenheit. Wäre es denn nicht denkbar, daß mit unserer Literatur alles zum besten bestellt wäre und dennoch ein paar tausend unwichtige Unterhaltungsromane und Bildbände zu viel verlegt wurden?

Nicht darum also geht es, die Massenhaftigkeit der Neuerscheinungen zu rügen und in frommer Einfalt von der Stille oder der

Einsamkeit zu reden, die das Buch brauche. Das Buch, das wichtige Buch, braucht keine Stille, es schafft sich Stille, und die Vereinsamung ist keine Voraussetzung, sondern eine Funktion des Lesens, weshalb denn sowohl die intakte bürgerliche Sozietät des neunzehnten Jahrhunderts wie die moderne Massengesellschaft amerikanischer oder sowjetischer Prägung dem Bücherleser – auffälligerweise im Sprachgebrauch mit unangenehmen Tieren (Bücher*wurm*, Lese*ratte*) in Verbindung gebracht – mit tief verwurzeltem Mißtrauen gegenübersteht.

Die Literatur lebt von diesem Mißtrauen, und irgend etwas liegt mit ihr im argen, wenn ihr akklamiert wird. Überall ist diesmal an den Ständen, an denen sich die schreibende, lesende, kaufende und handelnde Masse vorüberschiebt, davon die Rede, daß nun Schluß mit der Entwicklung zum Maßlosen, mit der Rekordsucht sein müsse; hier und da denkt man an irgendeine Form der Beschränkung, vielleicht auf echte Novitäten, vielen schwebt so etwas wie eine Rückgewinnung der Exklusivität vor.

Will man wirklich einen Schonbezirk für die Literatur? Manches in der letzten Zeit deutet darauf hin. Es ist der sehr merkwürdige Vorgang zu beobachten, daß die Rebellion gegen die Prosperität auf den Beifall der Prosperierenden hofft und daß die Aufsässigkeit auf Belobigung durch die Obrigkeit zählt. Der Staat, verachtet und angespien ob seiner Machthaltigkeit und Geistfremdheit, soll dem Geist zu bürgerlicher Reputation und gesichertem Lebensabend verhelfen. Wehrt sich dieser Staat, ein Staat von äußerster Gesichtslosigkeit und beklagenswertem Mangel an Faszination, wird Zeter und Mordio geschrien.

Er wehrt sich? Das ist, sehr im Gegensatz zu England und Frankreich, wo Bücher aus politischen oder sittlichen Gründen verboten werden, noch nicht vorgekommen. Er hat sich geweigert, einem ausschweifend begabten Epiker von kühner Negierung des Wohlanständigen einen hochdotierten Literaturpreis zu verleihen. Das, hat man von Hamburg bis Konstanz gerufen, sei ein öffentlicher Skandal. Victor Hugo zählt auf den Orden Napoleons III.

Es ist so viel in diesen Jahren davon die Rede gewesen, daß die Bundesrepublik ein ausnehmend geistfeindlicher Staat sei, und damit wird dann die Tatsache in Verbindung gebracht, daß die Auflagen deutscher Autoren niedrig sind und daß der Intellektuelle von der restaurativen Gesellschaft nicht akzeptiert, nicht ernst genommen, nicht respektiert wird. Aber diese Bundesregierung, rührend in ihrer Unfähigkeit, sich des Wortes zu bedienen und der Macht der Rede, der symbolkräftigen Geste, der nationalen Gebärde, kurz: des Stils auch in dramatischer politischer Lage in tölpischster Weise nicht mächtig, ist ja um den Geist, die Kunst, die Modernität auf geradezu servile Weise bemüht. Keine Stadt, deren Väter nicht den Zorn der Bürger durch die Aufstellung abstraktester Denkmäler auf sich lenken, kein Gesellschaftskritiker, dem nicht aus dem Rockaufschlag ein staatlicher Literaturpreis heraushängt, kein Lyriker, dessen spärliche Auflage nicht zur Hälfte von den öffentlichen Bibliotheken aufgekauft wird.

Und die Gesellschaft sei restaurativ? Ach, wäre sie das nur, eure Auflagen wären höher. Die hochbürgerliche Gesellschaft ist es, die an der Rebellion zärtlichstes Gefallen findet, in Grunewald-Villen war man auf Piscator-Premieren abonniert und in der Tiergartenstraße las man Arnold Zweig und Fritz von Unruh. Stülpt nur die Gesellschaft um, und Ganghofer kommt zu Ehren, im Osten heißt er dann Strittmatter. Die gewagten Wahrheiten, die verschlüsselten Bosheiten, die aufsässigen Ironien, die paradoxen Schlüsse, die experimentellen Fragwürdigkeiten – nun soll eine Ministerialbürokratie von oben herab Gefallen daran dekretieren? Der immer wieder variierte Satz, daß dieser anonyme Bonner Staat es nicht verstanden habe, eine geistige Atmosphäre zu schaffen, ist ungeistig und antigeistig bis zum Exzeß.

Wie viele Buchmessen haben seit dem Ende des Krieges stattgefunden? 1949 wurde, noch in jämmerlichster Armseligkeit, die erste veranstaltet, diese hier trägt die ominöse Zahl 13. Es ist eine besondere Buchmesse, nicht nur, weil sich in den letzten fünf Jahren, wie dem Katalog zu entnehmen ist, die Ausstellungsfläche verdoppelt hat. Es ist die erste Buchmesse nach der deutschen

Teilung, die nun erst Lebenswirklichkeit geworden ist, nachdem man so lange vom Eisernen Vorhang nur gesprochen hat.

Auf Regalen und Tischen ist als Neuerscheinung, Neuauflage oder Taschenbuch ausgestellt, was in fünfzehn Nachkriegsjahren von jenen deutschen Autoren dazu gesagt worden ist, die heute davon sprechen, daß Bonn die Möglichkeit der Wiedervereinigung für den Glauben an die Sicherheit geopfert hat, und die immer wieder Deutschlands Abwendung von einem Osteuropa getadelt haben, das von der Christianisierung über Herder und die Romantik bis zur Polen-Schwärmerei des Grafen Platen der andere Teil Deutschlands gewesen ist. Wo ist – nimmt man Rezzoris balkanesische Schnörkel und die Bolatitzer Skurrilitäten unseres eigensinnigen August Scholtis aus – das deutsche Buch dieser Zeit, dessen Antlitz dem Osten zugewendet ist? Da liegt Koeppens Amerika-Buch, dort die Irische Reise Bölls, hier die Amerika-Reise Hagelstanges, dort das Frankreich-Buch Koeppens.

Deutschlands Schriftsteller waren, trotz hochfahrendster Verneinung des kleinbürgerlichen Konsumglücks und in verständnisloser Verachtung wirtschaftswunderlicher Wanderlust, nach dem Ausweis ihrer Bücher selber einen beträchtlichen Teil dieser Zeit hindurch Schriftsteller auf Pneus – aber es gibt, ein oder zwei Ausnahmen abgerechnet, kein Buch von ihnen über Osteuropa, keiner von ihnen hat über Ostdeutschland geschrieben, nicht einer über Berlin. Dabei konnte jeder von ihnen – kann es noch heute – nach Berlin ziehen (Günter Grass hat es getan), bis gestern konnten sie alle höchst legal ein paar Monate in Ostdeutschland leben (sie leben lieber am Bodensee), in jedem Reisebüro hätten sie einen Vierteljahresaufenthalt in Polen, Bulgarien oder Jugoslawien buchen können (sie fuhren nach Irland und Korsika). Sie, auch sie, die Kritiker der bundesdeutschen Mentalität, zog es nach Rom, nach Kopenhagen, nach Paris, vor allem nach New York: Der Ertrag liegt hier in vier Hallen gedruckt vor. Hat sich Bonn allzu einseitig nach dem Westen orientiert? Dann waren die

deutschen Schriftsteller ihrer Majestät Bundesregierung aller-
loyalste Opposition.

Das alles klingt bitter und ist bitter. Denn wenn etwas während
dieser Jahre deutsche Wirklichkeit war, dann war es die Wirklichkeit der Spaltung Deutschlands und – ebenso wichtig für den, der
in den Kategorien des alten Europa fühlt und denkt – die Spaltung
Europas. Es sind gute und es sind bewegende Bücher geschrieben
worden – nimmt man erst Hans Scholz und dann Uwe Johnson
und vielleicht auch Schnurre beiseite, aber nichts über Berlin und
nichts über Ostdeutschland und nichts über unsere zerrissene
Wirklichkeit. Das Bürgertum in Frankfurt und Düsseldorf und
Würzburg hat gelebt, als gäbe es die Zweiteilung nicht? Die
deutschen Schriftsteller sind in ihren Büchern auch ohne sie
ausgekommen. Blieben nach einem Atomkrieg nichts als die
Romane dieser Nachkriegszeit übrig, ist nur das Andenken bril-
lantengeschmückter Wurstfinger, mercedesfahrender Lebeda-
men und einiger sonstiger unappetitlicher Exzesse von einer wie
immer schuldhaft verdienten und doch tragischen Epoche deutscher Geschichte für die Nachgeborenen bewahrt worden.

Mit dieser Buchmesse ist eine Epoche zu Ende gegangen. Man
geht mit anderen Gefühlen diesmal durch die Gänge und die
Hallen und die Außenwege. Natürlich wird noch immer hier und
da der alte Literatentratsch gepflegt, sicherlich wird auch diesmal
darüber gerätselt, wer wohl in diesem Weihnachtsgeschäft Best-
seller wird. Aber das Klima der Messe hat sich verändert. Dieser
Buchmesse ist wohl die bedeutendste und einsamste Rede vorausgegangen, die in letzter Zeit von einem deutschen Schriftsteller
gehalten worden ist: die des neuen Büchner-Preis-Trägers Hans
Erich Nossack über den Aufstand des Menschen gegen die Abstraktion und die Würde der Vereinzelung. Und bei der offiziellen
Eröffnung kamen dann die in früheren Jahren nicht denkbaren
Provokationen von Walter Jens über das Recht auf das Positive
und die Mediokrität des Beharrens in der Gosse. Es sieht so aus,
als sei – endlich – Unruhe und Beunruhigung in die Literatur

gekommen, die bisher, entgegen dem Stil des Moralisten, alles in Frage stellte, nur sich selber nicht.

Zu Ende gegangen ist ein Abschnitt der Nachkriegsgeschichte, zu Ende gegangen ist sogar eine Epoche der Bundesrepublik, zu Ende gegangen sind – wenn man seinen Augen trauen kann – fünfzehn Jahre deutscher Nachkriegsliteratur.

Man kann nicht so weitermachen wie bisher in Bonn? Vielleicht nicht, wahrscheinlich nicht. Man kann auf keinen Fall so weitermachen wie bisher in der deutschen Literatur: mit dem Ärger über die ehebrechende Industriellenfrau und den kunstfremden Regierungspräsidenten. Das anläßlich und zu einer Reise nach Frankfurt festzustellen war wichtiger als die Beschreibung des Gedränges und der kilometerlangen Gänge und der durchgelaufenen Füße und des Geschwätzes und des Geschäftes und der belanglosen Wichtigkeit einer so merkwürdigen Messe, die von der Nutzbarmachung des Nutzlosen lebt, was ein ironischer Vorgang ist, für dessen Komik die Intellektuellen so wenig Verständnis haben.

Lob des Stotterns

Es ist von einer sonderbaren Erscheinung Bericht zu erstatten. Klage ist zu führen über die Selbstentfremdung des Künstlers und seine Abwendung von dem ihm zukommenden Weltverhalten. Zwar gehört zu den Worten, mit denen sich der Bürger der Erscheinung des Künstlers vergewissert, die Formel von seiner Einsamkeit und Isolierung. Auch der Künstler selber sieht sich, seinen Romanen nach zu urteilen, als der große Traurige und Leidende, als der Gegenspieler des Staates und der Gesellschaft: verschreckt und empfindsam, wortkarg und umweltängstlich.

Die Vorstellung aber steht in lächerlichem Maße im Gegensatz zur Wirklichkeit. Der Intellektuelle nämlich, der die Massenzivilisation verachtet und sich der Technik bis zur Zurückweisung von Fernsehgeräten versagt, ist bis in sein Lebensgefühl hinein das treueste Kind dieser Zeit: geschäftig und kontaktfreudig, beziehungshungrig und aussprachebedürftig.

Das Phänomen hat einen neuen Menschentyp zur Erscheinung gebracht, der seine gesellschaftspolitische Bedeutung und ganz offensichtlich auch seine privatwirtschaftliche Ergiebigkeit hat: den Diskussionsteilnehmer. Man kann ihn, wie es seiner Natur gemäß ist, vor allem auf Kongressen und Tagungen wahrnehmen, doch haben die überlieferten Formen der institutionalisierten Redseligkeit seiner gesprächigen Natur nicht Genüge tun können; es wurden, nach diesem Krieg, besondere Akademien eigens zu dem Zweck geschaffen, Menschen zur Bekanntgabe ihrer wechselseitigen Meinungen zusammenzuführen, wobei es weder die Teilnehmer dieser wunderlichen Veranstaltungen noch die einladenden Gremien sonderlich verdrießt, daß jedermann die vorgetragenen Gedankengänge schon vorher unzählige Male in Rundfunkdiskussionen und auf Dichtertagungen in annähernd derselben Formulierung vernommen hat.

Dies scheint vielmehr geradezu zu den Auswahlprinzipien zu gehören, weshalb denn Einladungen zu Streitgesprächen zumeist mit Hinweisen auf die Produktivität des Betreffenden anläßlich früherer Streitgespräche eröffnet werden: Studenten-Vorsitzende und christliche Herbergsväter möchten vor allem bewährter Oppositionslust teilhaftig werden.

Ein Mensch, um ein Beispiel zu geben, hat etwas Streitlustiges geschrieben, das aus dem Ärger über die honorarpflichtige Gesprächigkeit lebt. Er kann sich, für die nächsten sechs Monate, zur Ruhe setzen. Von nun an kommen ihm unablässig Einladungen ins Haus. Er soll Rede und Antwort stehen für seine Ungeselligkeit, er soll diskutieren über seine Abneigung zum Diskutieren.

Ein Sender lädt ihn, bei Ersatz aller Unkosten, zum Streitgespräch in das Abendstudio. Ein Dichterclub fordert ihn herrisch auf, sich schnellstens im unverputzten Literaturkeller bei feuchtkalten Temperaturen zu verantworten. Ein Studentenbund erbietet sich, ihn mit mundfertigen Gegnern zusammenzuführen. Eine Universität teilt ihm mit, daß sie mit Leuten aufwarten kann, die entgegengesetzter Meinung sind; man soll sein Honorar selber festsetzen und vor aufnahmefreudiger Jugend miteinander schimpfen. Die Festwochenleitung einer Millionenstadt gibt kund, daß sie im Besitze von sieben Streithähnen ist, die sich mit dem Menschen raufen wollen: Es werden Billets ausgegeben zur Besichtigung des intellektuellen Renkontres.

Derartiges geht unaufhörlich vonstatten. Wer abends nichtsahnend seinen Radioknopf bedient, hört es auf allen Wellenbereichen diskutieren. Jeder Eigentümer eines Televisionsapparates kennt die Namen jener Herren, die regelmäßig und bei konsumfördernder Flüssigkeitsaufnahme Menschen zum Austausch von Standpunkten auf der Bildröhre zusammenbringen und solcherart die neuartige Tätigkeit eines Diskussionsleiters zu einem angesehenen und steuerpflichtigen Beruf erhoben haben, aus dem sich Ruhm und sonst noch allerlei ziehen läßt.

Akademien, Tagungen, Kongresse – es wird, wohin man auch blickt, unaufhörlich miteinander geredet und gestritten, wobei das Thema nicht viel zur Sache tut. »Geist und Macht« oder »Die Linken und die Kultur« oder »Der Staat und die Künste« – die Präzisierung der Fragestellung bleibt um so unerheblicher, als man ja im wesentlichen doch nur zur Erprobung der eigenen Formulierungsfähigkeit zusammengekommen ist, was ein Standpunkt ist, der von den Hörern durchaus gebilligt wird, weshalb denn nicht dem skeptisch und bedächtig Schritt vor Schritt setzenden Redner Beifall gezollt wird, sondern der zungenfertigen Argumentierapparatur mit sarkastischer Scherzzutat.

Die Erscheinung gilt als intellektuell und gibt ihre Aufrichtigkeit darin zu erkennen, daß sie mit gelassener Selbstverständlichkeit aus dem sonstigen Lebensklima des Intellektuellen folgt. Die Herstellung von Druckerzeugnissen ist nämlich ganz offenkundig eine Tätigkeit, die von vornherein kontaktfreudig macht. Der Schriftsteller früherer Zeiten muß, nach dem Ausweis von Romanen und Briefen zu urteilen, ein Mensch gewesen sein, der durch ein besonderes Maß von Einsamkeit gekennzeichnet war, ungesellig bis zum Asozialen und von einer sensiblen Schreckhaftigkeit, die etwa im Falle Goethes oder Schillers über Jahre hinweg dem persönlichen Austausch den brieflichen vorzog und nachbarlich durch Billets miteinander verkehrte. Er ist, wie dem Schicksal nicht weniger Schreibender von Hölderlin bis zu Kafka zu entnehmen ist, von einer nervösen Leidensfähigkeit gewesen, die sich selber schmerzlich auskostete.

Vorbei und dahin. Die Unseren sind gesund bis zur Robustheit und menschlicher Nähe dringend bedürftig. Das muß erläutert werden, denn nicht wahllos und richtungslos ist die Geselligkeit der Schreibenden. Auf Menschen ihresgleichen nur geht ihre Begierde, und durch Verfertigung von Lesbarem vor allem empfiehlt sich ihnen die Umwelt. Dann aber sind sie unermüdlich und lassen nicht nach im artikulierten Austausch von Meinungen und Gefühlen.

Sie haben Stammtische in Ratskellern und Weinstuben. Sie machen sich gegenseitig Visite und treffen sich an drittem Platze. Sie mieten feste Örtlichkeiten zu turnusmäßiger Zusammenkunft, wobei es sie gewissermaßen in die Tiefe zieht: Auch bei höchstem Einkommen bevorzugen sie rustikale Primitivkeller zu gesprächsweiser Begegnung. Sie reisen über Hunderte von Kilometern herbei, wenn es prestigemäßig ergiebigem und etatmäßig lohnendem Zank gilt.

Der jeweils Erfolgreichste von ihnen ist auch zu Repräsentativaufgaben erbötig und stellt sich sozusagen als Dichter vom Dienst jedermann zur Verfügung. Er ziert private Festlichkeiten und präsentiert sich zugereisten Gästen. Er partizipiert an Banketten und gibt jenen Empfängen die geistige Note, von denen dann hinterher zu lesen ist, daß die Spitzen von Politik, Diplomatie, Wirtschaft und Kultur anwesend gewesen seien. Er ist, alle Widerborstigkeit verleugnend, wenn man nur ruft, zur Erfüllung gesellschaftlicher Verpflichtungen zur Stelle. Der Mensch aber, der – aufs Private verstockt – zur Ableistung diskursiver Pflichten nicht bereit ist, hat Schlimmes durchzustehen. Man läßt ihn wissen, daß er sich der Aussprache »nicht stellt«, wobei man sich ganz unbefangen der Terminologie der Bestimmungsmensuren bedient. Man schickt ihm eine zweite und nun in nachdrücklicherem Ton gehaltene Aufforderung, wobei man das Gesprächshonorar erhöht. Das Dichterverlies wird dringlich und stellt anheim, Verstärkung mitzubringen, um solcherart gleichsam die intellektuelle Feuerkraft zu erhöhen.

Immer aber, und dies ist das eigentlich Erstaunliche, geht man ganz treuherzig von der Wünschbarkeit des argumentierenden Kontakts aus und von dem Nutzen des redseligen Tuns. Niemandem kommt es in den Sinn, an der Praxis des Streitgesprächs selber zu zweifeln, der man sich so unbefangen hingibt.

Dabei liegt weniges so auf der Hand wie die Ungeistigkeit und Antiintellektualität des trüben Kommunikations-Gehockes. Die Geistigen, eine tief problematische und in ihrem gesellschaftlichen Nutzen recht fragwürdige Gruppe von Lebewesen, ziehen ihre gebrechliche Würde aus der Hinfälligkeit ihrer Natur und aus der Gefährdung ihrer umweltscheuen Apperzeptionswerkzeuge. Dünnhäutig und feinnervig sollten sie sein und voller Mißtrauen gegen den bierverzehrenden Gedankenwechsel.

Des gesprochenen Wortes notfalls mächtig, sind sie zum Mißtrauen da und zur Bezweiflung des sprühenden Wortwitzes; ihre Liebe gehöre dem zögernden und versuchsweisen Sprechen, das immer wieder einen Schritt zurückmacht, weil es dem schnellen Gedanken keinen Glauben schenkt. Das Festwochenpodium, auf das sie klettern sollen, um vor zahlenden Gästen Denkakrobatik vorzuführen, hat sie in jederlei Hinsicht zu schrecken. Wie Beispiele lehren, gibt es Menschen, denen sich die Gedanken verwirren, wenn sie zur Schau denken müssen, und jedem sollten sie das, der sich anschickt, bereits Vorgedachtes und Vorformuliertes zu Ausstellungszwecken nocheinmal zu reproduzieren.

Gibt es Ungeistigeres als das Effekt-machen-Wollen und Widerintellektuelleres als das mühelose Überspringen der Sprechbarriere? Wohlgefällig sind uns die Außenseiter und die Stotterer eine Freude. Unsere Sympathie gilt den Sich-Versagenden und unser Wohlgefallen den Gehemmt-Ungeselligen.

Um 1900 warnte der Potsdamer Gardeoffizier den Rekruten vor zwei Gefahren der Großstadt – leichten Mädchen und Sozialdemokraten: »Die laden dich zum Bier ein und rütteln dann am Staat.« Dieses Mißtrauen gilt heute den Intellektuellen. Sie verzehren Whisky und verraten den Geist.

Amerikanische Ausweglosigkeiten

Die Faszination des Todes

Es ist eine mißliche Sache, den Tod eines Mannes mit seinen Überzeugungen oder seinem Werk in Beziehung zu bringen. Dennoch fällt es angesichts des gewaltsamen Todes Ernest Hemingways schwer, nicht an die Besessenheit zu denken, mit der Hemingway vierzig Jahre hindurch den Tod zu seinem ausschließlichen Thema gemacht hat. Es gibt kein anderes Œuvre der neueren Literatur, das von den frühesten Anfängen bis zu den Romanen des Alters so vollkommen im Banne des Todes steht, und das seine Höhepunkte erreicht, wenn nichts mehr außer dem Tod zu beschreiben ist – die letzten Seiten von »In einem anderen Land« und der Todesgeruch in »Wem die Stunde schlägt«.

Die Erklärung, die Hemingway dafür gegeben hat, ist in ihrer Reduktion aufs Technische ebenso einleuchtend wie nichtssagend. »Ich gab mir Mühe, das Schreiben zu lernen, und wollte mit den einfachsten Dingen beginnen, und eines der einfachsten und wesentlichsten ist der gewaltsame Tod.« Das mag für seine Jugend eine gewisse Berechtigung gehabt haben, aber niemand schreibt vier Jahrzehnte seines Lebens über den Tod – den Tod im Kriege, den Tod im Stierkampf, den Tod auf der Jagd, den Tod im Kindbett –, um seine Schreibtechnik zu verbessern. Der Fall Hemingway ist ebenso simpel wie kompliziert, aber es ist so gut wie sicher, daß man ihn nur dann einigermaßen versteht, wenn man etwas von der wilden Entschlossenheit begreift, mit der er sein Leben über dem Nachweis verbracht hat, daß der Tod die einzige reale Sache im Leben sei.

Es gibt eine Reihe von Schriftstellern, bei denen es wichtig ist, über *was* sie schreiben, bei Hemingway ist aufschlußreich, über was er *nicht* geschrieben hat. Zum Beispiel über die Ehe – die sonst von »Madame Bovary« über »Anna Karenina« bis zu »Effi Briest« selbst noch in der Zerstörung eines der großen Themen der europäischen Romanliteratur ist. Bei Hemingway ist einer der Liebenden immer von vornherein zum Sterben verdammt, und obwohl er viel Anstrengung darauf verwendet, das endliche Eintreten des voraussehbaren Ereignisses als einen Unglücksfall, als eine »Gemeinheit«, erscheinen zu lassen, ist sicher, daß das Fortleben der Liebenden den Autor in ebenso große Schwierigkeiten wie etwa Robert Jordan stürzen würde, wenn ihn nicht der Tod vor der Gefahr bewahrt hätte, sein weiteres Leben gemeinsam mit Maria verbringen zu müssen. Oder über Vaterschaft. Ein Hemingwayscher Held als Vater ist vollkommen undenkbar; ein Kind ist eine der größten Katastrophen in diesen Büchern, vor der nur der Ausweg in den Tod bleibt – das Sterben Catherines oder der Selbstmord des Ehemannes aus der Erzählung »Indian Camp«.

Am aufschlußreichsten aber ist Hemingways vollkommene Unfähigkeit, wirkliche Frauen darzustellen und die Entschiedenheit, mit der er darauf besteht, seinen Helden junge, meist unreife und oft knabenhafte Mädchen an die Seite zu stellen – Projektionen einer Sehnsucht nach Jugend und geschlechtsfröhlicher Unschuld, die um so peinlicher wird, als mit den Jahren Hemingways Helden älter werden, bis sie in »Über den Fluß und in die Wälder« endlich das Alter eines pensionierten Obersten erreichen, während die Frauen immer achtzehnjährige Mädchen blieben: »Braune Beine, flacher Bauch, harte kleine Brüste, festhaltende Arme, schnell suchende Zunge, frischer Geruch des Mundes . . .«

Früher gut. Heute nicht mehr gut. Aus dieser trotzig-sentimentalen Zurückweisung aller Gegenwart, in der selbst das Fischen, Jagen, Töten und Lieben nicht mehr so gut wie früher ist – »Damals haben wir eine verdammt gute Zeit gehabt, nicht

wahr?« –, baut sich das beherrschende Gefühl der Hemingway-
schen Helden, ein stolzes Leiden, das sich in die Byroneske Grazie
des Untergangs flüchtet. Es gibt keinen anderen Schriftsteller, der
den romantischen Protest gegen die Wirklichkeit mit einer solchen monomanischen Ausschließlichkeit zu seinem einzigen
Thema gemacht hat und der mit einer so verzweifelten und
grandiosen Anstrengung immer neue Metaphern für die Unzulänglichkeit des Gefühls sucht – das physische Leiden des Helden
von »Fiesta« oder den immer nur hinausgeschobenen Kollaps des
Obersten aus »Über den Fluß und in die Wälder«, der auch dieser
Liebe den für Hemingway so notwendigen dunklen Hintergrund
des Todes gibt.

Die Welt dieser Romane ist bei aller zur Schau getragenen
Brutalität die Welt eines empfindsamen Jünglings, und wenn es
Hemingways Größe war, die Empfindungen all der enttäuschten
und traurigen melancholischen Jünglinge von 1920 wie kein anderer formuliert zu haben, so ist es seine Tragik, daß er auch mit
sechzig über die Gefühle und Gedanken von Zwanzigjährigen
nicht hinausgekommen war: So etwas wie Entwicklung oder
Reife ist auch nicht in Ansätzen in seinem Werk zu finden. Wenn
es genial ist, so ist es doch fraglich, ob es Größe besitzt, und in
gewissem Sinne ist es der genialste Fehlschlag der amerikanischen
Literatur. Das Pathos des Untergangs hat in seinen früheren
Werken noch die finstere Überredungskraft des Unabsichtlichen,
der zynische Lyrismus seiner letzten Bücher aber ist fast nur noch
melodramatische Pose und sentimentale Rhetorik: »Madame, es
gibt kein Mittel gegen irgendetwas im Leben.« Das ist als Fazit
einer Lebenserfahrung etwas zu kokett und zu selbstbewußt und
zu banal und auf keinen Fall sehr eindrucksvoll.

Und dennoch war Hemingway, auch abgesehen von dem Einfluß,
den er auf zwei Generationen junger Schriftsteller ausgeübt hat
und der ihn zu dem am meisten nachgeahmten Autor der Gegenwart machte, einer der großen Schriftsteller unseres Jahrhunderts.
Gertrude Stein hatte ihn gelehrt, daß es beim Schreiben auf das

Schreiben ankommt und auf sonst nichts, und daß nicht soziale Ideen oder ideologische Botschaften oder psychologische Entdeckungen den großen Schriftsteller ausmachen, sondern die Fähigkeit, eine Handvoll Wörter so zusammenzufügen, daß eine Sache, ein Vorgang oder ein Gefühl nicht beschrieben, sondern reproduziert wird.

Und Hemingway hatte gelernt, härter als irgendein anderer Schriftsteller seiner Altersgruppe. Schließlich beherrschte er sein Handwerk in einem Maße, daß es fast nichts zu geben schien, was er nicht ausdrücken konnte – den süßlichen Geruch faulenden Mooses in einem spanischen Wald, das Schwirren aufgescheuchter Wachteln oder die Hoffnungslosigkeit eines alten Mannes während des spanischen Bürgerkriegs: »›Wo stehst du politisch?‹, fragt der Offizier. ›Ich bin unpolitisch‹, antwortet der alte Mann. ›Ich bin jetzt sechsundsiebzig Jahre alt, und ich bin zwölf Kilometer gelaufen, und ich glaube, ich kann nicht mehr weiterlaufen.‹« Das war nahezu perfekt gesagt, und dieser Triumph des Stils konnte momentweise den Anschein machen, als habe der romantische Nihilist Hemingway doch den Weg zur Wirklichkeit gefunden.

Aber es war nur der Triumph des Stils. Als Hemingway alles gelernt hatte, was es zu lernen gab, zeigte es sich, daß er eigentlich nichts zu sagen hatte, als daß das Fischen früher mehr Spaß machte und daß die jungen Mädchen braune feste Beine haben und daß ein Mann zwar besiegt werden kann, aber niemals aufgeben darf.

In den letzten Jahren wurde sein Stil immer ausdrucksloser, unpräziser, mechanischer, absichtsvoller – sein letztes Buch, »Der gefährliche Sommer«, das noch einmal den Stierkampf behandelte, las sich streckenweise wie das Buch eines Hemingway-Epigonen. Es war noch dieselbe Technik, aber ein Satz sagte nur noch, was seine Wörter sagten – das symbolische Durchscheinen des Ganzen, jene geheime Kongruenz von Banalität und Mysterium war verlorengegangen.

Es ist unmöglich, daß ein Mann von der Selbstdistanz und der Disziplin Hemingways das nicht erkannte. Nicht nur sein Schweigen deutete darauf hin. Auch der immer wieder vernichtete und neugeschriebene Roman über den Zweiten Weltkrieg, der schon vor einem Jahrzehnt fünfmal geschrieben und fünfmal verbrannt worden war, und der nur dann gedruckt werden sollte, wenn er neben Tolstois »Krieg und Frieden« bestehen könne.

Nach dem, was man hörte, hatte Hemingway längst die Arbeit daran aufgegeben. Zuletzt scheint er, seit seinem Flugzeugabsturz in Afrika auf einem Auge erblindet und ständig von Schmerzen geplagt, fast nur noch gejagt, gefischt und getrunken zu haben, endlich zog er im Hofstaat spanischer Stierkämpfer durch die Iberische Halbinsel und Südfrankreich: mehr Gestalt als Schöpfer seiner Bücher. Auch sein Tod, geheimnisumwittert, gäbe keinen schlechten Schluß für einen seiner Romane ab.

Grazie der Melancholie

Man kann seine Zweifel daran haben, ob das Wort vom Jahrhundert des amerikanischen Romans jemals seine Berechtigung hatte, aber wenn es einmal so aussehen konnte, so vor allem dank Sinclair Lewis, Upton Sinclair, Theodore Dreiser und John Dos Passos, mit denen Amerika, trotz Nathaniel Hawthorne und Henry James und trotz der utopischen Literatur der neunziger Jahre, literarisch erst zu sich selber kam.

Es ist sehr schwer, sich heute vorzustellen, was die Romane dieser vier Männer damals in der Welt bedeuteten, und daß sie sich dem Stoßseufzer des roten Fürsten Mirsky nach, einem Alpdruck gleich auf die junge Sowjetliteratur legten, weil sie die russischen Talente durch ihr übermächtiges Beispiel an der Entfaltung hinderten – was überdies nicht ganz gerecht war, denn von der Eisensteinschen Dreiser-Verfilmung bis zu Katajews Dos-Passos-Nachfolge haben die Amerikaner auf die frühe Sowjetliteratur oft genug einen befreienden und inspirierenden Einfluß gehabt.

Eine Zeitlang konnte es so aussehen, als sei mit Büchern wie »Eine amerikanische Tragödie« und »USA« ein neuer Stil und eine neue Technik geboren worden, aber spätestens Mitte der dreißiger Jahre wurde deutlich, daß die tragische Agressivität Dreisers, die wilde und ungezügelte Revolte Sinclairs und Lewis' und die großartige Mechanik Dos Passos' mehr mit dem abgelaufenen als mit dem heraufziehenden Zeitalter zu tun gehabt hatten. Sie waren die späten, desillusionierten und wütenden Nachzügler der naturalistischen Tradition auch da noch gewesen, wo sie gegen sie rebellierten und die Form des Romans zerbrachen; und sie waren die Angehörigen jener Generation, deren Lebenserfahrung durch den Ersten Weltkrieg und die politischen und sozialen Depressionen der Nachkriegszeit bestimmt worden war.

Als es mit dieser Zeit vorbei war, ging auch ihre Zeit zu Ende; obwohl zwei von ihnen, Sinclair und Dos Passos, noch heute leben und obwohl Dreiser und Lewis erst nach dem letzten Krieg gestorben sind, hat keiner von ihnen in dem letzten Vierteljahrhundert ein Buch von Belang vorgelegt.

Der alte Ruhm von Dos Passos hat es zuwege gebracht, daß wir wenigstens einigermaßen über seine neuere Entwicklung unterrichtet sind und auch das Hauptwerk seines Alters, den Roman »Die großen Tage« in einer deutschen Fassung vor uns haben. Es soll gleich gesagt sein, daß das Buch nicht seiner selbst willen und auch nicht einmal seines Autors wegen interessant ist, sondern weil es ein individuell ausgeprägter Sonderfall einer allgemeinen amerikanischen Tragödie ist.

Man hat Mühe, die Geschichte von dem alternden, derangierten Schriftsteller, der noch einmal auf die Tage seines Ruhms zurückblickt, nicht autobiographisch zu deuten, obwohl nicht sicher ist, daß Dos Passos sie so gemeint hat. Auf jeden Fall sind die großen Tage im Leben des ausgebrannten Starjournalisten Roland Lancaster, der an der Seite einer einige Jahrzehnte jüngeren Geliebten durch eine Reise nach Kuba zugleich Vergessen und Neubeginn sucht, auf etwas mechanische Weise mit den großen Tagen Amerikas verflochten, das sich während des enthusiastischen Aufbruchs der Kriegsjahre anzuschicken schien, die Verantwortung für die Geschicke der Welt in seine Hände zu nehmen und das die Opfer und die Hoffnungen seiner Jugend in Jalta und Potsdam verspielt hat. Das Buch läßt sich also auch als Absage an die Rooseveltschen Illusionen lesen, als bitterer, zynischer Kommentar zu fünfzehn Nachkriegsjahren, in deren Licht die heroischen Anstrengungen der Kriegszeit ebenso erhebend wie sinnlos erscheinen.

Dos Passos erzählt diese Geschichte mit ziemlich denselben kompositorischen Mitteln, die er einst in »Manhattan Transfer« und »Der zweiundvierzigste Breitengrad« mit so großer Virtuosität gehandhabt hat. Auch hier wird der Handlungsablauf durch Montagen abgebrochen, Überblendungen (die ja der Film einst von Dos Passos gelernt hat) reißen die Vergangenheit in die Gegenwart hinein und konfrontieren die traurige Wirklichkeit mit den verschlissenen Hoffnungen des Gestern. In den Bars und Kaschemmen von Havanna memoriert Lancaster die Stationen seines Ruhms, während die ordinäre Schönheit seiner rothaarigen Geliebten schale Triumphe feiert; der Mythos seiner Vergangenheit wird kunstvoll durch die Realität seiner Gegenwart dementiert – mit den letzten Dollars verläßt ihn am Ende auch seine Begleiterin. Was übrigbleibt, ist die Werthersche Geste des Protestes und die müde Selbststilisierung eines Geschlagenen: »Ich werde abwarten, vielleicht werde ich eines schönen Tages gebraucht.«

Das ist genau die romantische Pose des Trotzes, die byroneske Gebärde des Untergangs, die von den amerikanischen Romanciers dieses Jahrhunderts bis zum Überdruß formuliert worden ist. Von hier aus gesehen ist es ziemlich belanglos, daß die Komposition dieses Romans unausgewogen und seine erzählerischen Mittel blaß und ausdruckslos sind, daß dem Wechsel der Standorte und Zeitebenen keine stilistischen Differenzierungen mehr entsprechen, so daß man die Schauplätze und Figuren eigentlich beliebig gegeneinander austauschen kann. Der Verlust der schöpferischen Produktivität eines Mannes, der vor drei Jahrzehnten der Literatur dieses Jahrhunderts neue Wege zu weisen schien, hat sicher seine Tragik, nur ist das die individuelle Tragik des Schriftstellers John Dos Passos.

Die Niederlage dieses Mannes ist aber in gewissem Sinne die Niederlage einer ganzen Generation amerikanischer Schriftsteller, jener jungen Leute, die einst die Bühne der Literatur mit dem sentimentalen Etikett der »verlorenen Generation« betraten und die in vier Jahrzehnten nicht an Weite, Tiefe und Welterfahrung gewonnen haben. Neben der Redseligkeit des gealterten Dos Passos stehen das Verstummen Hemingways und der Zusammenbruch Scott Fitzgeralds, der ihrer aller Schicksal mit seinem Satz »Es gibt keinen zweiten Akt im Leben der Amerikaner« auf die Nation abzuwälzen suchte.

Roland Lancaster, der Held der »Großen Tage«, steht neben all den anderen romantischen Helden bis hin zu Hemingways »Altem Mann«, den Besiegten und Niedergeworfenen, deren letzte Anstrengung darin besteht, ihre Niederlage mit der stolzen Grazie der Melancholie zu tragen.

Das ist die Kehrseite des Schreckens vorm »Versager«, der die amerikanische Gesellschaft beherrscht, die Apotheose des Außenseiters und Ausgestoßenen, die Glorifizierung des Versagers. Das Aufschlußreichste an der modernen amerikanischen Literatur ist vielleicht ihr tragischer Individualismus und ihre vibrierende Leidensfähigkeit. Das Mißverständnis mit all diesen zwischen 1920 und 1940 geschriebenen Romanen rührt daher, daß man lange eine Literatur der sozialen Revolte und des politischen Engagements darin sehen wollte: Dreisers »Amerikanische Tragödie« als die bittere Desavouierung des Karriere-Denkens, als die Sozialgeschichte der Großstadtwelt, Hemingways spanischen Bürgerkriegsroman als die Zuwendung dieses Autors zu den politisch-ideologischen Problemen seiner Epoche.

Aber die Gesellschaft blieb immer draußen; ihr Getriebe und ihr Funktionieren sind immer nur die Gegenwelt zu den empfindsamen Helden, deren ganze Anstrengung im Grunde darauf gerichtet ist, in aller Erniedrigung ihre menschliche Integrität zu bewahren. Die Sache, in die sie verwickelt sind, ist nie ihre Sache, Dos Passos' »Drei Soldaten« führen ihren Individualkrieg, wie Hemingways Henry seinen Separatfrieden macht, und Robert Jordan seinen Privattod stirbt: Nie kommt es zu einer Identifikation.

Das eigentliche Thema der großen amerikanischen Romane der letzten Jahrzehnte ist immer nur das Martyrium ihrer Helden: John Andrews, dem der Krieg die Papiere seiner Gedichte wegweht, Clyde Griffiths auf dem Wege zum elektrischen Stuhl, Glenn Spotswood im Gefängnis der Loyalisten in Spanien, Robert Jordan in Erwartung der Franco-Truppen, und jetzt Roland Lancaster, niedergeworfen und besiegt, aber entschlossen, »am Steuerruder meines Schicksals zu bleiben«.

Aber dieses ständige »Ein Mann kann zwar zerbrochen werden, aber er gibt nicht auf«, das sich durch die ganze amerikanische Literatur hindurchzieht, ist als Fazit eines ganzen Abschnitts der Literaturgeschichte nicht besonders eindrucksvoll. Einige dieser Bücher haben bemerkenswerte Formulierungen zur Erfahrung des Leidens gefunden, und keine andere Literatur der Welt ist so der Faszination des Todes erlegen wie die des jungen Kontinents.

Aber es ist einigermaßen schwer zu sehen, wo Amerikas Schriftsteller über den Mythos der Haltung hinaus etwas Nennenswertes zum Verständnis der Krisen und Katastrophen gesagt haben, unter denen all die traurigen jungen und alten Männer so dekorativ leiden.

Verbotene Neugierden

Lust am Schauer

Nicht lange vor seinem Tode sagte Ernest Hemingway, daß er ein eigenes Buch für die Möglichkeit geben würde, noch einmal Tolstois »Krieg und Frieden« zum ersten Mal lesen zu können. Der Satz ist auf die melancholische Erfahrung bezogen, daß auch die Abenteuer des Lebens mit fortschreitendem Alter an Überraschung und Intensität verlieren. Das meint nicht nur die Fähigkeit des Lesenden, sich der Faszination hinzugeben; es meint auch die beschränkte Zahl der wirklich großen Bücher, jener Bücher, die im Schlegelschen Sinne den Tendenzen eines Zeitalters zuzuzählen sind, weil sie – im Medium privater Schicksale – den »eigentümlichen Genius einer Epoche« antizipierend oder resümierend ausdrücken.

Die Zahl solcher Bücher ist gering, geringer als man denkt, was Hemingways Resignation erklärt. Nun darf allerdings der Leser erwarten, drei- oder viermal im Laufe eines Lebens der Geburt eines zeitgenössischen Meisterwerkes beizuwohnen, wobei die Voraussetzung zu machen ist, daß die Zeitgenossen der bedeutenden Werke ihrer Gegenwart auch gewahr werden. Räumt man dies einmal versuchsweise ein, erhöht sich die Zahl der großen Bücher, denen man noch einmal zum ersten Mal begegnen möchte, um neue drei oder vier Bücher; dann bleiben nur das Wiederlesen oder die Begegnung mit Büchern zweiten Ranges, die daran zu erkennen sind, daß sie zwar in allem Kunstgemäßen die Größe erfüllen, nicht aber in der Erhellung der geistigen und sozialen Tendenzen eines Zeitalters. Es soll hinzugefügt werden, daß es sich auch umgekehrt verhalten kann. Dann entspricht das Artistische nicht den Erwartungen und Bedingungen, die mit dem Begriff des Meisterwerkes verbunden sind. Vielleicht verhält es sich so mit zwei bedeutenden Werken unseres Jahrhunderts und in unserer Sprache: Hermann Brochs »Tod des Vergil« und Robert Musils »Mann ohne Eigenschaften«.

Glücklicherweise hält der Reichtum der Geschichte noch andere Möglichkeiten bereit. Hin und wieder wird uns die Entdeckung eines unbekannten Meisterwerkes der Vergangenheit zuteil – was einerseits ganz wörtlich als Auffindung eines verschollenen Manuskriptes zu nehmen, andererseits aber so zu verstehen ist, daß ein längst bekanntes, oft gedrucktes und dann wieder in Vergessenheit geratenes Buch einer nachgeborenen Generation plötzlich Züge zu erkennen gibt, die es den großen literarischen Zeugnissen einer Zeit zuordnen – ein Vorgang, der sich vor allem bei Dokumenten einer fremden Sprachwelt ereignet.

Zweimal in den anderthalb Jahrzehnten der Nachkriegszeit sind solche unverhofften Begegnungen entstanden; als auf den staubigen Regalen einer Schloßbibliothek Benjamin Constants verloren geglaubtes Romanmanuskript »Cécile« aufgefunden wurde, und als man vor ein paar Jahren ein Buch der italienischen Romantik aus dem Dunkel der Literaturgeschichte zog, wo es bis dahin das ehrenvolle Dasein eines kaum gelesenen Klassikers geführt hatte: Ippolito Nievos »Pisana oder die Bekenntnisse eines Achtzigjährigen«. Ein erstaunlich kühnes Buch in der Erkundung seelischer Zwischenschichten, das seit dieser Wiederauffindung für viele das größte und gewagteste Buch der italienischen Romanliteratur ist, neben und vor Alessandro Manzonis »Verlobten«.

Es sieht so aus, als sei soeben ein neuer europäischer Klassiker ans Licht getreten, als seien wir noch einmal Zeuge der Geburt eines Meisterwerkes aus dem Schoß der Vergangenheit, wenn auch einzuräumen ist, daß der Vorgang in Deutschland bisher ziemlich unbemerkt geblieben ist. Es ist von Jan Potockis Roman »Die Handschrift von Saragossa« die Rede, einem außerordentlich merkwürdigen Buch, merkwürdig übrigens auch, was die Gestalt seines Verfassers und das Schicksal des Manuskriptes betrifft. Der Roman hat es mit dem Geheimnisvollen zu tun, mit dem heiklen Bereich des Übersinnlichen, in den sowohl Metaphysisches wie Pathologisches einschlägig ist, einer Traumwelt, in der sich Mysterium und Mystifikation begegnen.

Geheimnis und schwer durchdringliches Dunkel aber umgeben auch die Figur des Autors, jenes polnischen Aristokraten Jan Potocki, der sich am 20. November 1815 mit einer aus dem Silberknauf seines Samowars in jahrelanger Arbeit gefeilten Kugel in der Bibliothek seines Besitztums Uladowka in Podolien durch den Mund in den Kopf schoß.

Graf Jan Potocki ist eine der erstaunlichsten Gestalten des europäischen Übergangs vom achtzehnten zum neunzehnten Jahrhundert, keinem dieser Jahrhunderte ganz zugehörig und immer entweichend, wenn man ihn auf bestimmte Epochen-Tendenzen festzulegen sucht. Er ist ein Mann der Vernunft und des Fortschritts, und aus diesem Grunde ein beliebter Gast in den Pariser revolutionären Salons. Aber diese Vernunft hat die seigneuralen Züge des leutseligen großen Herrn und ist auf die beleidigendste Weise hochmütig und durchaus nicht zugänglich der demokratischen Zutraulichkeit. Läßt sich sagen, daß er ein Republikaner ist? Mit Einschränkung. Er eilt zwar, enthusiasmiert für die freiheitlichen Ideale, herbei, um im Jahre 1787 auf der Seite der rebellierenden Niederländer gegen den Statthalter zu stehen, dient aber dem König Stanislaus-August und wird später Geheimrat des Zaren Alexander I.

Ein Mann des achtzehnten Jahrhunderts, altmodisch in seinem Lesegeschmack und steif-graziös in seiner lebenslangen Anhänglichkeit an das Aufklärertum Diderots, La Mettries und Holbachs. Ein reisender Weltmann, dessen vernünftige und empirisch vorwärtsschreitende Neugierde auf die Erkundung der Sitten und

Gebräuche von fremdartigen Völkerschaften geht: Er spürt dem Geheimritual der tscherkessischen Prinzen nach, unternimmt eine Expedition in die Mongolei, hat freundschaftlichen Umgang mit dem Sultan Mulay-Yesid von Tanger. Einmal macht er mit den Schiffen des Malteserordens auf die maurischen Seeräuber Jagd; zwischendurch schreibt er zum Amüsement der französischen Emigranten, die sich auf dem Schloß seiner Verwandten, der Prinzessin Lubomirska, mit Bällen und Theateraufführungen ihr trauriges Schicksal unterhaltsam gestalten, ein paar galante Theaterstückchen, erotisch-gewagt bis zur Anrüchigkeit und sehr nachlässig über die demokratische Schwatzhaftigkeit spottend. Er selber unterhält mit den Jakobinern freundschaftliche Verbindung.

Das alles sind die Vergnügungen des Aristokraten mit Geist, wie er im siebzehnten und achtzehnten Jahrhundert gedieh. Moralist, Enzyklopädist, Revolutionär – Potocki steht in diesem Betracht in der Kette, die vom Herzog de la Rochefoucauld zum Grafen Mirabeau führt. Er wendet sich forschend der Vergangenheit zu, und zwar nicht der klassischen, sondern der slawisch-germanischen Frühgeschichte: Darin ist er der europäischen Romantik zugehörig, und zwei anderen Aristokraten der Zeit, Alexander von Humboldt und Friedrich von Hardenberg. Es wird sich zeigen, daß er von beiden die Neugier hat, vom einen die auf die räumliche und zeitliche Ferne, vom anderen die auf den Tod und die vorwegnehmenden Übergänge zu ihm. Ebenso gilt Potocki als der Begründer der slawischen Archäologie, wie er denn auch als einer der ersten vergleichende Tafeln der Weltgeschichte aufstellt; sein wissenschaftlicher Rang ist unverächtlich. Zwischendurch ist er Offizier, Diplomat, Aeronaut – geistreich und melancholisch-umdüstert, ein großer, mit wissenschaftlicher Akribie vorgehender Arbeiter und ein Causeur mit Selbstmordanwandlungen. Er wäre vergessen, wenn er nicht nebenbei noch ein Buch der erzählenden Literatur, seinen Roman »Die Handschrift von Saragossa«, geschrieben hätte.

Doch auch dieses Buch, das eigentliche Unterpfand seines

Fortlebens, hat er mit der Allüre des Weltmannes behandelt. Er schreibt es und läßt es dann plötzlich unfertig liegen. Er entschließt sich, vor einer Expedition nach Innerasien, einzelne Passagen daraus – übrigens in Petersburg und in französischer Sprache – im Druck vorzulegen, aber diese Proben brechen, gleich rücksichtslos gegen die Gesetze der Kunst wie gegen die der Höflichkeit, mitten im Satz ab.

Das Versinken dieses ganz außerordentlichen Buches im Dunkel, und zwar gleich nach seiner Entstehung, ist kein Mißgeschick literarischer Ungunst. Auch das gehört zur Figur des Autors, ist ein Symptom äußersten Hochmuts, einer leidenden Verachtung des Ruhms, den er gereizt erstrebt. Auf dem Rücken des heute in der Leningrader Bibliothek verwahrten Druckfragments steht eine handschriftliche Botschaft von sonderbarer courteoiser Arroganz: Der Graf Potocki werde diese Erzählung nach seiner Rückkehr aus China fortsetzen oder auch nicht, falls seine Phantasie, der er in diesem Werk so freie Bahn gelassen habe, ihn dazu einladen sollte . . .

Das ist geschehen, doch hat es anderthalb Jahrhunderte gebraucht, bis endlich, 1958, in Krakau die originale, französische Handschrift des Buches, oder doch ein großer Teil daraus, ans Licht trat, so daß man jetzt zum ersten Mal daran gehen konnte, eine authentische Fassung des Buches herzustellen, indem man das Erzählwerk mosaikartig aus verschiedenen Bruchstücken, je nach dem Echtheitsgrad, zusammensetzte. Um diese Rekonstruktion der schon zu Lebzeiten des Grafen verschollenen Urgestalt des Werkes handelt es sich bei dem jetzt endlich vorliegenden Text, der nun, der Sachlage entsprechend, sowohl aus dem französischen Original wie aus der polnischen Übersetzung in deutscher Sprache erschienen ist, versehen mit einem materialreichen und gedankenvollen Nachwort des französischen Herausgebers Roger Caillos.

Eine Wiederentdeckung in einem verwirrenden Sinne also, keine »Ausgrabung«, sondern die eigentliche Schaffung des Originals ist geschehen, so daß nun erst, mit großer Verspätung, die bemerkenswerte Voraussage des Potocki-Vertrauten Klaproth sich bewahrheiten kann, daß dieses Buch unvergänglich sei und wie der »Don Quijote« oder der »Gil Blas« niemals altern werde.

Die Zuordnung der »Handschrift von Saragossa« zu den Romanen des Cervantes und des Le Sage meint jedoch nicht nur die vermutete Unverwüstlichkeit des Textes; sie bezieht sich auch auf die Struktur dieses Erzählens, das in der Adaption arabischer Motive und Techniken dem spanischen Erzählbereich, in vieler Hinsicht dem pikaresken Roman, dem Schelmenroman also, zugehört – obwohl der polnische Adlige, den lange und wiederholte Reisen durch die Levante und Nordafrika geführt haben, die maurischen Elemente durch eigene Anleihen verstärkt. Auch Potocki gibt einen jener Episodenromane, bei denen sich Reisende oder Tischgenossen eigene oder fremde Erlebnisse erzählen, wobei die Energie des Erzählers auf die Organisation des Stoffes gerichtet ist: die zumeist und auch bei Potocki in aneinandergereihte »Tage« aufgelöste Geschichtenkette mit kunstvoll geknüpften Übergängen. Potockis Roman hebt an wie alle aus dem indischen Bereich kommenden Bücher vom arabischen »Tausendundeine Nacht« über das türkische »Papageienbuch« bis zu den französischen, italienischen und spanischen Renaissance- und Barockbüchern vom Schlage des »Heptameron« der Margarete von Navarra, des »Pentameron« des Giambattista Basile oder der »Bei Nacht erzählten Novellen« des Antonfrancesco Grazzini, dabei die derbe und ungeschlachte Sinnenfreude des Frühbarock durch eine elegante und artistisch verfeinerte Immoralität ersetzend, die den Genuß mehr im Bewußtsein der Verbotenheit als in der ausgekosteten Ausschweifung sucht.

Die Handlung folgt dem hergebrachten Schema, das altmodisch und abgenutzt war, als Potocki sich an die Niederschrift machte: Ein Reisender berichtet von seltsamen gefährlichen und frivolen Erlebnissen. Die sprachlichen Mittel sind ebenfalls unzeitgemäß: Noch das Ungeheuerliche und Gespenstische ist in einer knappen, kühlen, präzisen, in einer »aristokratischen« Prosa geschrieben, die es versteht, alle Vorgänge, Charaktere und Empfindungen mit großer Leichtigkeit zu benennen, und die noch nicht ins Schwitzen kommt, wie die Sprache der aufkommenden Romantiker, der eigentlichen Zeitgenossen Potockis.

Und doch hat er mit ihnen viel gemein, die Lust am Schauer zum Beispiel, die bisher unbekannte Sensibilität für den Schrecken und die unerlaubte Vermengung sinnlicher und religiöser Entrückungen. In diesem Zusammenhang ist anzumerken, daß in jede erzählte Passage eine weitere Geschichte hineinmontiert ist: Der Reisende rettet sich nach seinem bedenklichen Erlebnis in eine Einsiedelei, wo ihm auf Geheiß des Eremiten ein Besessener eben jene Geschichte, die er auch selber erlebte, als sein eigenes Schicksal erzählt. Er erfährt sein eigenes Erlebnis als Ausprägung eines Musters: Eine sinnberaubende und logisch unvernünftige Wiederholung des absolut Einmaligen und nicht Wiederholbaren, das nun in immer neuer Brechung das ganze Buch hindurch mit ebenso verwirrenden wie völlig natürlichen Abwandlungen berichtet wird. Inhalt der aneinandergeketteten Geschichten ist immer wieder dieselbe Geschichte; der neuartige Reiz des Berichts kommt zu einem guten Teil aus der Konkretion des Nicht-Möglichen, dem Faßbarwerden des Schemenhaften. Die sechsundsechzig »Tage« des Potockischen Romans leben von einem höchst raffinierten Spiegeleffekt, der darauf beruht, daß immer wieder ein Reisender von zwei Schwestern – oder von Mutter und Tochter – bestrickt wird und sich dann nach der Lösung des Zaubers auf einer Toten- oder Schädelstätte wiederfindet, wobei bis ganz zuletzt unsicher bleibt, was Traum, was Zauber, was Wirklichkeit ist – die genossene Lust, die Gestalten der betörenden, der Haremssphäre entnommenen und damit moralisch lizensierten Mädchen, die Gehenkten, der Galgen, der Erzähler selbst?

Dies alles ist neuartig bis zur Kühnheit und Verworfenheit. Aus der naiven Sinneslust seiner Vorbilder, der pikaresken Romane, ist ein Schmecken verbotener Reize geworden und eine Wollust, die ihrer eigenen Realität nicht traut; noch in der Umarmung sucht sich der Reisende seiner Empfindungen zu vergewissern, während dem Leser von Erlebnis zu Erlebnis immer deutlicher wird, daß der schreckensvolle Ausgang der Liebesstunden keine Störung der Freude, vielmehr deren Bedingung ist, und daß ohne jene gewagte Aussicht auf das Erscheinen des Galgens der sinnlichen Neugier der Stachel genommen wäre. Am Ende taucht dann der Verdacht auf, daß es gar keine Lust auf Körperliches ist, die zum immer erneuten Schrecken treibt, sondern eine Neugier auf anrüchige Grausamkeiten und verlockende Abgründe, die sehr seltsam mit jener schaurigen Art des Selbstmordes korrespondiert, dem abendlichen Feilen des Mordwerkzeuges aus einem silbernen Teegerät, das den Tod herbeibefiehlt, aber mit generös-herablassender Nachlässigkeit dann wiederum das Festsetzen der Stunde dem Zufall überläßt – dem Zeitpunkt, da die Samowarkugel in den Pistolenlauf passen wird.

Dieses verlangende Zurückschaudern vor dem Abgrund aber verweist den polnischen Grandseigneur doch ganz und gar ins neue Jahrhundert, und in seinen Vorwitterungen und Ahnungen unerlaubter Genüsse greift er tief in unseres hinüber: Er kostet, während de Quincey und Coleridge gleichzeitig mit Opiaten Zugang zu Schattenreichen zu erzwingen suchen, die Wollust des Todes aus und den Genuß des Absurden, das alles jedoch gemäß der heiteren und anmutigen Etikette des vorrevolutionären Geschmacks. Das Brünstige fehlt und das Quälerische, die Selbsterniedrigung und das Leidende, mit dem das bürgerliche Zeitalter seine eigenen Regeln dementiert – bis hin zu Vladimir Nabokovs »Lolita«.

Das macht dieses Buch zu einem der seltsamsten Klassiker der neueren Literatur. Es öffnet sich als eines der ersten gewissen Tendenzen, die dann mit Coleridge, E.T.A. Hoffmann, E.A. Poe, Leon Bloy, Barbey d'Aurevilly, Joris-Karl Huysmans, Charles Baudelaire bis zu den mit Erkenntnis verheißenden Giften experimentierenden Gottfried Benn und Aldous Huxley das neunzehnte und zwanzigste Jahrhundert charakterisieren, Jahrhunderte, die von der Sehnsucht über die Neugierde und die Lust alle Schattierungen der Anteilnahme am Jenseitigen auskosten werden, dessen diabolisch genossener Schatten hier zum ersten Mal über ein Werk der großen Literatur fällt.

Dieses Buch gehört zu jenen Dokumenten, mit denen am Beginn der bourgeoisen, der domestizierten Epoche deren Ende signalisiert wird. Auch deshalb ist mit seiner Entdeckung der europäischen Literatur ein Werk klassischen Ranges zugewachsen.

Verrufenheit und Leidenschaft

Vladimir Nabokovs »Lolita« hat zwei erstaunliche Sachen fertig-
gebracht. Es hat Leser schockiert, die sich seit geraumer Zeit
daran gewöhnt haben, von den Romanciers ziemlich unverblümt
über die mechanischen Aspekte der Liebe unterrichtet zu werden,
und es hat einige der bemerkenswertesten kritischen Köpfe zweier
Erdteile aus der distanzierten Reserve des Kunstrichters heraus-
gelockt und sie zu enthusiastischen Kommentaren verführt, die
sich mitunter – etwa im Falle Denis de Rougemonts und Lionel
Trillings – zu Glanzstücken essayistischer Literaturbetrachtung
ausgewachsen haben.

Beides ist gleicherweise überraschend und gibt fast mehr Stoff
zum Nachdenken als das skandalumwitterte Buch selber. Lassen
wir also zunächst einmal den Streit über die literarischen Qualitäten von »Lolita« dahingestellt und wenden wir uns der Frage zu,
wie es Vladimir Nabokov gelungen ist, ein Publikum zu provozieren, das mit »Lady Chatterleys Lover«, dem »Ulysses« und dem
»Wendekreis des Krebses« sozusagen groß geworden ist und das
eben noch bereit schien, alles und jedes mit vollkommenem
Gleichmut hinzunehmen.

Zuerst einmal sei zugegeben, daß die Entrüstung der Öffentlichkeit tatsächlich moralischer Natur ist und nichts damit zu tun
hat, daß gewisse Prozeduren hier mit allzu drastischer Realität
beschrieben würden; was das anlangt, steht »Lolita« an der
unteren Grenze der modernen Literatur und wird von Legionen
sogenannter Gesellschaftsromane übertroffen. Dieses durch und

durch anstößige Buch gehört zu jenen heute selten gewordenen Romanen, die noch durch das faszinieren – oder schockieren – was sie erzählen, und nicht dadurch, wie sie es erzählen.

»Lolita« also erzählt die Geschichte einer Liebe, und zwar die Geschichte der Liebe eines vierzigjährigen Mannes zu einem zwölfjährigen Mädchen. Damit kein Zweifel aufkommt: nicht die Geschichte der Liebe *zwischen* einem vierzigjährigen Mann und einem zwölfjährigen Mädchen; die Sache bleibt durchaus und bis zuletzt vollkommen einseitig, und der quälenden Leidenschaft des Mannes begegnet das Kind mit einer aus Langeweile, Neugier, Ekel, Überdruß und Gleichgültigkeit merkwürdig zusammengesetzten Abneigung.

Und damit noch ein Mißverständnis aus dem Wege geräumt wird: Unter Liebe ist hier physische Liebe in ihrer krassesten Gestalt zu verstehen, so sehr, daß man lange zögert, ob dem luziferischen Verhältnis dieser beiden überhaupt der Name zukommt. Tatsächlich steht schon die erste Begegnung unter dem Zeichen verzehrender Begierde, und noch in den fliehenden Augenblicken des Glücks bleibt er der Sklave seines Verlangens, das ihn demütigend zwingt, wieder und wieder ihren Körper zu suchen.

Dabei ist von vornherein deutlich, daß Nabokov alle seine Fähigkeiten daran gesetzt hat, diese Zweifel an der Natur jener Leidenschaft im Leser wachzuhalten. Er ist geradezu peinlich bemüht, die degoutante Seite der Angelegenheit nicht in Vergessenheit geraten zu lassen, wobei es der durch und durch ironische Kunsttrick des Buches ist, den Leser durch die quälerischen Selbstanklagen des selig-elenden Helden zum Widerspruch zu reizen und ihn zum Verteidiger der lasterhaften Beziehung zu gewinnen. Humbert Humbert, vierzigjährig, vorzeitig gealtert und wegen einiger nicht näher bezeichneter Anfälle von geistiger Verwirrung durch eine Reihe von Heilanstalten hindurchgegangen, ist seit einem frühen Jugenderlebnis unentrinnbar an die kindlichen Mädchen zwischen zwölf und vierzehn Jahren gekettet; er selber kann nicht entscheiden, ob ihn dieses Knabenerlebnis ein für allemal fixierte, oder ob damals vielmehr jene pathologische Verkehrung seines Gefühlslebens nur zum ersten Mal sichtbar wurde. Seine Begegnungen mit Frauen, die zweimal sogar zu kurzlebigen Ehen führen, sind von vornherein zum Scheitern verurteilt – immer wieder zieht es ihn zu den »nymphenhaften« Wesen, deren unfertige Glieder ihm Erfüllung und Vergessen zugleich zu versprechen scheinen.

Das Buch nun gibt sich als die im Zuchthaus geschriebene Konfession seiner Begegnung mit dem verführerischsten und dämonischsten dieser Mädchen, mit Lolita, deren Mutter er heiratet, um der Tochter nahe zu sein. Allerdings ist zu bemerken, daß dieser Konfession alle moralischen Elemente abgehen, und H. H. – wie sich der Held abkürzend nennt – noch in der Erinnerung den beglückend-erniedrigenden Taumel des Gefühles zu beschwören sucht. Eine wunderliche Liebesbesessenheit, der das Tragische nicht abgeht, obgleich Einsprengsel eines grotesken Humors die Romantisierung des abseitigen Verhältnisses und damit jede Domestizierung der *antisozialen* Leidenschaft unmöglich machen sollen.

Nachdem die Mutter zur rechten Stunde durch einen Unglücksfall ums Leben gekommen ist, zieht Humbert mit seiner verdorben-unschuldigen Lolita unstet über die Landstraßen Amerikas von Hotel zu Hotel, immer auf der Flucht vor der Gesellschaft, besinnungslos an das Mädchen verfallen, das sich jede Zärtlichkeit abkaufen läßt, und von imaginären Verfolgern gejagt. Aber auch da kann er von seiner anrüchigen Neigung nicht lassen: Noch in den Armen Lolitas hält er nach anderen Nymphen Ausschau, deren zerbrechliche Grazie ihm neue Qualen und neue Beglückungen zu versprechen scheinen.

Erst das Ende der Affäre bringt die Wende: Von Lolita um eines heruntergekommenen Schriftstellers willen verlassen und verraten, vor Sehnsucht, Rachedurst und Selbstvorwürfen dem Wahnsinn nahe und momentweise in ihn verstrickt, wird er sich – wie der medizinische Ausdruck lautet – der endgültigen und unaufhebbaren Fixierung an eben diese eine und unauswechselbare Lolita bewußt. Endlich spürt er sie auf, siebzehn inzwischen mit einem unscheinbaren Bergwerksingenieur verheiratet, verblüht und verbraucht, unschön und erwachsen – aber er weiß, daß er nie wird von ihr lassen können, daß sie, seine Lolita, sein Schicksal war, wie er, zerstörerisch und brutal, das ihre.

Dieser Schluß allerdings verkehrt die ganze Geschichte in ihr Gegenteil und gibt nun doch eine unsere erschrockene Abwehr versöhnende Romantisierung des fragwürdig-perversen Verhältnisses. Denn wir sind geneigt, immer dann die Verkehrungen des Gefühls zu verzeihen, wo sie durch echte, unselige Leidenschaft gedeckt sind. In diesem Sinne möchte man diese Umkehr für eine der vielen Ironien des Romans halten, die den Leser immer wieder und nun noch einmal und abschließend düpieren sollen.

Alle Welt scheint sich einig, dieses Buch für ein bewunderungswürdiges Kunstwerk und seinen Autor, um mit »Time« zu sprechen, für einen Mann vom Range Dostojewskis zu halten. Es ist zugegebenermaßen immer eine peinliche Angelegenheit, mit seiner Meinung allein dazustehen, und allzu starrköpfiges Beharren auf den Widerspruch läßt auf Ignoranz oder – schlimmer noch – auf Arroganz schließen. Aber es ist mittlerweile an der Zeit, einige klare Worte zu sprechen, und so soll einmal gesagt werden, daß »Lolita« literarisch gesehen ein Feuerwerk ist, und daß die geistesgeschichtlichen Betrachtungen ihrer englischen und französischen Verteidiger zwar einige bemerkenswerte Gesichtspunkte ans Tageslicht gefördert haben – daß aber das Buch noch geschrieben werden muß, über das sie geschrieben haben.

»Lolita« hat auf eine böse und verruchte Art fasziniert, weil in ihm noch einmal die Liebe in ihrer grausamen, zerstörerischen, widervernünftigen Gestalt erscheint, deren Libertinage für die tragischen Konflikte der »Madame Bovary« und »Effi Briest« nur die gelassene Nachsicht von Erwachsenen aufbringt. Wo die Kritik sich nicht damit begnügt hat, pauschal und spiegelfechterisch das höhere Recht des Künstlers auf amoralische Themen zu verteidigen, hat sie »Lolita« als die Wiederherstellung der Liebe gefeiert, die immer und überall vom wilden, exaltierten, tragischen und zugleich gebrechlichen Protest gegen die Tabus der Konvention, Moral, Sitte und Vernunft lebe. Geschwisterliebe und Beziehungen zu Minderjährigen – hat Rougemont, »Lolita« kommentierend, gesagt – seien nach dem Zerbrechen aller Tabus die einzigen noch denkbaren Konflikte, aus denen große, tragische Liebesdichtung erwachsen könne.

Nun ist es zwar richtig, daß die Verlorenheit und Verbotenheit einer Beziehung zu den Bedingungen der Liebe zu gehören scheinen, und daß es alle Liebesdichtung mit der Unzulänglichkeit und Aussichtslosigkeit der Liebe zu tun hat, wofür die Tatsache ein hinlänglicher Beweis ist, daß die große Liebesliteratur des Abendlandes einem Massengrab gleicht, das mit den entseelten, vergewaltigten und mißbrauchten Körpern all der Phädras, Manons, Ophelias, Julias, Gretchens, Annas und Effis angefüllt ist. Es sieht so aus, als sei der Tod der eigentlich inspirierende Genius der Liebenden, denen nur in seiner Nähe die holden Verzückungen der Gefühle gelingen.

Es ist jedoch eine banale Reduktion der Paradoxe der Liebe aufs Soziale, jene Unvollendbarkeit der Liebe – zu deren äußerer Sichtbarmachung unsere Romanciers üblicherweise Pest, Katastrophen und Kriege bemühen – allein aus den Verbotsschildern der Gesellschaft zu erklären. Vielleicht gibt ein Hinweis auf Bücher wie »Armance« und »Fiesta« einen Fingerzeig: Auch wo sich die Wünsche der Gesellschaft mit den Neigungen der Liebenden decken, kommt die Hoffnungslosigkeit des Gefühls zu ihrem Recht – sie sucht Unterschlupf im physischen Gebrechen.

Nein, die Sittenwidrigkeit dieses Romans allein kann seinen Rang nicht begründen, und die schnoddrige Verruchtheit, mit der er gegen Tabus anrennt, ihm zu keiner Würde verhelfen, von der sein literarischer Wert nichts weiß.

Aber vermutlich ist es auch in diesem Falle ungerecht, auf den Sack zu schlagen und den Esel zu meinen. Nabokov ist für seine Interpreten nicht verantwortlich, und er selber wehrt sich mit ironischen Gesten gegen irgend einen »Sinn« seiner fragwürdigen Geschichte. Schließlich läuft doch alles darauf hinaus, was dieses Buch für die Kunst bedeutet – wie immer es mit seinem Thema beschaffen sein mag. Man muß sich hüten, die falschen Argumente zu verwenden.

»Lolita« bewegt und erschüttert nicht, sie interessiert und provoziert. Aber es ist keinen Augenblick fraglich, daß Nabokov all seine Intelligenz darauf verwandt hat, der Versuchung zur Romantisierung des lasterhaften Verhältnisses zu entgehen. Wo immer das aufkommt, was man gemeinhin Stimmung nennt, mobilisiert Nabokov seinen ganzen Vorrat an Sarkasmus und Ironie, ein etwa aufkommendes Einverständnis des Lesers zurückzuweisen. Vermutlich würden wir für Humberts anrüchige Leidenschaft mehr Nachsicht aufbringen, wenn das Objekt dieser Liebe mit dem Zauber ausgestattet wäre, den Dante der neunjährigen Beatrice und Petrarca der zwölfjährigen Laura zuschrieben; Lolita aber ist ordinär und rührend, verdorben und unschuldig, schamlos und schmuddlig, versehen mit dem Körper, den Empfindungen und Gedanken eines ziemlich gewöhnlichen College-Mädchens. Und Humbert Humbert, ihr Verführer und Zerstörer, ist wehleidig und zynisch, abstoßend und mitleiderregend.

Das Buch ist ein einziger aufreibender und verzweifelter Kampf mit der Schablone des Liebesromans, wobei es die heimliche Absicht des Autors ist, den Leser auf eine sehr intellektuelle, artifizielle, paradoxe und frappierende Art am Ende doch in den Himmel zu führen, der von all den anderen unglücklichen, schuldigen, verzweifelten und seligen Liebenden bevölkert wird. Es ist, mit seinem ganzen Zynismus, ein sentimentales Buch – wenn auch von hohem technischen Vermögen.

»Lolita« ist von der ersten bis zur letzten Zeile das snobistische Buch eines in den dekorativen Mantel spätzivilisatorischer Müdigkeit gehüllten Mannes. Sein artistisches Raffinement rückt es nahe an die Grenze der Literatur, die aber dennoch niemals überschritten wird.

Kleine Götter

Die Naivität der Naiven

Auch in der Kunst sind die Fragen »Wieviel kostet's?« und »Wer bezahlt's?« stets aufschlußreich. Paul Ortwin Rave hat in seinem Führer durch die Nationalgalerie das Aufblühen der Düsseldorfer Malschule mit der Entwicklung des nahegelegenen Ruhrgebiets in Zusammenhang gebracht, und vor ihm schrieb Ludwig Justi in seinem Textbuch zur Nationalgalerie ein ironisches Stück Prosa über die Beziehungen zwischen Bildformat und bürgerlichem Lebensstandard. Der Weg von der treuherzigen Verläßlichkeit biedermeierlicher Landschaftsmalerei in der Art Kerstens oder Morgensterns bis zur farben- und figurenprunkenden Salonmalerei der Brüder Achenbach ist auch der Weg zur Vervielfachung des deutschen Nationaleinkommens. Zu dem Welterfolg der naiven Malerei vorweg also erst einmal die Frage: Wie ist der Marktwert der Naiven und wer bestimmt ihn?

Eine Nachprüfung, die Auktionskataloge, Ausstellungsberichte und Privatsammlungen durchmustert, kommt zu aufschlußreichen Ergebnissen. Henri Rousseau, der Klassiker der Naiven, ist aus dem Kunsthandel schon fast verschwunden, um die wenigen hier und da noch auftauchenden wichtigen Stücke streiten Sammler und Museen; die Preisentwicklung spiegelt das sehr genau wider, die Hauptwerke liegen bereits außerhalb der Greifweite europäischer Museen und wandern von Jahr zu Jahr mehr nach Amerika ab.

Aber auch das zweite Glied, Leute wie Trotin, Vivin, Bombois, zum Teil erst in den allerletzten Jahren »entdeckt«, haben ihren festen Marktwert, der beträchtlich über dem etwa der meisten deutschen Maler des Jahrhunderts liegt.

Die Naiven, die Primitiven, die Sonntagsmaler – Begriffe, die zwar austauschbar verwendet werden, aber ganz verschiedene Verhaltensweisen zur Welt meinen – haben sich auf der Kunstbörse etabliert, und sie sind, im Gegensatz zur modernen deutschen, englischen oder italienischen Malerei, internationale Ware geworden, die sozusagen frei konvertierbar ist.

Das ist ein sehr merkwürdiges Phänomen und verdient einige Aufmerksamkeit. Die allgemeine Überzeugung will in solcher Schätzung der kindlichen Einfalt eine Art von Gegenbewegung zur Vorherrschaft der Abstraktion sehen: Die Gegenständlichkeit komme in ihrer ungebrochensten Gestalt zu Ehren, wo die Ungegenständlichkeit Triumphe feiere. Aber dem widerspricht, daß die realitätsverhaftete Malerei sich sonst geringer Wertung und Bewertung erfreut; für den Gegenwert eines Kandinsky läßt sich die ganze Berliner Sezession erwerben und die Hannoveraner Neue Sachlichkeit der zwanziger Jahre wiegt einen Klee nicht auf.

Nicht das penible Abmalen einer Straße, nicht die peinliche Akkuratesse im Festhalten eines Parkes erfreut sich bei Museumsleuten, Kritikern und Sammlern der Beliebtheit – die Wirklichkeit muß ins Märchenhaft-Traumhaft-Unwirkliche gewendet sein, um zu reüssieren. Die aufgerissenen Kinderaugen des naiven Malers sind es, die Geheimnis und Erfolg seiner Malarbeiten ausmachen.

Diese kindliche Welt ist mit einigen immer wiederkehrenden Requisiten und Staffagen bevölkert, von deren Deutung zum Verständnis der »naiven« Malerei vielleicht mehr zu erhoffen ist als von der immer wiederholten Beschäftigung mit Bildaufbau und Farbauftrag, mit allem Technischen. Zuerst einmal wird der Himmel bevölkert, mit Fabelwesen, Märchengestalten und Engeln wie bei Rousseau, später aber, als das Phantastische kommuner (und: verkäuflicher) wird, mit Flugwerkzeugen, wobei die Altertümlichkeit des Apparates den Ausschlag gibt.

Der Luftballon, meist in der Form des Fesselballons, der Mont-
golfiere, bevorzugt, gehört zum festen Inventar des »naiven«
Bildes, das auch den Zeppelin seiner urtümlichen Unbrauchbar-
keit wegen durch die Lüfte segeln läßt. Das Flugzeug dagegen
wird nur da zugelassen, wo es in seiner aus Draht und Stoff
gebauten Urgestalt erscheint: als Doppeldecker und Rumpler-
taube bei dem Luxemburger Roeder, dem Österreicher White, der
Amerikanerin O'Brady, den Parisern Trotin und Bombois.

Die Beobachtung gibt einen Fingerzeig, da sie darauf aufmerksam macht, daß der »naive« Maler die Welt altern lassen muß, um
an ihr Gefallen zu finden, und sie zeigt, was von dem angeblichen
Abschildern der Wirklichkeit zu halten ist. Kein Gegenstand auf
dem naiven Bild ist neu, wie überhaupt die Technik und die
Arbeitswelt ausgeschlossen sind. Das ist um so aufschlußreicher,
als eine Vorliebe für pittoreske Industriesymbole auffällig ist,
Automobile etwa, Fabrikschornsteine oder Eisenbahn- und
Kanalbrücken.

Doch müssen auch sie die Bedingung der Gestrigkeit erfüllen:
Der Schornstein wird aus winzigen kleinen roten Ziegelsteinen
zusammengemalt, die Brücke muß aus sehr rostigem oder glanz-
lackiertem Eisen sein (eine Spannbetonbrücke ist unvorstellbar),
das Auto ist ein hochrädriges Gefährt aus den Kindertagen des
Kraftfahrzeuges.

Die Entstehungszeit des Bildes ist dabei vollkommen belanglos,
die Jüngsten sind auf die Welt von 1890 mit noch größerer
Entschiedenheit festgelegt als die Naiven von 1920. Die in Paris
lebende Amerikanerin Gertrude O'Brady läßt auch in ihren letzten Bildern über die Straßen und Plätze Frankreichs Wagen
fahren, die spätestens 1920 aus dem Verkehr verschwunden
waren, Trotin hat das Benzinfahrzeug fast ganz aus seiner Bilderwelt verbannt und es durch jene Pferdefuhrwerke ersetzt, deren
Aufgabe mehr in der Hervorrufung von Gemütsassoziationen als
in dem Transport von Waren zu liegen scheint: dem zweirädrigen
Karren, der auch von Bauchant bevorzugt wird. Daß Pferdewa-
gen ganz allgemein nur in Ausnahmefällen von Pferden gezogen

werden, versteht sich am Rande; der Maler dokumentiert seine Naivität, indem er Esel, Maultiere, aber auch große Hunde oder Fabelwesen als Zugtiere beschäftigt.

Damit ist das Mißtrauen offen ausgesprochen, das eine Sammlung naiver Bilder hervorruft. Bei manchen Ausstellungen wirkt das einzelne Bild stärker, wenn es in der Nachbarschaft der Gleichgesinnten erscheint: Auch Werke von Leuten aus dem zweiten Glied (wie Philipp Francks »Totengräber beim Weißbier« oder Linde-Walters »Plätterinnen«) werden in der Umgebung einer Ausstellung Berliner Impressionisten bedeutend. Bei den Naiven ist die Fülle dem einzelnen abträglich: Wo sonderlingshafte Individualität Ausgangspunkt des Bildes ist, verblüfft die Nachbarschaft des Ähnlichen. Einzelgänger sollten sich nicht zur Masse formieren. Genau das geschieht aber bei einer größeren Sammlung »naiver« Maler.

Eines der bezeichnendsten Bilder ist vielleicht Emil Whites »Strangers of the World«, das einen endlosen Zug von Demonstranten zeigt, die ein Spruchband mit der Aufschrift tragen: »Einsame vereinigt euch. Ihr habt nichts zu verlieren als eure Einsamkeit!« Denn dieser intellektuell gebrochene Witz, der aus der Umkehrung des Marxschen Aufrufes in die Absurdität lebt, ist das Gegenteil von Naivität und macht den Betrachter hellhörig für die falschen Töne in diesem allzu einstimmigen Chor.

Verräterisch in dieser Umgebung sind auch die Bilder von Ringelnatz. Denn wenn die Gemälde des Lyrikers auch die Gesetze der Malakademien verletzen, so sind die Werke eines so dünnhäutigen und feinnervigen Künstlers natürlich auch dann alles andere als »naiv«, wenn er sich auf ein anderes Feld wagt.

In diesem Zusammenhang soll gesagt sein, daß der Begriff Naivität auch in anderem Sinne schillernd ist. Als naiv wird – der allgemeinen Ansicht folgend – erst einmal die brave Abschilderung der Umwelt durch handwerkliche Autodidakten gewertet. Das Wirklichkeitsbild dieses »Naiven« ist von dem seiner Zeitgenossen aber gar nicht unterschieden und so wenig primitiv wie das des Sonntagsmalers Churchill; das Unterscheidungsmerkmal stellt vor allem die Ungeübtheit seiner Pinselführung dar. Das aber hat es natürlich immer gegeben: In jeder besseren Wasserburg hängen, zumeist in die oberen Stockwerke und in die Gästezimmer verbannt, die ihrer rührenden Unbeholfenheit wegen bezaubernden Malwerke jagender und reitender Ahnen, und Büchern wie Kügelgens Jugenderinnerungen kann man entnehmen, wie da der ganze thüringische und baltische Adel an Stelle von Photographien sich Palettengrüße zuschickte.

Obwohl diese Bilder oft von einer malerischen Einfalt und lächelnden Ungeschicklichkeit sind, die es mit den Produkten ihrer zu museumsreifem Ruhm gelangten Nachkommen durchaus aufnehmen können, ist bislang noch kein Kunsthistoriker und Museumsdirektor auf den Gedanken gekommen, diese »Naiven« früherer Jahrhunderte zu entdecken, vielleicht schon deshalb nicht, weil der malende Eisenbahner pittoresker ist als die pinselnde Jungfer aus märkischem Adelsgeschlecht. Bei den Naiven wird auffälligerweise die Berufsbezeichnung stets mit einem Eifer angegeben, bei dem entdeckerischer Stolz mit einschlägig ist: Malende Beamte gibt es viele, malende Köhler soll dem glücklichen Entdecker erst einmal einer vorzeigen.

Auf der anderen Seite steht die künstlich verfremdete und ins Irreale gewendete Bilderwelt bei oft unverächtlichem Maltalent, dem akademische Ausbildung gestattet ist. Die »Naivität« gibt sich dann vorzugsweise im Bildinhalt zu erkennen, der vorhin erwähnten technischen Zutat, aber auch in der Ausstattung mit Tieren. Wiederum werden jene Tiere vermieden, die dem Bildgegenstand entsprechen, Haustiere also, Hunde, Pferde oder Kühe. Statt ihrer hält das Raubtier seinen Einzug in das Werk des naiven Malers, der Löwe vor allem, der auch über den Place de la Concorde schleichen darf, die Wildkatze, der mit Krallen versehene Jagdvogel (meist Adler), der weiße Hirsch, der rote Hahn, alles mythische Tiere mit Symbolgehalt.

Der naive Maler bevorzugt nicht naive, sondern bedeutungsgeladene Sagentiere, die aus Gründen ornamentaler Dekoration über die Bildfläche verteilt werden, übrigens oft alles andere als naiv, nämlich technisch virtuos ausgeführt; sie scheinen nicht aus einem verwunschenen Wald hervorzukommen, sondern aus einem Lehrbuch für Zoologie oder Heraldik. Auch aus der Menschenwelt bemüht der Naive nur einige ausgesuchte Exemplare ihrer anspielungsreichen Brauchbarkeit wegen: Akrobaten, Athleten, Clowns, Tänzerinnen. Die bürgerliche Welt ist ausgeschlossen, die Staatsgewalt findet nur in der Form von Polizisten Eingang, die dann allerdings beritten sein müssen.

Wenn das alles gleicherweise naive Malerei ist, so handelt es sich doch um sehr verschiedene naive Verhaltensweisen zur Welt, von denen einige mit Recht in die Geschichte der Kunst Eingang gefunden haben, während andere nur einer aufgewerteten Mode wegen aus dem reizenden Raritätenkabinett in die Museen verfügt worden sind. Neben Rousseaus träumerisch-vegetativer Wunderwelt stehen die Volksmalereien Ivan Generalićs und Janco Brasics, die mit naiver Kunst genau so viel und so wenig zu tun haben wie Altrußlands Ikonenmalerei oder die zumeist kultischen Zwecken dienenden Wodu-Bildwerke der Haitaner Bien-Aime oder Jacques-Enguerrand Gourgue.

In fünfzig Jahren wird man von allem anderen vieles wieder aus den Museen herausgeschafft haben, und auch in der Park Avenue wird man aufhören, Bilder nur deshalb zu sammeln, weil sie sehr bunt, sehr unwirklich und in ihrer Schiefheit sehr komisch sind. Wenn man die Ziegel auf einem Dach ganz genau zählen kann, ist das noch nicht unbedingt ein Beweis für naive Kunst, und nicht jede Verachtung der perspektivischen Richtigkeit und der korrekten Größenverhältnisse macht primitive Malerei sammelnswert. Es gibt, was man nachgerade zu vergessen scheint, auch Laienmalerei, die nicht museumsreif ist.

Vorläufig sind wir nicht so weit: Noch sammeln die Leute in Los Angeles, in Lyon und in Essen viel hübsch-kindische Trödelmalerei, weil sie sie mit tiefsinnig-kindlicher Weltgläubigkeit verwechseln; die Kritiker haben ihnen mit René d'Harnoncourt ja auch eingeredet, daß die Naiven »den führenden Künstlern unserer Zeit gleichartig sind«.

Aber was auch immer Totin und Vivin und Bombois sein mögen – in den Privatsammlungen unserer Zeit erfüllen sie die Funktion, die einst Achenbach und Piloty ihren Wert gab: Salonmalerei für den vermögenden Mann.

Frevel am Denkmal

In einer unserer Städte hat vor kurzem ein Vorgang stattgefunden, der Öffentlichkeit, Kunstwelt und Obrigkeit für eine ganze Reihe von Tagen beschäftigt hat und der tatsächlich Stoff zu einigem Nachdenken gibt. Eine Stadt hatte zum Gedächtnis ihres Bürgermeisters ein Denkmal aufgestellt, und diese ungegenständliche Plastik war von einem beamteten Malprofessor mit Wasserfarben bemalt, photographiert und anschließend sofort wieder gereinigt worden. Aber am nächsten Tag waren die Bilder der illustrierten Plastik in einer der Zeitungen der Stadt erschienen und hatten Furore gemacht.

Das Aufsehen war nicht nur auf Seiten der Leser, von denen nicht wenige die Gelegenheit ergriffen, ganz allgemein ihrem Mißmut über den Gang der Kunst seit Breker und Thorak Ausdruck zu geben; die Künstler selber meldeten sich solidarisch zu Wort, um sich gegen den Vorgang zu verwahren. Ihr Berufsverband trat sogleich zu einer Sitzung zusammen und meldete dem Staat in einer Resolution Beunruhigung und Sorge; der zuständige Minister benachrichtigte die Bevölkerung, daß auch er das Ereignis verurteile und bedaure. Spät erst kam die Angelegenheit in Vergessenheit, doch bevor sie ganz entschwindet, soll untersucht werden, was sich mit ihr im Hinblick auf Erkenntnis der Gegenwart anfangen läßt.

Der Anlaß selber, jenes beklagenswerte Betuschen einer Plastik, ist von eher bagatellhafter Beschaffenheit. Die störenden Züge sollen jedoch nicht übersehen werden. Damit ist nicht gemeint, daß das Denkmal für ein Stadtoberhaupt ein relativ unglücklicher Gegenstand für einen Zeichenwitz sei. Es ist hinderlich, daß es ein besoldeter Spaßvogel war, der den Skandal in die Wege leitete: Heiterkeit dieser Art setzt Spontaneität voraus und widerspricht dem Begriff der Honorarberechtigung. Schließlich aber durfte die Bemalung nicht ganz so eilig entfernt werden: Die parodistische Behandlung eines Gegenstandes der öffentlichen Welt muß wenigstens den Anschein erwecken, daß auch die Öffentlichkeit als Publikum gedacht ist. Die Keckheit darf nicht ängstlich sein.

Das aber ist alles, was an Ärgerlichem ausfindig zu machen ist, und dies ist es natürlich nicht gewesen, was die Kunst- und Staatswelt empörte. Die Autorität war erst einmal ganz allgemein über die Ironisierung eines Denkmals beunruhigt und dann über die Persiflierung eines Werkes der modernen Kunst. Der unglückselige junge Karikaturist sah sich unversehens mit dem Schicksal der modernen Kunst während des Dritten Reiches konfrontiert und seinen Malkasten mit dem Scheiterhaufen jener Jahre verglichen. Schon einmal, so las er, habe eine Barbarei mit der Verunstaltung der modernen Kunst ihren Anfang genommen.

Das Argument ist sonderbar im Munde der Staatsmacht. Denn erstens reizt ja immer nur und zwar seit Jahrhunderten schon das Neue zum Spott, und zweitens läuft seine Logik darauf hinaus, daß man es mit der Bemalung eines Werkes von Johann Gottfried Schadow nicht so genau genommen hätte. Der Protest gegen den Denkmalsscherz darf sich nicht auf die Modernität des Denkmals berufen, weil sonst etwas sehr Wilhelminisches zur Erscheinung kommt, nämlich das staatliche Engagement für eine bestimmte Kunstrichtung, die gestern noch mit den Namen Anton von Werner und Reinhold Begas gekennzeichnet war. Der Staat hat *die* Kunst zu schützen und nicht die *neue*.

In dieser Aufregung um eine Nichtigkeit ist ohnehin viel Gestriges. Das Denkmal auf dem öffentlichen Platz der Stadt hat nämlich seit jeher eine ganze Reihe von Aufgaben zu erfüllen, denen es sich in verschiedenem Maße gewachsen zeigt. In erster Linie hat es auf die Kunstliebe und das Kulturbewußtsein des Gemeinwesens aufmerksam zu machen, das weit davon entfernt ist, nur Nützliches zu errichten: Die Städte der Renaissance schon prahlten mit der Zahl ihrer Standbilder.

Daneben dient es einem pädagogischen Zweck, womit nicht nur gemeint ist, daß der Weisheit, der Freiheit, der Opferbereitschaft Statuen errichtet werden, die bis ins vorige Jahrhundert hinein antike Namen und Gewänder tragen. Die Aufstellung eines Denkmals kann auch ein Akt der Dankbarkeit sein, wobei allerdings stets viel Ruhmsucht einschlägig ist. Tatsächlich gilt die Mehrzahl aller Denkmäler Europas vergangener Größe, sei es, daß die Stadt ihres Oberhauptes oder das dankbare Volk seines Landesvaters gedenkt; der Gemeinderat prunkt mit der gesellschaftlich unnützen Bohème, wenn sie es in den Mauern seiner Stadt zu Namen und Ansehen gebracht hat. Neulich noch gab es das Schlachten-Denkmal, das dem militärischen Ereignis, der soldatischen Tugend und auch dem blutigen Opfer galt. In diesem Falle muß allerdings – das nicht auf ein bestimmtes Ereignis bezogene Gefallenen-Denkmal beiseite gelassen – die Bedingung der Sieghaftigkeit erfüllt sein: Das Vaterland mahnt nicht an erfolglose Heldentaten und zwecklos vergossenes Blut. Die Toten von Jena und Auerstedt sind im nationalen Sinne unbrauchbar und nur die von Sedan empfehlen sich durch ein Schlachten-Denkmal der Nachwelt. Vionville und nicht Kunersdorf hat sein Monument bekommen: Nur der triumphierende Feldherr ist statuenmäßig ergiebig.

Dies sind die Hauptformen des Denkmals, dem unsere Zuneigung nicht zuletzt deshalb gilt, weil ihm mit dem Gang der Zeit ein Plus zuwächst, das weder mit seiner Geschichtskraft noch mit seiner Kunstqualität zu tun hat. Am vorzüglichen Denkmal tritt allmählich das *Denk*malhafte immer mehr zurück, bis denn zuletzt bei seinem Anblick niemand mehr an seinen Anlaß und seinen Schöpfer *denkt*: Es ist ein Teil der Stadt und ihres Lebens geworden, was

Tauben und Liebespaare zuerst erkennen. In diesem Stadium seiner Reife sind denn die Beziehungen zwischen Denkmal und Bevölkerung von Sorglosigkeit, Zutraulichkeit und Nachlässigkeit bestimmt, in die stets Spottsucht einschlägig ist. Es spricht deshalb für Denkmäler, wenn mit ihnen respektlos umgegangen wird. Der bronzene Monarch mit Schnurrbartbinde und die marmorne Aphrodite im Schwimmanzug: Das sind die Freuden der Jugend von Ballenstedt bis Detmold, dergleichen kann ganze Städte unterhalten und Lustspiele und Filme inspirieren.

Dem Erzengel Gabriel auf dem Dach der Kadettenanstalt in Lichterfelde wurde vor 1914 jährlich ein Nachthemd angezogen; Ziethen auf dem Schloßplatz trug immer wieder ein Einholnetz in der erhobenen Hand. Das Kaiserreich damals ist nicht auf den Gedanken gekommen, im einen eine Verhöhnung des Christentums zu sehen und im anderen eine Demonstration des Pazifismus. Nicht nur der Haß auf die Moderne hat heute pathologische Züge; auch ihre Verteidigung ist voller neurotischer Beimischungen.

Aber die Gereiztheit in der Parteinahme für den Avantgardismus hat nur sehr am Rande mit der hinter uns liegenden Epoche zu tun und gar nichts damit, daß die Künstler von heute sensibleren Zuschnitts wären als ihre Ahnen; eher ließe sich das Gegenteil behaupten.

Die größere Empfindlichkeit des modernen Denkmals gegen seine Ironisierung hat mit der gesteigerten Verletzlichkeit der neuen Kunst zu tun, was schon das gewandelte und angestrengte Verhältnis zwischen Denkmal und Scherz vermuten läßt. Es muß nämlich eingeräumt werden, daß tatsächlich nur die Statue von gestern Raum für den Witz gab, weil die heitere Vervollständigung oder Abänderung der Kleidung Naturnähe voraussetzt. Das fehlende Schulterstück an der Uniform Bismarcks wurde mit Maltöpfen eingezeichnet, und das realitätsnahe Lächeln der Mona Lisa hat Salvadore Dali dazu verführt, sie mit einem Schnurrbart zu versorgen.

Mit der Wendung der Kunst zur Abstraktion ist dem Bürger

seine Kontrollmöglichkeit und damit die Verlockung zu harmlosem Spott genommen. Wer mit dem Husarengeneral aus Eisen seinen Scherz treibt, ist ein Spaßvogel; als Banause gilt, wer das gleiche mit der Plastik aus gelöteten Stäben macht. Dort wird der Dargestellte verspottet; hier wird die Kunst bedroht.

Damit ist der Grund ausfindig gemacht, der für jene überraschende und ein wenig lächerliche Gekränktheit des Staates über den Spaß am Denkmal verantwortlich ist: eine vermutlich nicht bewußte und keinesfalls formulierte Empfindung für die geistige Gefährdung des abstrakten Mahnmals. Es wird jedoch auch deutlich, daß der frevelnde Karikaturist die Denkmalskunst des Jahrhunderts an einer empfindlichen Stelle getroffen hat.

Das Denkmal nämlich hat stets für mehr als nur für die Kunst gestanden, weshalb denn das geübte Auge die Abfolge der Epochen oder die Parteiungen der Stadt schon am Denkmalsbesitz des Platzes ablesen kann; ob guelfisch oder gibellinisch – darüber verständigt den Reisenden in Italien der erste Blick nach Passieren der Stadtmauer. Das Denkmal ist nicht nur die Zierde des Ortes, es ist auch sein Feldzeichen und das Siegel der herrschenden Macht, weshalb denn am Beginn oder Ende jeder Revolution der Denkmalssturz steht.

Mit der Schändung der Statue ist nicht die Kunst versehrt, sondern die Macht: Der Sturz der Königsfigur von 1776 am Ufer des Hudson verweist auf den Abfall der Vereinigten Staaten, und als sich die Pariser royalistische Sache 1891 zum Schlimmen wendet, wird sofort die Statue Ludwigs XIV. geschleift. Wenn die Herrschaft ins Wanken gerät, reißt nicht nur die Armee die Kokarden aus ihren Uniformen; die Städte entfernen die Denkmäler aus ihrem Gesicht, was sich eben noch in Budapest beobachten ließ. Die Kunst oder der Künstler treten zurück, wo das Denkmal ernst genommen wird. Wichtig ist nur noch, wofür es steht.

An jenen Denkmälern, die der Staat heute auf den Plätzen und

Straßen der Städte aufstellt, ist deshalb nicht zu bemängeln, daß sie die Forderung der Qualität nicht erfüllen: Heiliger und Hartung sind nicht weniger Kunst als Begas und Tuaillon. Bedenklich ist nicht, daß sie zu wenig Kunst sind, sondern daß sie nur noch Kunst sind. Der Bildhauer von heute bringt Werke von Sensibilität, Schönheit und Kraft zustande; es gelingen ihm keine Gebilde, an die sich Ideale, Überzeugungen und Leidenschaften fixieren lassen.

Deshalb und nur deshalb ist die Farbe auf dem modernen Eisen eine Attacke auf den Geist der Kunst, während die auf der gestrigen Bronze Kritik an einem Monarchen, seinem Staat und dessen Politik ist. Auch in diesem Falle empfiehlt es sich, einmal einen entgegengesetzten Blickwinkel einzunehmen, um einen Vorgang neu und zutreffend zu Gesicht zu bekommen; dann ist nicht die Beschmutzung des Metalls das Alarmierende an den neuen Denkmälern, sondern daß sie niemand mehr stürzen würde im Falle der Revolution: Sie stehen für nichts mehr als für sich selbst.

In Wirklichkeit ist die Zeit der politischen Staatsplastik fürs erste abgelaufen, und nur politischer, intellektueller und künstlerischer Romantizismus pflanzt vergangener Größe ein Eisenmal aufs verkehrsumtoste Pflaster. Nicht zufällig gibt es das Denkmal eigentlich nur noch in der Welt des Ostens, nämlich: in der Provinz der Rückständigkeit. Weder Gefühlswelt noch Stadtwirklichkeit des Westens wissen etwas von der Nationalplastik.

Damit liegt auf der Hand, daß nicht die Kritik am Denkmal rückschrittlich ist, sondern seine Errichtung. Es hält Verehrungs- und Bauformen am Leben, an die niemand mehr glaubt und von denen, wie jeder Blick auf die neuen Erinnerungsmale lehrt, niemand Gebrauch macht: Selbst seine Verteidigung weiß ja nur noch von der Ästhetik. Die Idee der Denkmalsplastik ist der Zeit so weit aus dem Sinn genommen, wie seine verspätete Gegenwart uns aus den Augen; noch das Größenverhältnis zwischen Platz und Plastik ist ja ein Argument gegen seine Wiederbelebung in anonymer Verkehrslandschaft.

Nachdenken macht also nicht der Spott der Banausen, sondern die Illusion der Mäzene. Der Avantgardismus, für den sie stehen, ist ein Anachronismus, und ihr Mut zur Modernität lebt vom romantischen Sentiment.

Mißverständnisse

Das Friedenslied als Barmusik

Zu den Liedern, mit denen Marlene Dietrich Moskau wie New York enthusiasmiert hat, gehört auch ihr Chanson »Sag mir, wo die Blumen sind«. Tatsächlich hat keines ihrer Lieder seit den Schlagern der zwanziger Jahre solche Popularität erreicht wie dieses melancholische Kriegslied, dessen erotisch gezügelte Trauer über beträchtliches musikalisches und textliches Raffinement verfügt.

Das Lied, dessen Schallplattenversion in den meisten europäischen Ländern erstaunliche Verkaufszahlen erreichte, schallt aus den Dachkammern der Studenten und den Veloursräumen der Boulevard-Bars; in den sommerlichen Villengärten vermischt sich sein Klang mit dem Geräusch des Rasensprengers. Es erfüllt die Bedingungen, die man an einen Schlager stellt, auf eindrucksstarke Weise.

Der Vorgang ist bisher ausschließlich unter dem Aspekt des Comeback gesehen worden, einem Gesichtspunkt von vergleichsweise bescheidenem Interesse, da er den Boxer ebenso meint wie den Künstler. Doch am Triumph jenes Liedes ist natürlich nicht bemerkenswert, daß hier eine Sechzigjährige noch einmal, wie vier Jahrzehnte zuvor, mit ihrer abgedunkelten Stimme die Welt fasziniert, sondern daß sie es mit anderen Mitteln tut.

Denn jenes »Ich bin von Kopf bis Fuß auf Liebe eingestellt« und all die anderen Lieder der zurückliegenden Zeit waren schlagerähnliche Gebilde, deren Gewagtheit ihren Reiz aus der Keckheit und aus der ironischen Selbstpersiflage bezog. Diesmal aber tanzt man nicht zu Texten auf die Liebe und die Unbedenklichkeit, sondern zu Worten auf Gräber, Soldaten und den Tod. Das Antikriegs-Chanson präsentiert sich als Barmusik.

So jedenfalls stellt es sich im ersten Augenblick dar. Melancholisch kommt aus dem rotierenden Teller die Klage, daß mit dem Krieg aus Männern Soldaten wurden: »*Über Gräber weht der Wind.*« Der Whisky wird eingenommen, während der Tonarm die provozierende Frage an den Lautsprecher vermittelt, wenn man das je verstehen werde. Die Sängerin stellt Friedenslust her und sinnlich aufbereitete Melancholie. In der Zimmerecke herrscht revolutionäre Stimmung.

Mit dem Pazifismus der Goldenen Schallplatte ist es aber bedenklich bestellt. Das Lied, dessen ineinander verschränkte Strophen einer Kreisbewegung folgen, so daß denn erste und letzte Zeile identisch sind, hat nicht nur mit dem Tode des Soldaten zu tun. Tragisch findet es auch, daß Blumen gepflückt werden und Mädchen angenehme Gefühle empfinden und erwecken. »Weißt du, wo die Blumen sind? Mädchen pflückten sie geschwind. Weißt du, wo die Mädchen sind? Männer nehmen sie geschwind. Weißt du, wo die Männer sind? Zogen fort, der Krieg beginnt. Weißt du, wo die Soldaten sind? Über Gräber weht der Wind. Weißt du, wo die Gräber sind? Blumen blühn im Sommerwind. Weißt du, wo die Blumen sind? Mädchen pflückten sie geschwind.«

Nicht mit dem Krieg hat das in Düsseldorfer Bars und Moskauer Sälen gefeierte Lied zu tun, sondern mit dem Gang des Lebens. Musikalisch formuliert es die Klage über die Vergänglichkeit, und seine Trauer ist von so banaler Allgemeinheit, daß es gar nicht merkt, den Krieg zu einer natürlichen Sache gemacht zu haben. Man tanzt die Sentimentalität.

Man hätte sonst nicht tanzen können: Es gibt keine pazifistische Barmusik. Übrigens auch keine logisch argumentierenden Revolutions- oder Kriegslieder von zureichender Beredsamkeit. Alle diese Gesänge der Revolution oder des Krieges versuchen es mit dem Sentiment und nicht mit der Vernunft, und ihre Richtung zielt auf Überredung und nicht auf Überzeugung. Die Gefühls-welt der Kampfstrophe ist auf eine Leidenschaftlichkeit gestimmt, die ihre Wirkung aus der Rührung holt: Wenn die Kanonaden beginnen und die Erschießungspelotons ihr Werk aufnehmen, hält die Rührseligkeit ihren Einzug in die Musik.

Dies ist das Sonderbare nämlich auch an dem musikalischen Niederschlag des Dritten Reiches, obwohl es bisher nicht gesehen wurde. Die Dokumentensammlungen halten die Verse von Schirach und Anacker fest, und die Plattenanthologien geben die Gesänge von Herms Niels wieder. Als es aber Ernst wurde mit dem Heroismus jener Epoche, verschwand Baumanns »Denn heute, da hört uns Deutschland« aus den Lautsprechern, nachdem es sich schon längst von der Straße zurückgezogen hatte. Mit dem dritten Kriegswinter nimmt das Reich eine Wendung zum Senti-mentalen, und eine vierundzwanzigstündige Rekapitulation des Großdeutschen Rundfunks würde mehr Empfindsamkeit als Bru-talität zutage fördern.

Nicht mit dem Horst-Wessel-Lied, sondern mit »Peterle« und »Gute Nacht, Mutter« wurden die weichenden Armeen zur Fort-setzung des Kampfes aufgefordert. Die Kriegsfilme der letzten Jahre verraten ihre Blindheit fürs Atmosphärische, in dem sie vor der Kulisse der Katastrophe Dietrich Eckarts »Deutschland erwa-che« aus dem Volksempfänger kommen lassen; in Wirklichkeit hielt man da schon längst bei der »Tapferen kleinen Soldatenfrau« und »Lili Marleen«.

Zu den überraschenden Entdeckungen einer Besichtigung des spanischen Bürgerkrieges gehört es, daß auch die republikanisch-kommunistische Seite eine deutliche Vorliebe für Lieder zeigte, die sich von der anderen Seite ebenso hätten singen lassen. Vor einer Reihe von Jahren hatte es sich eingebürgert, intellektuelle Parties durch musikalische Anleihen bei der Internationalen Bri-gade anzureichern; die Atelierwohnungen der Schreibenden und Malenden waren von der heiseren Stimme Ernst Buschs erfüllt: »Spanien 1936«.

Dies war nicht Sympathie für den Kommunismus und nicht Wohlgefallen am Revolutionären. Die Lust an der Provokation beherrschte die Szene und die intellektuelle Herausforderung an die sentimentale Romantik: Die um den Plattenspieler wollten frech sein und kalt und ein wenig zynisch mit dem Bürgerkrieg von gestern spielen.

Es gab nichts, was romantischer und sentimentaler hätte sein können. Denn die Lieder handelten von der Einsamkeit und von den hohen Sternen – »*und die Heimat ist weit*«. Es waren ganz gewöhnliche Soldatenlieder mit ihrem Genießen der abenteuerlichen Verlorenheit auf fremder Erde, dumme, kleine, rührselige Lagerfeuerlieder, die mit dem Tode kokettieren.

Sie hatten mehr mit Walter Flex als mit Lenin zu tun und bedurften nur der Auswechslung einiger Vokabeln, um von Schröders »Deine Söhne sich um dich scharen« nicht mehr unterscheidbar zu sein. Nur: Sie waren eine Spur besser als die Gegenseite. Das aber wird so ziemlich genau der intellektuellen Differenz zwischen der Legion Condor und der Internationalen Brigade entsprochen haben.

Intellektuell und gewagt aber waren sie so wenig wie die, die da im Zeichen der Wiederaufrüstung eine Visite beim protestierenden Pathos von gestern machten. Man genoß nicht den Elan der Revolution, sondern die Romantik des Krieges, wie ja auch Hemingways Bürgerkriegsroman mit seinem Absinth und seiner Maria und seinem Schlafsack und »dem pochenden Herzen auf dem Nadelboden des Waldes« eine einzige Elegie auf den Krieg war.

Es gibt keine intellektuellen Kriegs- oder Revolutionslieder, die sich auch zum Sterben oder zum Tanzen eignen. Einzig zwei Lieder haben es mit dem rhetorischen Engagement und der argumentierenden Logik versucht: Kate Kühls »General, General« und Brechts »Lob des Kommunismus«. Sie werden noch nicht einmal im Berliner Ensemble gesungen, und zum Kämpfen eignen sie sich denkbar schlecht.

Mit der Kriegserklärung beginnt nicht nur das Trommelfeuer der Granaten, sondern auch das der Peinlichkeiten. Im Spind der Soldaten hängt nicht die Konstitution oder das Manifest, sondern der Weihnachtsbaum oder das Pin-up-girl.

» Weißt du, wo die Mädchen sind? Männer nahmen sie geschwind, über Gräber weht der Wind. Wann wird man je verstehn?« Eine berühmte Stimme, die anschwillt und mit artistischer Raffinesse den gewagten Übergang zum Flüstern findet. Wieviel Perfektion und wieviel Sentiment. Wieviel Routine und wieviel trauervolles Wohlgefallen am Kreislauf des Natürlichen. Das hätte ein Lied der Brigade sein können oder eines der Legion. Auf den Unterschied kommt es gar nicht an.

Sympathie für Kriegslieder

Mitte Juli 1793 rückte die preußische Armee unter Kalckreuth gegen die Festung Mainz, die sich kurz zuvor den Heeren der Französischen Revolution ergeben hatte, zum Wohlgefallen vieler ihrer Bürger übrigens, die denn auch die Offiziere der französischen Okkupationsarmee als die Sendboten einer neuen Zeit begrüßten. Unter diesen kollaborationsfreudigen Bürgern befand sich auch Caroline Michaelis, verwitwete Böhmer, spätere Schlegel und dereinst Schelling; als sich das Nahen der preußischen Belagerungsarmee durch das Aufwerfen von Wällen und das eilige Zusammenhämmern von Barrikaden ankündigte, sah sie gerade ihrer Entbindung entgegen, da sich ihre leidenschaftliche Schwärmerei für die republikanischen Ideale allzu konkret auf einen bestimmten Offizier der französischen Revolutionsarmee konzentriert hatte.

Der französische Festungskommandant, General Custine, hoffte vergebens auf Ersatz; am 22. Juli fiel Mainz in die Hände der Preußen, die übrigens sofort Caroline und alle anderen führenden Clubbisten – wenn ihnen nicht wie Georg Forster die Flucht nach Paris gelungen war – auf die Festung Königstein brachten. Caroline wurde dann ziemlich bald unter Bewachung nach Kronberg zu »leichterer Haft« verbracht, endlich auf Bitten ihres Bruders vom König von Preußen begnadigt; ihre Odyssee durch Deutschland – aus Göttingen wurde sie wegen Revolutionsverdachts ausgewiesen, aus Leipzig zog sie sicherheitshalber ins Altenburgische – wirft ein aufschlußreiches Licht auf das Maß von

Mißtrauen, Denunziantentum und Gesinnungsschnüffelei, mit dem sich Deutschlands Fürsten gegen die Gleichheits- und Freiheitsideen aus Paris zur Wehr setzten. Der Briefwechsel der Brüder Schlegel über Carolines Schicksal gibt da Auskunft.

Die einrückenden Preußen aber, vermutlich einigermaßen unbekümmert um die durch die rheinischen Gebiete gehende revolutionäre Welle, sangen beim Paradieren in den Straßen von Mainz verbürgtermaßen folgendes Lied:

Custine, der schickt eine schnelle Post
Die nach Paris laufen mußt'
Ob kein Succurs nicht komme daher,
Stadt Mainz zu sekundieren.
Die Deutschen stehen so stark dafür,
Sie wollen es bombardieren.
Kein Succurs nicht kommt daher;
Keine Besatzung war da mehr,
Custine der steckte die Fahne heraus,
Er wollte accordieren.
Und als Prinz Wilhelm das vernahm,
So thät er avancieren.

Ein preußisches Soldatenlied aus den letzten Jahren des achtzehnten Jahrhunderts; es findet sich in der rührend-ergreifenden Sammlung vaterländischer Gedichte »Preußens Ehrenspiegel« aus dem Jahre 1851. Es ist eines der wenigen authentischen, die überliefert sind. Die Nachzügler unter den friderizianischen Kriegsliedern nehmen diesen Ton Jahrzehnte später auf und bilden ihn nach: Das Kunstgemäße besteht nicht in der Ausmerzung des Fremdwortes, sondern in der artifiziellen Herstellung des Volkstümlichen durch die Montage des Fremdwortes in den deutschen Text. So in einem der berühmtesten dieser Lieder, bei Willibald Alexis:

Friedericus mein König, den der Lorbeerkranz ziert,
ach, hättst du nur öfters zu plündern permittiert!
Friedericus Rex, unser König und Held,
wir schlügen den Teufel für dich aus der Welt!

Lieder solcher Art, aber auch Proklamationen, Mauerzettel, Befehle, lassen den Nachlebenden einen Blick in das Gefühlsklima, in die Empfindungswelt jener Zeit tun. Preußische Musketiere also sangen, gegen französische Grenadiere kämpfend, ganz selbstverständlich französisches Kauderwelsch.

Das hat nur bedingt etwas damit zu tun, daß die Sprache des Militärs in der Welt des Barock und des Rokoko ganz allgemein französisch war, weil französische Instrukteure damals sowohl die Heere Schah Abbas des Großen in Isfahan reglementierten wie die Wachttruppen deutscher Duodezfürsten. Denn auch die Sprache des Berliner Handwerksmeisters und auch das Geträller der Spandauer Demoiselle war ein Scharmutzieren auf welsche Art. Noch 1806, als die französischen Truppen in Berlin in Garnison lagen, soll die Verständigung zwischen Bürgern und Besetzern vorzüglich gewesen sein. Heimatbriefen französischer Soldaten ist zu entnehmen, wie verwundert sie waren, mit biederen Handwerkern und Bürgern in ihrer eigenen Sprache parlieren zu können.

Der Vorgang ist nicht so erstaunlich, wie man glauben möchte: Fast jeder Berliner hatte damals französische Verwandte oder zumindest Bekannte. Um 1700 kamen auf die rund zwanzigtausend deutschen Bewohner Berlins runde achttausend Franzosen – einhundert Jahre bevor Bastille-Sturm und Guillotinen-Arbeit die Welle der Refugiés über Europa schickten, hatte die Flut der hugenottischen Flüchtlinge die Hauptstadt ihres späteren Erbfeindes gründlich französiert.

Der Strom der Hugenotten begann, beiläufig gesagt, schon vor der offiziellen Aufhebung des Edikts von Nantes und ist mit einem erstaunlichen Bekehrungsmittel verknüpft, den »Dragonaden« oder der »gestiefelten Mission«. Kriegsminister Louvois war auf den Gedanken gekommen, Reiterregimenter, Dragoner, in alle von Hugenotten bewohnten Dörfer zu verlegen und den reformierten Bewohnern die Einquartierung so lange aufzuerlegen, bis sie sich zum Übertritt verstanden. Siebenunddreißigtausend Reformierte beugten sich dieser Drangsalierung – ein wesentlich größerer Teil kehrte Frankreich den Rücken.

Zeitgenössische Chronisten sprechen davon, daß man um Frankreich einen Wall hätte bauen müssen, um die Flucht großer Teile der Bevölkerung zu verhindern. An allen Grenzorten und in den Seehäfen, an den Übergängen der Flüsse und auf den Landstraßen waren Wachen aufgestellt, um die Flüchtlinge mit allen Mitteln an dem Überschreiten der Grenze zu hindern. Dennoch gelang etwa 300 000 bis 400 000 Hugenotten der Weg ins Ausland. Die Bevölkerung von Lyon zum Beispiel sank von neunzigtausend auf siebzigtausend Seelen, und die ja hauptsächlich von Protestanten betriebene Industrie Frankreichs erlitt durch diesen Aderlaß einen schweren Rückschlag: In der Touraine etwa blieben von vierhundert Gerbereien nur vierundfünfzig, von achttausend Webstühlen für Seide nur zwölfhundert, von siebenhundert Mühlen nur siebzig, von vierzigtausend Seidenarbeitern nur viertausend übrig.

Deutschland, Brandenburg voran, profitierte davon: Schon 1672 erhielten die Franzosen in Berlin eine eigene Kirche zugewiesen, am 29. Oktober 1685 lud das Edikt von Potsdam alle Flüchtlinge aus Frankreich zur Niederlassung in den Landen des Kurfürsten ein, und wenig später wurde in der Mark Brandenburg ein eigener Intendant, Ernst von Grumbkow, zur Betreuung aller Flüchtlinge ernannt – denen übrigens für zehn Jahre Freiheit von allen Abgaben und Steuern und die Errichtung eines eigenen Justizhofes und eines besonderen Konsistoriums zugesichert wurde. Ähnlich war es in vielen Teilen Deutschlands, fährt man offenen Auges zum Beispiel durch die einst zu Hessen-Kassel gehörigen Ländereien, sieht man den französischen Einfluß auf Schritt und Tritt.

Alle Welt dachte und sprach bald französisch; das war zuerst einmal eine Bevölkerungsfrage, das französische Zeremoniell der Rokokohöfe kam erst später. Selbst die Streitlieder gegen die Franzosensucht sprechen unfreiwillig im französischen Ton der Zeit. Eines der erheiterndsten von 1703, aufgestöbert in Freiherr von Dittfurths Kollektion *Historische Volkslieder vom Ende des Dreißigjährigen Krieges bis zum Beginn des Siebenjährigen*, geht so:

Selig waren jene Zeiten,
Da der Teutsche ward geehrt;
Zeiten warens voller Freuden
Aber jetzt ist's ganz verkehrt;
Denn dermaleinen wird nur blos
Geliebt der Wälsch und der Franzos.
Diese pflegen zu florieren
All ihr Thun ist wohlgetan
Die thun das Kommando führen,
Sitzen ganz zu oberst an.
Generalen, Kommandanten,
Nimmt man jetzt aus Frankreich her,
Als wann hier in unseren Landen
Niemand zu bekommen wär.
Der nit kann französisch lügen,
Wird auch keine Charge kriegen.
Wie wird's in der Welt hergehen,
Wann's kommt zur Okkasion?
Spott und Schand wird man da sehen,
Nichts als Confusion.

Der gereimt-französierende Protest gegen das Französieren
hat offenkundig nichts genutzt. Vielmehr zieht Welle auf Welle
fremden Einflusses heran, nach den Hugenotten die Refugiés,
nach den Refugiés die Ingenieure mit ihrer technischen Terminologie vom Trottoir bis zum Perron. Immer aber ist Preußen, ist
Brandenburg, ist die Mark, ist vor allen Dingen Berlin der Magnet
für die Flüchtlinge aus aller Welt, aus dem Niederländischen
ebenso wie aus dem Salzburgischen, die vorüberziehenden Gäste
wie Voltaire einmal gar nicht gerechnet.

Berlin, eine typische Kolonialstadt auch darin, daß sie keine
eigentliche Mundart hat und einen Kunstdialekt, das Berlinische,
aus ober- und niederdeutschen Bestandteilen ausbildete, ist zu
Beginn des vergangenen Jahrhunderts bis tief ins Geistige hinein
vom Franzosentum geprägt. Daniel Chodowiecki ist halb polnischen, halb französischen Ursprungs. Die Architektur Berlins

274

wird vom Hugenotten-Abkömmling Friedrich Gilly geprägt, dessen Schüler Karl Friedrich Schinkel wird. Die Gelehrtenfamilie Dubois-Reymond stammt aus Frankreich, natürlich auch die des Juristen Friedrich Carl von Savigny. Theodor Fontane ist ein Nachkömmling von Hugenotten, der andere Romancier der Mark, Willibald Alexis, ein Enkel von Refugiés – wie auch Friedrich de la Motte Fouqué und Adalbert von Chamisso. Die Literatur Berlins gibt sich in Skepsis, Nüchternheit, Ironie, Distanz, im Diskursiven, im Formgefühl als eine Literatur mit französischen Beimischungen zu erkennen – was Chamisso so bewußt war wie Fontane:

»*Das Geistreiche (was ein bißchen arrogant klingt) geht mir am leichtesten aus der Feder. Ich bin – auch darin meine französische Abstammung verratend – im Sprechen wie im Schreiben ein Causeur...*«

Am Rhein ist das nicht ganz so ausgeprägt wie an der Spree, doch mischt sich überall Bevölkerungsmäßiges mit Bildungsmäßigem, französisches Blut und französischer Geist pochen durch unsere Adern bis in die jüngste Geschichte hinein: noch in Stefan Georges großväterlichem Haus war das Französische nahezu ererbte Umgangssprache.

Um 1880 erst beginnt der Einfluß Frankreichs zurückzugehen, aber er weicht nur einem anderen Einfluß: dem Englands. Fürst Pückler-Muskau war ein Vorbote der neuen Orientierung; nach der Schlacht von Sedan beginnt man dann plötzlich allgemein nicht mehr vom *Diner*, sondern vom *Dinner* zu reden – der Vorgang ist ebenso bedeutungsvoll wie die Einführung des Zündnadel-Gewehrs.

Die Romane der Zeit geben über derartige atmosphärische Wandlungen Auskunft, die Dinge aus dem traulich-deutschen »Daheim-Kalender«, aber auch die große Literatur. Im »Stechlin« zum Beispiel spielt die Ablösung des Französischen durch das Englische eine bedeutungsvoll-beiläufige Rolle. Der alte Stechlin kann sich über den Sprachwechsel gar nicht beruhigen; immer wieder kommt er darauf zurück:

»Da kann selbst ein warmes Frühstück warten. Sagt man eigentlich
noch Dèjeuner à la fourchette?« – »Kaum, Papa. Wie du weißt, es ist
jetzt alles englisch.« »Natürlich, die Franzosen sind abgesetzt.«

Die Sachlage, auch in dem früheren Roman *Frau Jenny Treibel*
gesehen und ironisch kommentiert, signalisiert für den alten
Dubslav und nicht nur für ihn den Untergang der alten Zeit. Es
war – symbolisiert in der Person des auf die »englischen Vettern«
blickenden Kaisers – der Abschied vom alten Märkertum, vom
alten Berlin, vom alten Deutschland. Mit der englischen Rede-
wendung zieht eine neue Epoche herauf – mit der englischen
Phrase kam auch das englische Tuch und der englische Sport und
die Kolonialpolitik und der Flottenbau: kurz, die Wilhelminische,
die reichsdeutsche Periode beginnt, eine Zeit deutschtümelnder
Großmachtspolitik. In diesem Zusammenhang ist es kennzeichnend, daß Alldeutsche und Sprachpuristen im gleichen Augenblick die Szene betreten – neben Alfred von Tirpitz steht Julius
Langbehn.

Auch darin ist das Soldatenlied ein verläßlicher Zeuge. Friedrich lieferte seinen Gegnern noch Bataillen und sorgt für die
Fourage seiner Kerls; Goethe nimmt noch an der Kanonade von
Valmy teil, und selbst noch nach Waterloo werden die Blessierten
gezählt. Im siebziger Krieg ist das Klima dann schon gründlich
gewandelt, mit Herero-Feldzug und Tsingtau-Expedition kommt
das angelsächsische Schrapnell und die englische Rifle; im Ersten
Weltkrieg dann wird nicht mehr zur Attacke, sondern zum Sturm-
angriff geblasen, und für das Bombardement erfindet man das
Trommelfeuer.

Das Kriegslied, ursprünglich aus Landsknechtmäßigem und
Rokokohaftem zusammengesetzt, nimmt den Weg über die
Nationalisierung und Sentimentalisierung zur Ideologisierung
und Radikalisierung – den Weg vom Prager Lied über das gefühl-
voll-nationale »Der Gott, der Eisen wachsen ließ« zum pathetisch-
germanisierenden »Es braust ein Ruf wie Donnerhall« und zum
Untergang des Kriegsliedes im allerdings nur noch auf Schulbän-
ken gesungenen »Gott strafe England«; was dann im Zweiten

Weltkrieg vom »Erika«-Lied bis zum »Westerwald« gesungen wurde, hätte allein schon genügt, etwaige Deserteure zu exkulpieren.

Es war der Triumph der Eindeutscher, denen es tatsächlich gelungen ist, in einem knappen halben Jahrhundert unsere Sprache zu verarmen. Diese Puristen, zu Vereinen und Kampfbünden zusammengefaßt, geben sich national, und sie halten die Fahne der Vergangenheit hoch: Deutsch wollen sie sein, und wer Fremdworte verwendet, ist in ihren Augen vaterlandslos und nichtsnutzig. Ihr Haß aber gilt nicht nur dem sprachlichen Zierat des technischen Zeitalters, dem Coupé, dem Telegraph, dem Automobil; sie verabscheuen nicht nur das Französisch des Kleinbürgertums mit seinem vis-á-vis und dem peu à peu, das Georg-Hermannsche und Stindesche Deutsch des Souterrains mit dem dos à dos und dem Parapluie; sie haben nicht nur das brandenburgische Barock-Friderizanisch mit seinem Retirieren und Refüsieren ausgeschieden; unter dem Banner des Deutschtums wollen sie auch aus der griechischen Idee das Denkbild machen und aus dem Ideal das Leitbild. Nur hin und wieder sind ihnen Objekte entwichen: Aus der Probiermamsell ist das Mannequin geworden, und statt der kokettierenden Demoiselle haben wir jetzt den mit dem Twen flirtenden Teenager.

Dem widersinnigen Schauderwerk schieben nicht einmal die Verteidiger des Fremdwortes einen Riegel vor. Selbst die Freunde des urbanen und zivilisatorischen Sprechens sind in der Defensive. Sie weisen auf die Assoziationen hin, die mit dem Fremdwort heraufgerufen werden, und sie geben zu bedenken, daß mit der Eindeutschung zumeist ein Verlust an Bedeutungsnuancen, am differenzierten und pointierten Wortgebrauch verbunden ist. Ihre Argumentation räumt unbewußt ein, daß die durchgängige Germanisierung unserer Sprache an sich wünschenswert, nur leider nicht zu verwirklichen sei.

Die Sache verhält sich natürlich, wie jeder Blick ins Gewesene lehrt, ganz und gar umgekehrt. Unnational und vergangenheitsvergessen ist die Deutschtümelei, die sich nur im Duden, nicht aber in der deutschen Geschichte und Kultur auskennt, und gerade aus konservativen Gründen muß man sich jenes Deutschredens um jeden Preis entschlagen, das von unserer Herkunft und den vielfältigen Beimischungen unseres Wesens und unseres Weges durch die Jahrhunderte nichts weiß.

Unsere Sympathie gilt jenen preußischen Soldaten, die, französische Brocken singend, eine deutsche Feste berannten, in der Deutsche französische Revolutionslieder sangen. Und voller Mitgefühl zitieren wir das Trauerlied auf den Tod des Feldmarschalls Graf von Schwerin in der Schlacht bei Prag, wo selbst der unsterbliche Teil Brandenburgs im französisch akzentuierten Schritt dem Jenseitigen zueilt:

> *»Allons Grenadiers, ich gehe voran!«*
> *Die Kugeln drangen ins preußische Herz,*
> *Die Seele avanciert jetzt himmelwärts.*

Verteidigung des Fernsehens

Seit einer Reihe von Jahren beschäftigen sich Einzelpersonen, Studienkommissionen und Akademien mit dem Fernsehen. Im Laufe von ein paar Dutzend Kongressen hat sich Einstimmigkeit herstellen lassen, daß das Instrument von Übel ist. Nur über das Maß der Unzuträglichkeit, die mit dem Fernbilde verbunden ist, bestehen noch Meinungsverschiedenheiten, wenn auch als Ergebnis der weitläufigen Diskussion festzustehen scheint, daß vor allem Kinder und Greise den gesundheitlichen Anforderungen der Röhre nicht gewachsen sind.

Das soll auf sich beruhen bleiben, obwohl die Nachricht vom jüngsten Doppelmord im Anschluß an eine Fernsehsendung gewisse Rückschlüsse auf die pädagogische Unergiebigkeit des Apparates nahelegt. Weit mehr bringt die künstlerische Aburteilung des Fernsehens auf, die heute allgemein zu sein scheint und lauthals auch von denen artikuliert wird, die mit der Angelegenheit sozusagen beruflich befaßt sind und aus einer Reihe von Gründen Anlaß hätten, dem Medium gewogen zu sein: den Schauspielern und Regisseuren.

Sie behelfen sich, indem sie ihr Mißfallen weniger den Produzierenden als den Konsumierenden zuwenden. Nicht technische Unzulänglichkeiten erregen ihren Unmut, und auch was die artistische Qualität anlangt, darf man sie sich als befriedigt denken; sonst wären sie wohl nicht, von Sellner bis zu Kortner, zur Mitarbeit geschlossen erbötig. Die Schuld fällt hauptsächlich dem Bürger zu, der nichtsahnend seinen Knopf bedient.

Er ist es, der dem Fernsehen alle künstlerische Würde nimmt und zwar aus leibesfroher Bequemlichkeit. Er weigert sich, in jene ehrerbietige Trance zu verfallen, die man der Kunst gegenüber erwarten darf und deren physiognomischer Ausdruck dem Parkett »*ein gemeinsames Lächeln blöder Selbstvergessenheit*« gibt, das Felix Krull anläßlich des Auftretens von Müller-Rosé zu einigen Erkenntnissen über das Theater stimulierte.

Der Fernseher bleibt, und das macht ihn der Bühnenwelt tief verdächtig, geistesgegenwärtig. Er spricht mit seinen Nachbarn. Er inhaliert schädlichen Rauch. Er nimmt die verschiedensten Flüssigkeiten zu sich und treibt – etwa in weiblicher Gesellschaft – auch sonst noch allerlei, was von Unbotmäßigkeit gegenüber dem Geist der Kunst zeugt. Kurz: Das Fernsehen stellt – und zwar einfach durch die Art, in der es aufgenommen wird – den Verfall des Theaters dar.

Wer sagt das? Geselligkeit widerspräche dem Klima des Theatralischen? Das halblaute Gespräch während der poetischen Verlautbarung sei kunstfremd? Das spontan kundgegebene Urteil während der dramatischen Veranstaltung ein Sakrileg? Die zivilisatorische Zutat in flüssiger Form eine Barbarei? Dagegen muß Einspruch erhoben werden und zwar mit aller Entschlossenheit und Ernsthaftigkeit. Denn es verhält sich natürlich in nahezu allen Stücken entgegengesetzt. Dazu ein Blick zurück.

Dem Erinnerungsbuch des Casanova, dem wir eine ganze Reihe angenehmer Belehrungen verdanken, sind auch einige Aufschlüsse über die Rolle des Theaters und vorzüglich der Oper im Europa des Rokoko zu entnehmen, die uns ein wenig mißmutig der eigenen an diesem Orte verbrachten Stunden gedenken lassen. In Venedig, seiner Vaterstadt, ist die Oper zum Beispiel ganz offensichtlich ein Ort von Annehmlichkeiten, die nicht nur auf dem Gebiete der Musik liegen. An gewissen Angelpunkten seiner Geschichte begibt sich der Chevalier von Seingalt ins Theater, maskiert, wenn es klein und »*die Gefahr erkannt zu werden, nicht von der Hand zu weisen ist*«, wobei hinzugefügt werden soll, daß sein Hauptaugenmerk selten dem Geschehen auf der Bühne gilt.

Das Theater ist einer der großen Schauplätze, auf denen das politische, geistige und gesellschaftliche Leben des Barock und des Rokoko statthat – der Aspekt des Casanova soll hier einmal beiseite bleiben, obwohl einzuräumen ist, daß auch er an diesem Platze nicht nur mit der schönen C C., sondern auch mit dem spanischen Gesandten sozusagen geselligen Umgang hatte. Die Loge ist eines der Schlüsselworte jener Zeitläufe, mit Geheimnis, Repräsentanz, Anrüchigkeit und Glanz umgeben, halb Boudoir (damals noch Kabinett geheißen), halb Sekretariat (wobei auf die Herkunft des Wortes von *secret* zu achten ist).

Diese Funktion haben Theater und Loge bis tief ins neunzehnte Jahrhundert hinein, bis an die Schwelle des zwanzigsten bewahrt, wo dann den heikel-sozialen Part der Angelegenheit das Chambre séparée übernimmt, während für den diplomatischen und intellektuellen Teil Weinstube, Caféhaus und Club aufkommen. Theater und Oper aber bewahren auch dann noch die festlich gehobene Atmosphäre, deren die Gesellschaft zu ihrem Selbstgenuß bedarf. Die Stände haben ihre eigenen Theaterhäuser, die aristokratische Sphäre trifft sich in der Hofoper, das Schauspielhaus ist der Ort des Bürgertums, das Handwerker- und Kleinbürgertum besitzt seine eigenen Räumlichkeiten mit einer eigenen Literatur, deren Spitzen – Johannes Nepomuk Nestroy und Adolf Glaßbrenner – in die Dichtungsgeschichte gehören.

Das Theater bezeugt seine zentrale Rolle aber auch darin, daß es von Anfang an, neben religiösen Begehungen und karnevalistischen Veranstaltungen, der wichtigste Platz der Vermischung der Stände ist: Der Herr von Esterhazy geht, durchaus nicht aus Gründen der Leutseligkeit, sondern aus solchen des Vergnügens, ins Theater an der Wien, Giacomo Casanova macht die zärtlich-schmiegsamen Töchter von Perückenmachern glücklich, indem er sie, kostbar kostümiert, als geheimnisvolle Unbekannte in der Loge mit dem Prinzen von P. zusammenbringt.

Das Theater selber, Loge, Parkett und Rang, ist die Bühne, auf der sich die Welt mit Komplimenten und Intrigen zusetzt – der eigentliche Bühnenraum tritt demgegenüber zurück. Den Memoiren jener Zeit entnehmen wir, daß das Stimmengewirr und kokett-lockende Gelächter aus den Logen und im Parkett nur bei der großen Arie verstummte, beim Auftritt des gefeierten Gastes, des legendenumwobenen Kastraten.

Ein eindrucksstarker Beleg für diese heute denunzierte Funktion des Theaters findet sich in den »Bekenntnissen« des Opiumessers Thomas de Quincey. Nach dem Verzehr des bedenklichen Laudanum-Glühweins nämlich zog es ihn vorzugsweise in die Londoner Oper, wo er der Stimme der Grassini mit medikamentös gesteigerter Aufmerksamkeit lauschte: »Es war dann bei weitem der angenehmste Ort, den Abend unter Menschen zu verbringen. Fünf Schillinge öffneten einem die Galerie, wo weit weniger Unruhe herrschte als im Parterre des Theaters.«

Heimito von Doderer beschwört in seinen »Dämonen« noch einmal jene Welt aus Feierlichkeit und Ausschweifung, die Welt der großen Loge, zu der das »gefüllte Parkett dunkel und voll angehaltener Bewegung heraufhaucht, während der emporgehende Vorhang jenen bekannten kühlen und staubigen Bühnengeruch in den Zuschauerraum einströmen ließ, der sich hier mit der präsentablen Atmosphäre der Logenränge und Parkettreihen mischte, eine Atmosphäre von totem Samtgeruch mit hängengebliebenem Parfüm aus fünfzig Jahren«.

Mit alldem ist es zu Ende gegangen, mit Idealismus und Klassik zieht eine Zeit angestrengt-ernsthaften Kunstgenusses herauf, in dem die biedermeierlichen Züge, also: das Aufkommen neuer Schichten ohne die seigneurale Gelassenheit des »großen Herrn«, unverkennbar sind. Natürlich sieht das neunzehnte Jahrhundert Rückschläge, an den glanzvollen Höfen der Habsburger und der Kaiserin Eugenie finden Männer wie Friedrich von Gentz nicht nur Belehrung und Erbauung, sondern auch das Ohr von fremden Staatsmännern und das Herz von Tänzerinnen. Aber im Ganzen

kommt eine Zeit herauf, in der das Bildungsbürgertum vom Theater Besitz ergreift, in der die Besichtigung des Theatralischen eine
anstrengende Sache wird, die alle festliche Gelöstheit verbietet
und hohe Anforderungen an die Kunstentschlossenheit des Besu-
chers stellt.

Wie meist in solchen Fällen gibt die Architektur Winke zum
Verständnis einer gewandelten geistigen und gesellschaftlichen
Situation. Die neuen Theaterräume verzichten zu einem guten
Teil auf Ränge und Logen; das nicht voneinander abgehobene
Einerlei des Parkettgestühls dokumentiert nicht nur die klassen-
lose Gesellschaft, in der niemand mehr seinen Nachbarn kennt,
sondern auch einen Bewußtseinszustand, in dem man sich gegenseitig nichts mehr zu sagen oder mit den Augen verstehen zu
geben hat, und für den dann allerdings Räumlichkeiten des öffentlichen oder verschwiegenen Miteinander überflüssig sind. Wo
aber noch Logen gebaut werden, gleichen sie mehr Hochsitzen,
räumlich beengten Ausgangspunkten, von denen man sehen, aber
nicht mehr gesehen werden kann. Das Foyer hat sich, wie es sich
an einem halben Dutzend neuer Theater, am besten aber am
Berliner Schiller-Theater präsentiert, von einer Promenade an
einen Ort des Essenfassens mit einer Theke in Luxusausführung
verwandelt – völlig zu Recht, denn die Leute, die sich da in der
Pause drängen, wollen ja ohnehin nicht an heiterer Kunstgesellig-
keit teilhaben, sondern sich bei einem Schinkenbrötchen Wegzeh-
rung für die zweite Hälfte der aufreibenden Lustbarkeit besorgen.

Als man jedoch dazu überging dem Theaterbesucher in den
Pausen Bockwürste statt leichter Weinsorten und jener Mandel-
milch zu verabreichen, mit der Flauberts Charles Bovary in der
Loge Emma Bovary stärkt (in der sie gleich von ihrem Liebhaber
aufgesucht werden wird) – in diesem Augenblick gab man auch
nach außen hin zu verstehen, daß eine Epoche des Theaters
geendigt habe. An der Entwicklung seines Speisezettels und seines
Getränkekonsums ließe sich eine Geschichte des europäischen
Theaters demonstrieren.

Weiß man heute überhaupt noch, was es bedeutet, daß Balzacs

Baron Nucingen seiner Maitresse eine Loge »schenkt« – natürlich »eine im Parterre, um sie zu verbergen und sich nicht mit seiner Geliebten ein paar Schritte von der Loge seiner Frau entfernt öffentlich zeigen zu müssen«? Das Schenken – oder schlimmenfalls: das Mieten – einer Loge setzt eine im Sozialen oder Geistigen gegliederte Gesellschaft voraus; Großherzog Alexander von Weimar, der das »silberne Zeitalter« seiner Residenz heraufzuführen suchte, schenkte der Frau Adolf Stahrs eine Loge unter der Voraussetzung ihrer Einwilligung in Stahrs Scheidungsbegehren; seinem philosophischen Schützling sollte auf diese Weise die Eheschließung mit Fanny Lewald ermöglicht werden. Der springende Punkt ist: Der Besitz einer Loge etablierte auch eine geschiedene Frau gesellschaftlich. Der Besitz einer Loge ist noch heute in Paris und London ein gesellschaftliches Erkennungsmittel; in Deutschland verfügen nur noch Kultusminister über dieses Privileg, dessen Früchte dann den Angehörigen von Parlamentsausschüssen und Kulturkommissionen zufallen.

In diesem Augenblick aber, da es mit dem Theater auch sonst eine immer schlimmere Wendung nahm, wurde uns das große und glanzvolle Theater früherer Zeiten sozusagen in der Zimmerecke wiedergeboren. Der Beifall im städtischen Haus hat jede Spontaneität verloren und hält sich bei Erfolgen und Mißerfolgen auf einer mittleren Routinelautstärke, der die Reaktion des Publikums nur schwer zu entnehmen ist. Die Mißfallenskundgebung angesichts einer unzureichenden und sonstwie mißliebigen Veranstaltung liegt in den letzten Zügen und wird, da nur noch von jugendlicher Unvernunft ausgeübt, von den Intendanten mit dem Hausrecht bedroht.

Die Bühne hat sich – bei hoher künstlerischer Perfektion – aus dem gesellschaftlichen und staatlichen Leben zurückgezogen. Schwer ist nur noch vorstellbar, daß im Theaterhause des Barock zwar amouröse Bindungen geknüpft und politische Fäden gesponnen wurden, der Sache selber aber solche Bedeutung zukam, daß Richelieu aus politischen Gründen Corneille verfolgte und Racine bei der Frau von Maintenon vor dem König Schutz suchte.

Wie Beispiele lehren, ist das heute nur noch auf dem Umwege über die Wohnstube möglich. Das Zeitalter der Öffentlichkeit muß sich mit Radio und Fernsehen jener Medien bedienen, die in die Privatsphäre zielen, um wirken zu können: Kortners Fernseh-Aristophanes hat mehr politische Unruhe gemacht als alle Bühnen-Brechts zusammen. Während sich in den Theatern eine zwischen Kirchgang und Oberseminar balancierende subventionierte Bemühtheit aufs mäßig gepolsterte Klappgestellt zwängt, zieht in unser Wohnzimmer die Welt ein – erlebt, und zwar dialektisch völlig zu Recht, die Loge des glanzvollen Hoftheaters in der Mietwohnung ihre Wiedergeburt.

Die Verteidiger des Fernsehens weisen auf seine Volkshochschulqualität hin: die Bildröhre als Transportmittel für »Tristan« und »Hamlet«. Das mag dahingestellt bleiben. Uns nimmt das Instrument für sich ein, weil es dem Geist gelöster Aufmerksamkeit zuträglich ist und weil es jene heiter-kunstfreundliche Geselligkeit rehabilitiert, die dem Wesen der Kunst angemessener ist als die beflissene Ernsthaftigkeit im Parkett, der das zum Nachbarn geflüsterte Wort ein Skandalon ist.

Quellenverzeichnis

Vornotiz für Quellenverzeichnis

Die Aufsätze dieses Bandes erschienen an verschiedenem Orte, bis 1963 vorzugsweise im Tagesspiegel und in der Zeit, dann häufig in der Süddeutschen Zeitung und in der Frankfurter Allgemeinen Zeitung. Sie werden hier meist unverändert, mitunter in gestraffter Form gegeben. Da sie keinen Anspruch auf Wissenschaftlichkeit erheben, interessieren die bibliographischen Einzelheiten nicht. Es wird statt dessen nur das Jahr der Erstveröffentlichung genannt. Die zeitliche Lücke zwischen 1965 und 1980 erklärt sich aus anderweitiger Beschäftigung des Verfassers.

Auf den Seelower Höhen *Frankfurter Allgemeine Zeitung, 1982*
Trauer um den verlorenen Schmerz *Die Welt, 1964*
Roter Konservativismus *Der Tagesspiegel, 1959*
Preußens Auszug aus der Geschichte *Die Welt, 1965*
Kurzer Glanz und langes Vergessen *Frankfurter Allgemeine Zeitung, 1979*
Preußens Wiederkehr *Frankfurter Allgemeine Zeitung, 1981*
Der lange Weg in die Häßlichkeit *Frankfurter Allgemeine Zeitung, 1982*
Raffinement des Verzichts *Süddeutsche Zeitung, 1982*
Die Tradition der Traditionslosigkeit *Preußen-Katalog, 1981*
Die Modernität des Wilhelminismus *Die Zeit, 1981*
Gemordete Städte *Der Tagesspiegel, 1959*
Abschied von Ninive *Der Tagesspiegel, 1960*
Lust am Ungeordneten *Die Welt, 1961*
Requiem für Putten *Der Tagesspiegel, 1962*
Lob des Baums *Der Tagesspiegel, 1961*
Preis des Inkognitos *Die Zeit, 1962*

Alter und Würde *Der Tagesspiegel, 1962*

Der Untergang des Helden *Die Zeit, 1963*

Moralische Empfindlichkeit der Demokratie *Der Tagesspiegel, 1962*

Die Schrecklichkeit des Normalen *Die Zeit, 1963*

Die Macht und die Trostlosigkeit *Die Zeit, 1980*

Unernstes Politikmachen *Der Tagesspiegel, 1962*

Die Schöne Literatur und zweimal Deutschland *Der Tagesspiegel, 1961*

Lob des Stotterns *Die Zeit, 1962*

Die Faszination des Todes *Die Zeit, 1963*

Grazie der Melancholie *Der Tagesspiegel, 1962*

Lust am Schauer *Der Tagesspiegel, 1962*

Verrufenheit und Leidenschaft *Der Tagesspiegel, 1960*

Die Naivität der Naiven *Der Tagesspiegel, 1960*

Frevel am Denkmal *Der Tagesspiegel, 1960*

Das Friedenslied als Barmusik *Die Zeit, 1961*

Sympathie für Kriegslieder *Der Tagesspiegel, 1959*

Verteidigung des Fernsehens *Die Zeit, 1960*